ADMINISTRAÇÃO DA TECNOLOGIA DE INFORMAÇÃO E COMUNICAÇÃO

DA INFORMÁTICA BÁSICA À GESTÃO DO CONHECIMENTO

MÁRIO DE SOUZA ALMEIDA

ADMINISTRAÇÃO DA TECNOLOGIA DE INFORMAÇÃO E COMUNICAÇÃO

DA INFORMÁTICA BÁSICA À GESTÃO DO CONHECIMENTO

Freitas Bastos Editora

Direção Editorial: Isaac D. Abulafia
Gerência Editorial: Marisol Soto
Diagramação e Capa: Madalena Araújo

Dados Internacionais de Catalogação na Publicação (CIP) de acordo com ISBD

A447a Almeida, Mário de Souza

Administração da Tecnologia de Informação e Comunicação: da informática básica à Gestão do conhecimento / Mário de Souza Almeida. – Rio de Janeiro, RJ : Freitas Bastos, 2024.

376 p. : 15,5cm x 23cm.

ISBN: 978-65-5675-362-1

1. Tecnologia de Informação e Comunicação. 2. Informática. 3. Gestão do conhecimento. I. Título.

2023-3659 CDD 004.6
CDU 004

Elaborado por Vagner Rodolfo da Silva - CRB-8/9410

Índice para catálogo sistemático:
1. Tecnologia de Informação e Comunicação 004.6
2. Tecnologia de Informação e Comunicação 004

Freitas Bastos Editora
atendimento@freitasbastos.com
www.freitasbastos.com

SUMÁRIO

MÓDULO 1
INFORMÁTICA BÁSICA

MÓDULO 2
ADMINISTRAÇÃO DA TECNOLOGIA DE INFORMAÇÃO E COMUNICAÇÃO

MÓDULO 3
INDO ALÉM DE TECNOLOGIA, DADOS E INFORMAÇÕES

MÓDULO 1
INFORMÁTICA BÁSICA

UNIDADE 01

A ESTRUTURA DE COMPUTADORES E OS SOFTWARES

OBJETIVO

Nesta unidade você vai contextualizar e conhecer a estrutura básica dos computadores (*Hardware*), o que é um *Software*, e alguns dos diferentes tipos de *Software* que podem ser utilizados em computadores.

CONTEXTUALIZAÇÃO

Os primeiros computadores foram desenvolvidos na década de 1940, como resultado de um esforço de guerra, a fim de decifrar as mensagens do exército alemão, que estavam criptografadas. Muito rapidamente foram utilizados para a tabulação do censo norte-americano, pois este era feito a cada 10 anos, e já estava levando mais de uma década para fazer a análise dos dados. Era necessária uma máquina que proporcionasse a agilização desse processo. O que importa mesmo, é que essas máquinas passaram a ser largamente adotadas por todos os tipos de organizações, dando suporte às mais variadas atividades, tais como a escrita deste livro, a busca por conteúdos específicos na Internet, o cadastro de clientes em organizações, o preenchimento de formulários e documentos, os controles dos estoques, as comunicações com profissionais das mais diversas áreas de atuação ao redor do planeta, e muito mais. O fato de os computadores estarem ligados uns aos outros, formando a rede mundial conhecida como Internet, tem facilitado as trocas de ideias e informações. As redes sociais, tais como o Facebook, o Twitter, o Instagram, o LinkedIn, o Youtube e muitas outras, estão ajudando as pessoas a encontrarem outros interessados em suas áreas de atuação ou diversão. Entretanto, não é esse o nosso foco de estudo no momento. Precisamos dar atenção a alguns programas que facilitam muito o trabalho nos escritórios, repartições públicas, comércios, indústrias, escolas e hospitais. Profissionais de todas as áreas utilizam diariamente os computadores, sendo que a grande maioria precisa conhecer as ferramentas apresentadas no primeiro módulo deste livro, visando a edição de textos, formatação de apresentações e criação de planilhas. Antes disso, vamos entender o que é o *hardware* e o *software*.

HARDWARE

Hardware pode ser entendido como o componente físico dos computadores, a parte palpável, o equipamento em si. Quando se fala em microcomputadores, observa-se normalmente a existência de um gabinete onde fica a Unidade Central de Processamento e todos os controles para conexão de outros equipamentos chamados de periféricos. Estes geralmente são ligados por meio de fios (veja a Figura 1.1), mas tem sido adotada, cada vez mais, a tecnologia *wireless* (sem fio), possibilitando conexões sem a necessidade de formar um emaranhado atrás do equipamento.

Figura 1.1: Computador, na forma como é encontrado em muitos ambientes de trabalho (*desktop*).

Fonte: https://www.techtudo.com.br/noticias/2014/03/como-saber-compatibilidade-das-pecas-do-computador.ghtml

Dentre os componentes e periféricos dos computadores, destacam-se os seguintes:

ELEMENTOS DE ENTRADA DE DADOS

Teclado: Este é um dos mais conhecidos e utilizados periféricos do computador, necessário para a redação de textos, inserção de dados, digitação de comandos e nomes de arquivos, e muito mais. Trata-se de um conjunto de teclas dispostas em ordem semelhante à das antigas máquinas de escrever, organizadas sobre um dispositivo retangular, de modo que os dedos das mãos podem acionar as teclas com muita rapidez.

Mouse: Este dispositivo tem a finalidade de movimentar um ponteiro na tela do computador, conforme é deslocado sobre uma superfície, evitando que seja necessário ao usuário tocar na tela. Ao posicionar o ponteiro do *mouse* sobre um item a ser escolhido, o usuário pode acionar o botão da esquerda (funções normais) ou o da direita (funções adicionais) do próprio *mouse*, ordenando assim a execução de uma ação sobre tal item. Em muitos casos, o *mouse* é posicionado, um botão é pressionado e é feita nova movimentação, para depois soltar o botão. É o caso, por exemplo, do que se faz ao selecionar parte de um texto ou de uma ilustração.

Scanner: Trata-se de um equipamento que captura uma imagem ou texto a partir da leitura de um papel, disponibilizando para o computador armazenar ou processar. Hoje em dia esse equipamento tem vindo como parte de impressoras, e essa função também tem sido exercida por *smartphones* (celulares com câmeras fotográficas e inúmeras possibilidades de uso de aplicativos), bastando fotografar o documento e baixar em um computador (ou enviar para um e-mail).

Leitor de Código de Barras: Este item encontra-se com frequência junto aos caixas em estabelecimentos comerciais, bancos e outras organizações, a fim de capturar rapidamente os códigos dos produtos e quaisquer outros itens, que tenham sido convertidos em barras paralelas de diferentes espessuras, conforme padrões reconhecidos mundialmente. Com isso, evita-se a digitação de números às vezes bastante longos, e a captura de tais dados ocorre com precisão.

Leitor de Dados Biométricos: O reconhecimento de indivíduos pela sua impressão digital já é utilizado há várias décadas em cadastros governamentais e investigações policiais, e vem sendo adotado também por inúmeras organizações para identificar clientes ou usuários de sistemas. É o caso de vários bancos, cartórios, instituições de ensino e clubes. Muitos *smartphones* também são destravados por meio da leitura da digital, e alguns já seguem uma nova tendência, que é a utilização de outros leitores de dados biométricos, principalmente com reconhecimento facial, utilizando uma das câmeras do dispositivo.

Webcam: Trata-se de uma pequena câmera fotográfica e de filmagem, que pode ser acoplada a um computador convencional (*desktop*), e que já vem embutida acima das telas da maioria dos computadores portáteis (*notebooks*). É essencial para a captura de imagens durante conversações à distância, ou para tirar uma foto de quem o está usando. Muitas organizações têm utilizado para registrar a imagem dos clientes, assim como a Polícia Federal utiliza para capturar a imagem de quem requer a emissão de passaporte.

Microfone: Dispositivo utilizado para capturar o som ambiente ou, normalmente, a voz de alguém durante uma conversação à distância. Pode ser acoplado ao computador, ou pode vir embutido, o que normalmente ocorre com os equipamentos portáteis.

ELEMENTOS DE PROCESSAMENTO DE DADOS

CPU: Unidade Central de Processamento (UCP, ou em inglês, *Central Processing Unit* – CPU), é o componente responsável pela execução de todas as atividades de cálculos e processamento dos dados.

Memória RAM: A sigla RAM é referente à denominação da "Memória de Acesso Randômico" (em inglês), sendo o componente responsável pela armazenagem dos programas que estão em execução, juntamente com as variáveis e os dados utilizados pelos mesmos. O conteúdo desta memória varia ao longo do tempo, sendo esvaziada toda vez que o computador é desligado.

Memória ROM: Memória permanente do microcomputador, disponível somente para leitura (*Read Only Memory*) pelo próprio computador, com a finalidade de buscar os seus parâmetros iniciais de operação. O conteúdo dessa memória não se perde ao desligar o computador.

ELEMENTOS DE SAÍDA DE DADOS

Monitor de Vídeo: É o principal elemento de saída de dados, onde o usuário do computador pode ver quais os programas e arquivos que estão disponíveis, bem como o conteúdo que ele próprio digita (para verificar se está digitando corretamente) as imagens que lhe são apresentadas. No monitor de vídeo são exibidos os resultados da maioria das consultas e relatórios solicitados pelo usuário.

Impressora: Constitui outro importante elemento de saída de dados, uma vez que os documentos precisam, em grande medida, ser impressos. Na maioria das vezes que uma organização emite um ofício, memorando ou circular, precisa do mesmo em papel, dependendo, portanto, da impressora. Existe um esforço no sentido de minimizar o seu uso, tanto para promover economia, quanto para reduzir o impacto ambiental do trabalho informatizado.

Caixas de Som: Inúmeras aplicações computadorizadas permitem a gravação ou a reprodução de sons, e para tanto é necessário que os computadores tenham caixas acústicas. Aos poucos, estas foram reduzindo de tamanho, até que foram embutidas no monitor de vídeo, sendo ainda muito boas para uso individual. Quando se requer melhor qualidade de som, especialmente em apresentações para plateias com mais que 5 ou 6 pessoas, volta a ser necessário conectar caixas externas com maior capacidade.

Fones de ouvido: utilizados em substituição às caixas de som, para que uma pessoa possa receber sozinha os sons emitidos a partir do computador.

Projetores Multimídia (*Datashow*): Também necessários em apresentações para plateias com mais que 5 ou 6 pessoas, os projetores multimídia permitem que o conteúdo de um monitor de vídeo seja projetado sobre uma tela branca ou parede, em tamanho ampliado. Esse equipamento substituiu o antigo retroprojetor, tanto em palestras quanto em salas de aulas.

ELEMENTOS DE MEMÓRIA AUXILIAR

Discos Rígidos (*Hard Disk* – HD): Constituem ainda a principal mídia de armazenamento de dados e informações dos microcomputadores, tendo capacidade para guardar grande quantidade de arquivos muito volumosos. Tanto os sistemas quanto os dados processados por estes, geralmente são armazenados em discos rígidos. Eles normalmente ficam dentro dos gabinetes dos computadores, mas há modelos de Discos Rígidos externos, muito utilizados para fazer cópias de segurança.

Um pouco de história da Memória Auxiliar

Disquetes – Constituíram, por vários anos, a principal mídia removível de armazenamento de dados. Podiam ser levados para qualquer lugar, dando ao usuário a possibilidade de armazenar arquivos que não fossem muito grandes, proporcionando especialmente a mobilidade. Caíram em desuso há vários anos, sendo substituídos por CDs e DVDs.

> CDs (*Compact Disks*) e DVDs (*Digital Video Disks*) – Mídia que também já deixou de ser utilizada, depois de mais de uma década auxiliando muito os usuários em suas gravações de arquivos de dados, sistemas e até mesmo filmes.

Pendrives: Esta mídia mostrou-se muito mais confiáveis que os disquetes, CDs e DVDs, proporcionando a mesma mobilidade. São dispositivos de tamanho muito pequeno (a partir de aproximadamente dois centímetros de comprimento), porém com grande capacidade de armazenamento, variando de 16 GB (gigabytes) até 2 TB (terabytes) em 2023. Essa capacidade poderá aumentar ainda mais, enquanto esse dispositivo continuar sendo utilizado. Apresenta-se em diferentes e arrojados modelos, que podem vir acoplados a canetas, chaveiros etc.

NOVOS FORMATOS DE COMPUTADORES

É muito comum a representação de um computador como uma caixa retangular (gabinete) acompanhada de um teclado, com um monitor de vídeo em cima ou ao lado, sendo este modelo conhecido como *Desktop* (já apresentado na Figura 1.1). Uma forma compacta de computador é o *Notebook*, que tem a tela pequena e muito fina, conectada a um gabinete também muito fino e já recoberto pelo teclado, conforme se observa na Figura 1.2. Já foram lançados também diversos modelos em que todos os componentes que vinham no gabinete foram embutidos no monitor de vídeo. A partir dessa iniciativa, houve também organizações colocando os teclados em um formato digital (conhecido como teclado virtual), aparecendo em um monitor de vídeo sensível ao toque (*Touch Screen*). Neste caso, foram criados os *tablets* e os *smartphones* (Figura 1.3), que, na verdade, são computadores com tamanho reduzido e *interface* digital. *Interface* pode ser entendida como a forma de comunicação adotada entre o homem e a máquina.

Figura 1.2: Computador compacto e portátil, ou *Notebook.*

Fonte: https://www.techtudo.com.br/noticias/2021/03/notebook-para-estudar-dell-lanca-modelos-versateis-e-que-podem-ser-utilizados-em-qualquer-lugar.ghtml

Figura 1.3: Computadores em formatos mais compactos: *Tablets* e *Smartphones.*

Fonte: https://www.techtudo.com.br/noticias/2012/08/celulares-e-tablets-sao-responsaveis-por-23-dos-acessos-web-no-brasil.ghtml

Esses modelos não serão os últimos que você verá, pois, essa tecnologia está em contínua evolução. Os comandos de voz estão sendo aprimorados, o que possibilita que em muitos casos não seja mais necessário digitar em um teclado (nem físico nem virtual). Também estão em desenvolvimento outros dispositivos que permitam comandos tridimensionais, sobre projeções holográficas, semelhantes ao que se apresenta no filme Minority Report. Esteja atento às novas possibilidades e aos novos produtos, conforme surjam nos próximos anos.

SOFTWARE

Agora que observamos alguns aspectos do *hardware*, vamos ao *software*, que é o seu complemento. Os *softwares* (ou "Sistemas de Informações") constituem os conjuntos de comandos que fazem as máquinas funcionarem, tendo esse nome atribuído em função de sua característica de maleabilidade, uma vez que podem ser alterados sempre que necessário, e executam diversas funções em máquinas de configuração relativamente estática, conhecidas como *hardware* (conforme vimos há pouco). Para que se entenda mais claramente o que é um Sistema de Informações (SI), pode-se imaginá-lo como uma grande quantidade de comandos (ordens) que são executados por uma máquina na sequência em que se apresentam. Trata-se da parte lógica do processamento de dados.

Muitas empresas dedicam-se ao desenvolvimento de sistemas de informações, com o propósito de exploração comercial deles. Esses sistemas são chamados de *Software* Proprietário, sendo que o Microsoft Office (incluindo o Word, o PowerPoint e o Excel tratados neste livro) enquadra-se nessa categoria.

Para utilizar um *software* proprietário, é necessário aceitar a sua licença de uso, que é concedida mediante o pagamento de um valor estipulado, o que permite executá-lo, mas não dá acesso aos comandos, para fazer qualquer alteração nos mesmos. Os comandos são tratados como um segredo comercial, caracterizando a adoção do Código Fechado.

Por outro lado, há indivíduos e organizações que promovem a ideia do livre acesso aos comandos que constituem o *software*. Richard Stallman iniciou esse movimento na década de 1980 e até criou a *Free Software Foundation*. Além de desenvolver e disponibilizar gratuitamente diversos *softwares*, Richard inovou por meio da criação de uma licença pública de uso de seus sistemas, especificando que toda e qualquer pessoa poderia usar livremente ou mesmo modificar esses sistemas, contanto que disponibilizasse também gratuitamente tais modificações.

Há casos em que o *software* aberto recebe modificações de uma organização, que cobra somente pelas modificações e distribuição, mas ainda assim continua sendo uma alternativa muito mais barata do que o *software* proprietário. Um grande número de sistemas de código aberto, entretanto, é categorizado como *software* gratuito, pois são disponibilizados totalmente livres de encargos, sendo enquadrado nessa categoria, por exemplo, o LibreOffice.

Alguns sistemas servem como poderosas ferramentas para auxiliar nas atividades dos escritórios, nas atividades de ensino e aprendizagem e muito mais, em qualquer tipo de organização. Trata-se dos editores de textos, dos *softwares* de apresentação e das planilhas eletrônicas, conforme veremos nos próximos capítulos.

RESUMO

Você aprendeu neste capítulo, que os computadores são compostos basicamente de uma unidade central de processamento (CPU), memória RAM e memória ROM, conectados a dispositivos de entrada de dados (teclado, *mouse*, leitores de códigos de barras, *scanners* etc.) e de saída de dados (monitor, impressora, projetor multimídia, caixas de som etc.), requerendo a existência de memória auxiliar (HDs, *Pendrives* e outros dispositivos). Esses equipamentos variam muito em formatos e possibilidades de uso, existindo computadores de grande porte, microcomputadores, *notebooks*, *tablets*, *smartphones* e muitos outros. Para que os equipamentos exerçam suas funções, sempre é necessário o uso de sistemas, isto é, sequências de comandos, também conhecidos como *software*, e que podem ser proprietários (requerem licença de uso) ou livres (uso gratuito).

ATIVIDADES DE APRENDIZAGEM

Observe seu ambiente de trabalho e verifique quantos tipos diferentes de equipamentos são utilizados por você e seus colegas. Enumere os sistemas utilizados nesses equipamentos, para a realização das atividades regulares da organização. Quais novos sistemas você julga que poderiam ser interessantes para melhorar o seu trabalho?

UNIDADE 02

EDITANDO TEXTOS COM O MICROSOFT WORD

OBJETIVO

Nesta unidade você vai conhecer a funcionalidade de um editor de textos dos mais utilizados, dentre os disponíveis no mercado, o Microsoft Word.

O QUE É UM EDITOR DE TEXTOS

Desde o surgimento da escrita, o homem vem se deparando com o desafio de registrar os conhecimentos da melhor forma possível, tanto com o propósito de perpetuar as suas ideias, histórias, criações e registros, quanto no sentido de disseminá-los. Ao longo dos séculos, os materiais sofreram evolução, passando da pedra para os blocos de argila, e destes para as peles de animais e papiros, evoluindo juntamente as tintas aplicadas sobre eles. A prensa com tipos móveis, desenvolvida por Gutenberg em 1440, constituiu um marco histórico na reprodução e disseminação do saber, sendo utilizada para a publicação de diversos tipos de obras em larga escala. Contudo, ao se considerar as necessidades individuais de uso, a evolução foi substancialmente maior no século passado, no que diz respeito ao aprimoramento da qualidade do papel (textura, dimensões, coloração, absorção de tinta e outras características), sendo acompanhado dos dispositivos utilizados para a impressão manual sobre ele, no caso, canetas, lápis, lapiseiras e pincéis.

A partir da década de 1940, entretanto, com o início do desenvolvimento dos computadores, primeiro para utilização por grandes corporações, depois por empresas de menor porte e, finalmente, a partir da década de 1980, para uso individual, as perspectivas de registro escrito passaram por uma mudança de paradigma, uma grande ruptura. A escrita já não dependia da qualidade da caligrafia dos indivíduos, pois as máquinas de escrever padronizavam, havia algum tempo, as letras aplicadas sobre o papel; erros de datilografia, entretanto, faziam com que fosse necessário, muitas vezes, reiniciar o trabalho. O microcomputador, por outro lado, permitiu (e continua permitindo) que um texto seja redigido e posteriormente revisado, podendo até mesmo passar por alterações profundas, sem que haja necessidade de colocar o seu conteúdo em um papel. Essa é a finalidade de um editor de textos: permitir que o usuário de microcomputadores elabore e produza textos coletiva ou individualmente, com boa qualidade, independentemente de ter boa caligrafia, e não necessariamente associado às atividades de uma organização.

Um dos mais conhecidos editores de textos, em escala mundial, é o Word, um produto da Microsoft. É dele que trataremos ao longo deste capítulo, ainda que se pudesse apresentar outros editores, tais como o Lotus Word Pro ou o Corel WordPerfect. Cada *software* de editoração de textos, sendo produzido por uma organização diferente, adota uma tecnologia distinta e oferece recursos específicos.

VERSÕES DO WORD

Os usuários de um *software* esperam que o mesmo evolua, acompanhando os aprimoramentos das máquinas. Quanto mais rápidos forem os computadores, e quanto maiores forem as capacidades das memórias instaladas, mais recursos poderão ser incorporados aos sistemas. Há alguns anos, não se cogitaria colocar uma fotografia em um computador, pois a capacidade de armazenamento era muito limitada, e o processador também seria muito lento, ainda mais se fosse uma foto de alta resolução. Hoje os computadores reproduzem até filmes de longa metragem com muito boa resolução, e as fotos circulam com extrema rapidez entre os computadores, sendo incorporadas aos textos com muita facilidade.

A Microsoft desenvolveu gradativamente os recursos do seu editor de textos, sendo disponibilizadas novas versões ao público com certa periodicidade. O lançamento do Word, em sua versão 1.0 ocorreu em 1989. Em 1990 foram lançadas as versões 1.1 e 1.1a. A versão 2.0 chegou em 1991, sendo sucedida pela versão 6.0 (esta numeração foi para igualar com o principal concorrente à época) em 1993. A versão 7.0 foi lançada em 1995, a versão 8.0 em 1997, a versão 8.5 em 1998, a versão 9.0 em 1999, a versão 10.0 em 2001, a versão 11.0 em 2003, a versão 12.0 em 2006 (Office 2007), foi pulada a versão 13 por superstição, a versão 14.0 em 2010 (Office 2010), a versão 15.0 foi lançada em 2013 (Office 2013), a versão 16.0 foi lançada em 2015 (Office 2016), sendo lançadas novas versões em 2019 e 2021, mas estas foram convertidas no aplicativo chamado Microsoft 365, que está vigente na atualidade (2023), e que inclui o editor de textos Word.

Apesar da evolução que ocorre de uma versão para outra, em um editor de textos, o padrão de utilização dos seus recursos muda muito pouco. Este texto está sendo redigido na versão "Microsoft 365" desse *software*, mas se você tem a versão anterior a essa, certamente não encontrará dificuldades para identificar os comandos e recursos apresentados neste capítulo.

CRIANDO UM DOCUMENTO E LIDANDO COM ARQUIVOS

Para iniciar a utilização do Word, você pode clicar no botão "Iniciar" e depois na opção "Word", que aparece no alto à esquerda, conforme se observa na figura 2.1.

Figura 2.1: Opção de abertura do Word no Menu Iniciar.

Fonte: Menu Iniciar, do Windows.

Se não houver essa opção tão fácil de localizar, você pode selecionar a opção "Todos os Aplicativos", nesse mesmo menu, que fará aparecer uma lista com todos os programas instalados em seu computador, bastando clicar sobre a opção "Microsoft Office", e depois na opção "Word", conforme se observa na figura 2.2.

Figura 2.2: Abertura do Word com a opção "Todos os Aplicativos", do Menu Iniciar.

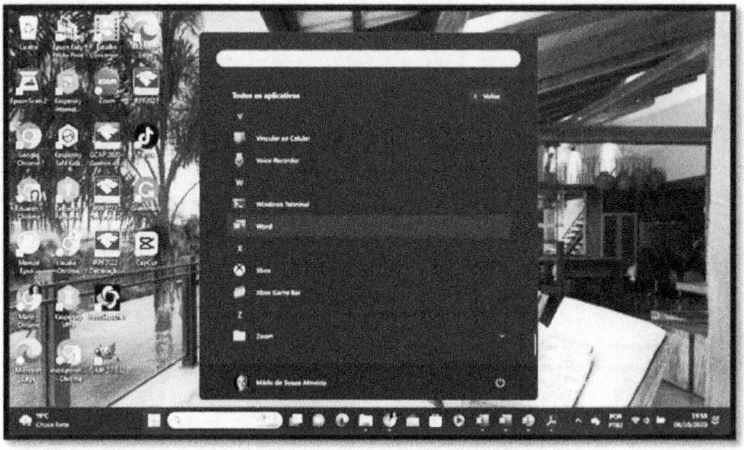

Fonte: Menu Iniciar, do Windows.

A utilização de um editor de textos assemelha-se ao uso de uma antiga máquina de escrever, tendo em vista que o teclado tem exatamente o mesmo formato. A diferença reside no fato de que as palavras digitadas no teclado vão para uma tela, e não diretamente para uma folha de papel. No entanto, o que se observa na tela é a figura de uma folha em branco, sobre a qual vão se formando as palavras, tão logo sejam digitadas. Na figura 2.3 observa-se a folha em branco, dentro da tela do Word.

Figura 2.3: Janela do Word com um novo documento.

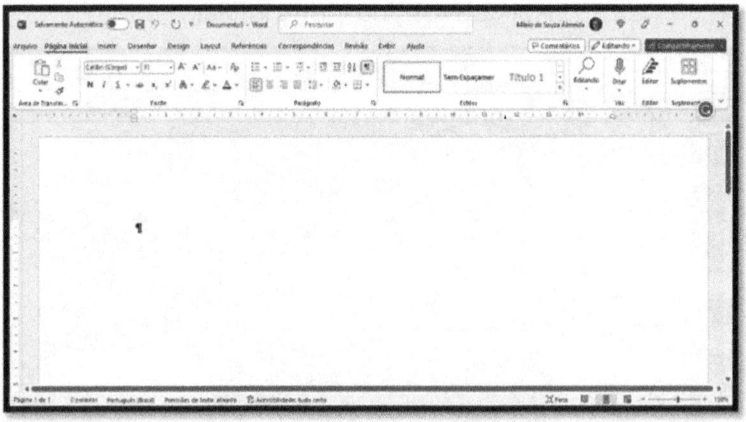

Fonte: Microsoft Word.

Ao iniciar a utilização do Word, a tela que aparece é exatamente essa; observe que aparece o símbolo "¶" (que representa um parágrafo), precedido de um pequeno traço vertical piscando, no alto, à esquerda, nessa folha. Trata-se do cursor, que aponta o local em que surgirão as letras que forem digitadas.

Todas as vezes que você estiver redigindo um texto e precisar criar um novo documento, isto é, escrever em outra folha em branco, bastará clicar com o botão esquerdo do *mouse* sobre a palavra "Arquivo", que se encontra à esquerda, na barra de ferramentas que se apresenta logo acima da tela de editoração (Barra de Ferramentas "Padrão"). Depois selecione a opção "Novo" (um clique com o botão esquerdo do *mouse*), selecione "Documento em branco" que aparece no alto à esquerda (novo clique do *mouse*), e finalmente clique no botão "Criar", que aparece embaixo, à direita. Essa sequência é apresentada na Figura 2.4.

Observe que, ao clicar em "Arquivo", foram disponibilizadas as opções para "Salvar", "Salvar como", "Abrir" e diversas outras. Elas são exploradas mais adiante, ao tratarmos das diversas funcionalidades.

Figura 2.4: Opções de ações do menu "Arquivo" do Word.

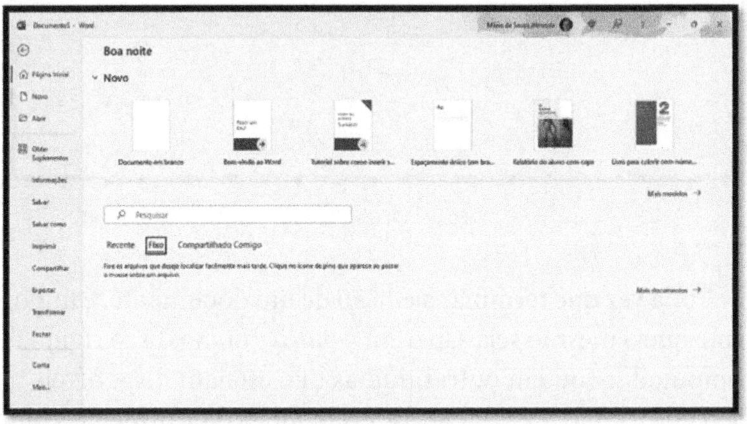

Fonte: Microsoft Word.

Também pode ser que você queira continuar a redação de um documento criado e arquivado anteriormente, e para isso deverá clicar na opção "Arquivo" e depois em "Abrir", de modo que apareça a janela apresentada na figura 2.5. Nessa janela, é possível visualizar os locais a serem acessados. Se o seu arquivo estiver nesse computador que está sendo utilizado, dê um clique duplo em "Este PC", e aparecerão os diretórios em que podem estar salvos os arquivos, dentre os quais o que se deseja abrir. Após selecionar o diretório e o arquivo a ser aberto, clicando sobre os mesmos, este será exibido na tela do Word, possibilitando a sua edição.

Figura 2.5: Janela para abrir um documento do Word.

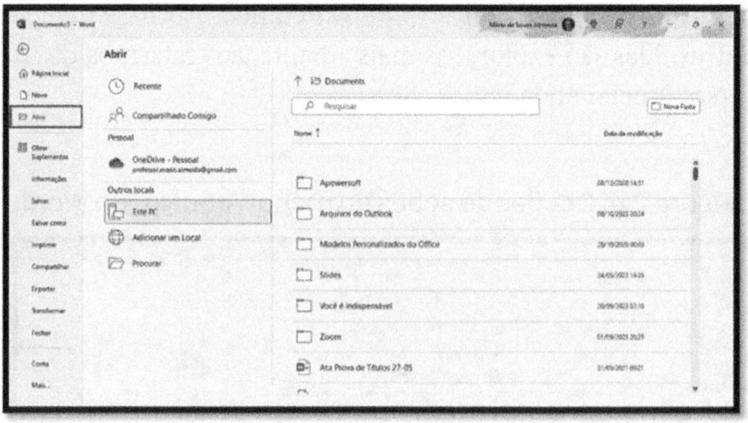

Fonte: Microsoft Word.

Toda vez que terminar a edição de um documento, é importante que o mesmo seja salvo em *pendrive* ou no disco rígido do computador (ou em outras mídias que estejam disponíveis no mercado), tanto para que seja consultado posteriormente, como para que sofra alterações. A sequência de comandos utilizada é "Arquivo" e "Salvar", o que pode ser substituído pelas teclas "CTRL+B". Nesse caso, o arquivo será salvo no mesmo local em que já se encontrava anteriormente, e com o mesmo nome.

Quando você salva um arquivo pela primeira vez, a opção utilizada é "Arquivo" e "Salvar como...", aparecendo uma tela conforme se observa na figura 2.6, em que deve ser selecionado o diretório e especificado o nome com que deve ser armazenado o arquivo. Observe que nessa tela existe o campo "Tipo", em que se pode escolher um padrão de gravação, compatível com arquivos Web, PDF, versões mais antigas do Word, ou até mesmo versões de outros editores como o OpenOffice, por exemplo.

Figura 2.6: Janela para salvar um documento do Word.

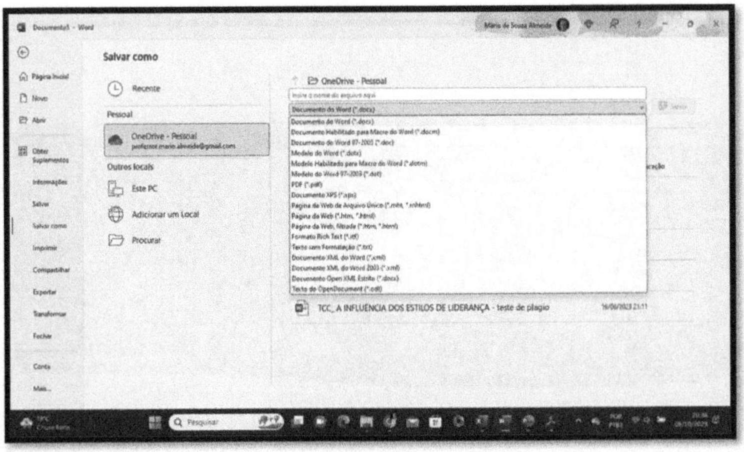

Fonte: Microsoft Word.

A ESCRITA

A forma de escrever no Word é bastante simples. Basta começar a digitar as letras no teclado do computador, como se faria em uma máquina de escrever. Se você viu uma antiga máquina de escrever, observe que a disposição das teclas é a mesma (Figura 2.7).

Figura 2.7: Formato de um teclado de computador.

Utilize a tecla "Enter" toda vez que desejar encerrar um parágrafo e iniciar outro. Não é necessário preocupar-se com o fim da linha, pois o Word encarrega-se de jogar para a próxima linha o que não couber na atual. De igual modo, quando são inseridas ou retiradas letras ou palavras do meio do texto, são feitos automaticamente ajustes, empurrando ou puxando o conteúdo que estiver após a alteração. Não há limite para a quantidade de texto a ser inserida no meio de um arquivo, pois vão sendo adicionadas linhas e páginas, na medida em que for necessário.

A tecla "Back Space" é utilizada para apagar a última letra (ou caracter) que foi digitada, e que se encontra à esquerda do cursor. Também é possível apagar as letras que estão à direita do cursor, utilizando a tecla "Delete" (ou "Del").

Para utilizar letras maiúsculas basta manter pressionada a tecla "Shift" enquanto digita a letra desejada. O mesmo se faz para inserir os caracteres que estão no alto das teclas (tais como "!", "@", "#", "$" ...). No entanto, quando precisar digitar um texto maior, todo em maiúscula, é mais recomendável acionar a tecla "Caps Lock" (ou "Fixa" em alguns teclados).

Além de digitar um texto, diferenciando letras maiúsculas de minúsculas, é comum que um editor de textos permita adicionar outros efeitos relacionados à formatação da fonte, conforme se observa a seguir.

A FORMATAÇÃO DA FONTE

Você pode selecionar um texto a ser formatado, utilizando a tecla "Shift" e as setas de direção, sendo que ao acionar as setas para a direita ou esquerda, adiciona-se ou retira-se uma letra da seleção, ao passo que ao acionar a seta para cima ou para baixo, adiciona-se ou retira-se uma linha inteira da seleção. Nesse caso, o texto digitado não sofre alteração, mas fica marcado com uma cor diferenciada, para que se visualize o segmento que receberá alguma nova formatação.

> Cabe salientar que um segmento que tenha sido selecionado, de um texto, também pode ser excluído (com a tecla "Delete"), copiado (comandos "Página Inicial" e "Copiar" (figurinha com duas folhas), ou teclas "CTRL+C") ou excluído para ser reinserido em outro local (comandos "Página Inicial" e "Recortar" (figurinha de uma tesoura), ou teclas "CTRL+X").

Se desejar atribuir uma formatação ao texto que ainda vai ser digitado, não há o que selecionar. Bastará que seja selecionada a formatação de fonte, e tudo o que for digitado dali em diante receberá essa formatação.

Para formatar a fonte, utilize os comandos "Página Inicial" e "Fonte", clicando no canto inferior direito desse quadro, à direita da palavra "Fonte". Surgirá então a tela apresentada na figura 2.8. Nessa janela você pode selecionar a fonte a ser utilizada, sendo que entre as mais comuns estão a "Arial" e a "Times New Roman". Também pode escolher se o seu "Estilo da fonte" será regular, ou se aparecerá em negrito, itálico, ou negrito e itálico simultaneamente. Outra opção a ser feita é quanto ao tamanho da fonte, sendo que aparecem diversas opções entre os tamanhos 8 e 72, mas pode ser escolhido qualquer tamanho entre 1 e 1.638, em intervalos de 0,5 (1; 1,5; 2; 2,5; ... 1.637; 1.637,5; 1.638). Encontram-se na mesma janela, opções quanto à cor em que devem aparecer as letras, o estilo de sublinhado (simples, duplo, tracejado etc.), e diversos efeitos como tachado (~~exemplo~~), sobrescrito (^{exemplo}), subscrito ($_{\text{exemplo}}$) e outros. Observe que, ao selecionar uma formatação, o efeito correspondente aparece no quadro "Visualização", dentro dessa mesma janela.

Figura 2.8: Janela de formatação de fonte do Word.

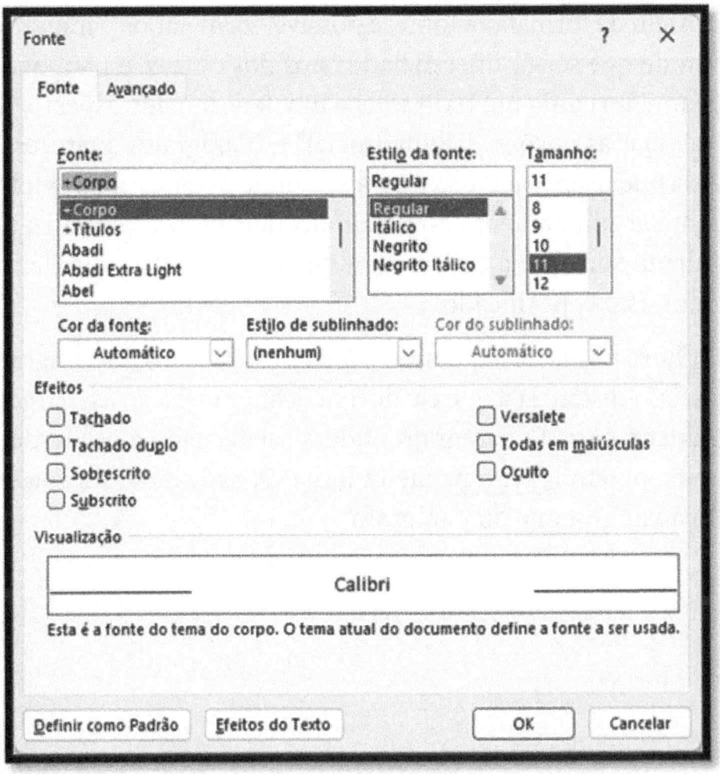

Fonte: Microsoft Word.

As escolhas quanto ao tipo de fonte, seu tamanho, sua cor, negrito, itálico e sublinhado, também podem ser feitas diretamente na barra de ferramentas, na opção "Página Inicial". Ao selecionar o texto a ser formatado, basta um clique sobre o botão correspondente, e a formatação será adotada. Com um novo clique, a opção é retirada.

No alto da janela de formatação de fonte aparece ainda a opção "Avançado", que permite alterar o "Espaçamento entre caracteres" e outros itens menos utilizados. Se desejar conhecê-los melhor, escreva o seu texto e experimente cada um deles.

A FORMATAÇÃO DO PARÁGRAFO

Além de formatar a fonte, é possível formatar os parágrafos, a fim de que sejam diferenciados uns dos outros, e para que o documento como um todo receba um determinado aspecto. Ao selecionar as opções "Página Inicial" e "Parágrafo", aparecerá a janela que se apresenta na figura 2.9, onde pode ser feita escolha quanto ao alinhamento do parágrafo, deixando-o centralizado, alinhado somente à esquerda, alinhado somente à direita, ou ambos, isto é, justificado.

Outra formatação possível é quanto aos recuos do parágrafo, ou seja, a distância a que ele deverá ficar em relação às margens do documento. O parágrafo poderá ser recuado à esquerda, à direita, ou ainda ter a primeira linha recuada ou avançada em relação ao restante do parágrafo.

Figura 2.9: Janela de formatação de parágrafo do Word – Recuos e espaçamento.

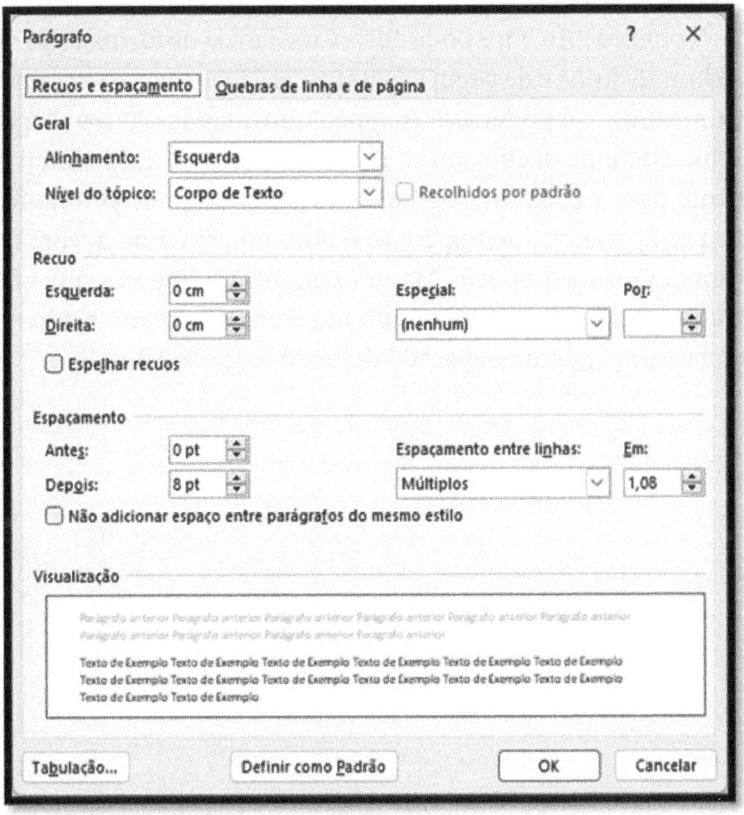

Fonte: Microsoft Word.

Igualmente importante, nessa janela você encontra a opção quanto ao espaçamento entre as linhas de um mesmo parágrafo, tendo como principais opções o espaçamento simples, 1,5 (um e meio) ou duplo, ou a determinação de um outro valor que lhe agrade. Também podem ser determinados os espaçamentos que um parágrafo receberá em relação ao anterior ("Antes") e ao posterior ("Depois"), o que normalmente é determinado em pontos, sugerido em múltiplos de 6. Experimente redigir um parágrafo qualquer, selecioná-lo e depois aplicar algumas dessas possíveis formatações, para visualizar os interessantes resultados obtidos.

Na figura 2.10 você pode observar a janela de formatação de quebras de linha e de página. Nessa janela, é possível determinar se um parágrafo poderá ser fragmentado quando o texto chegar ao final de uma página, ou se ele deverá ser transferido inteiramente para a próxima página. Você também pode configurar para um parágrafo acompanhar o próximo, em uma quebra de página, usando a opção "Manter com o próximo". Essa opção é muito útil para os títulos, para que nunca fique um título no final de uma página, separado do texto a que se refere.

Figura 2.10: Janela de formatação de parágrafo do Word – Quebras de linha e de página.

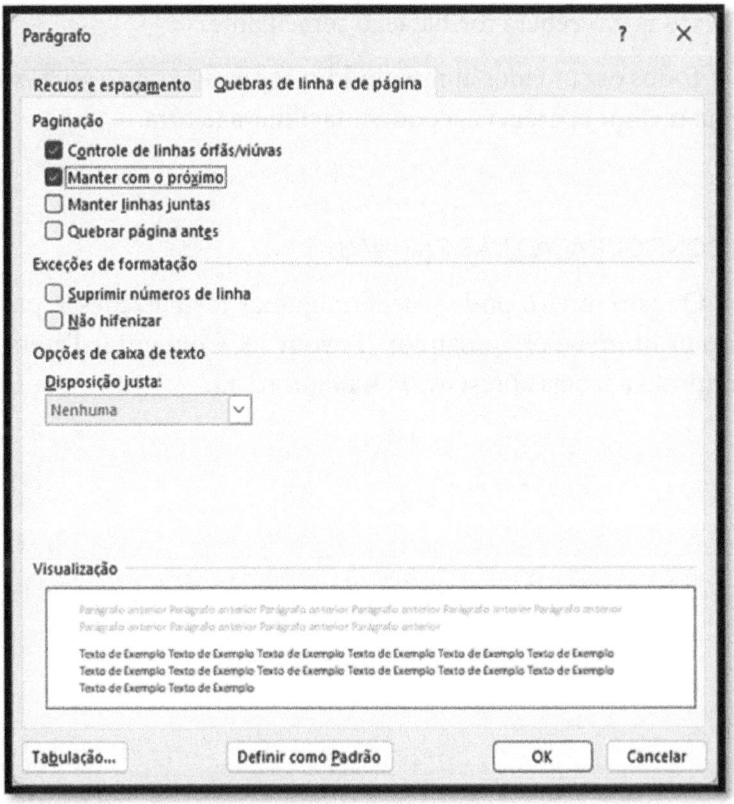

Fonte: Microsoft Word.

Muitas vezes, a quebra de página faria com que uma linha inicial ou final de um parágrafo ficasse isolada em uma página, enquanto o restante estaria na outra. Isso pode ser evitado com o "Controle de linhas órfãs/viúvas".

As formatações apresentadas, tanto de fonte quanto de parágrafo, podem ser copiadas para outros parágrafos ou fragmentos de texto, de forma bastante simples. Basta selecionar o texto que já recebeu a formatação desejada, depois clicar sobre o botão "Pincel de Formatação", localizado em "Página Inicial", "Área de Transferência", e imediatamente a seguir selecionar com o *mouse* o texto que receberá formatação semelhante.

Todos os cuidados apresentados proporcionam ao seu texto uma melhor aparência, e podem facilitar a leitura.

A CONFIGURAÇÃO DAS PÁGINAS

O texto inteiro pode receber algumas formatações, e para isso utilizam-se os comandos "Layout" e "Configurar Página", surgindo a janela apresentada na figura 2.11.

Figura 2.11: Janela de configuração de página do Word – Margens.

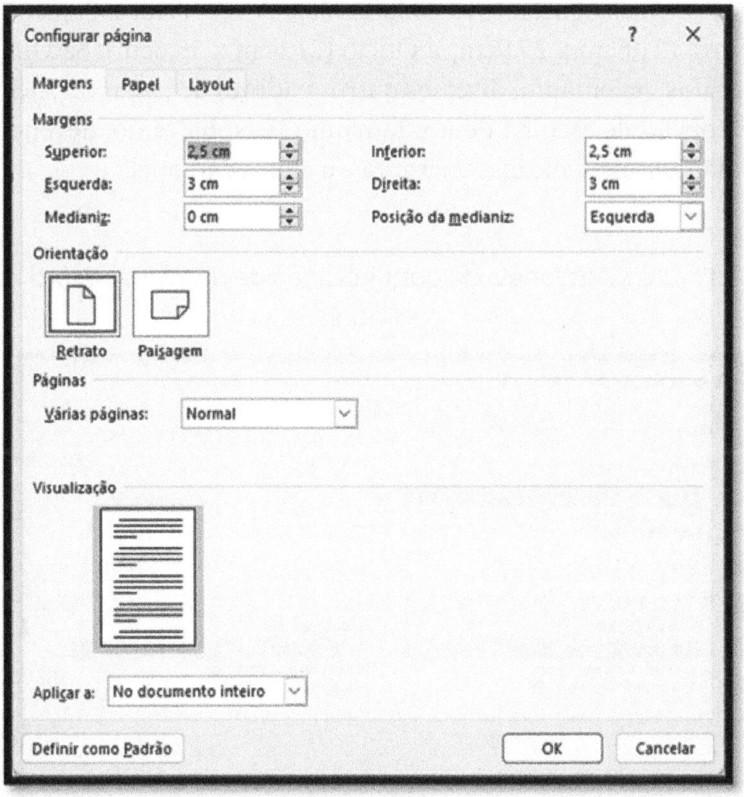

Fonte: Microsoft Word.

As principais escolhas a serem feitas são quanto ao tamanho das margens (superior, inferior, direita e esquerda) do documento, em relação às extremidades do papel em que será impresso. Aparecem também nessa janela as duas opções de orientação, podendo-se imprimir sobre o papel no sentido "Retrato" (em pé) ou "Paisagem" (de lado).

A segunda opção que aparece no alto da janela de configuração de página, intitula-se "Papel", conforme se observa na figura 2.12. Nessa janela temos a possibilidade de determinar o tamanho do papel em que o documento será impresso, sendo que os mais comuns são os tamanhos A4 (21,0cm x 29,7cm), Carta (21,6cm x 27,9cm) e Ofício (21,6cm x 35,6cm). São oferecidos, no entanto, diversos outros padrões de tamanho, além da opção de escolha de um tamanho personalizado, devendo então ser especificadas a largura e a altura do papel.

Figura 2.12: Janela de configuração de página do Word – Papel.

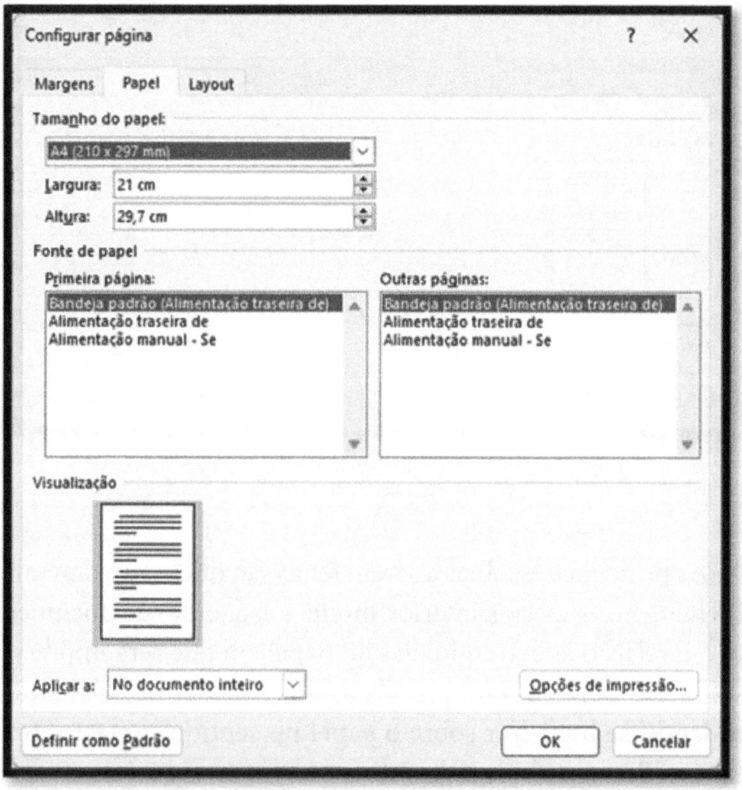

Fonte: Microsoft Word.

A terceira opção que aparece no alto da janela de configuração de página, intitula-se "Layout", conforme se observa na figura 2.13. Nessa tela estão as opções de controle do início de seção, posicionamento do cabeçalho e do rodapé, diferenciação de ambos em páginas pares e ímpares, ou na primeira página do documento.

Figura 2.13: Janela de configuração de página do Word – Layout.

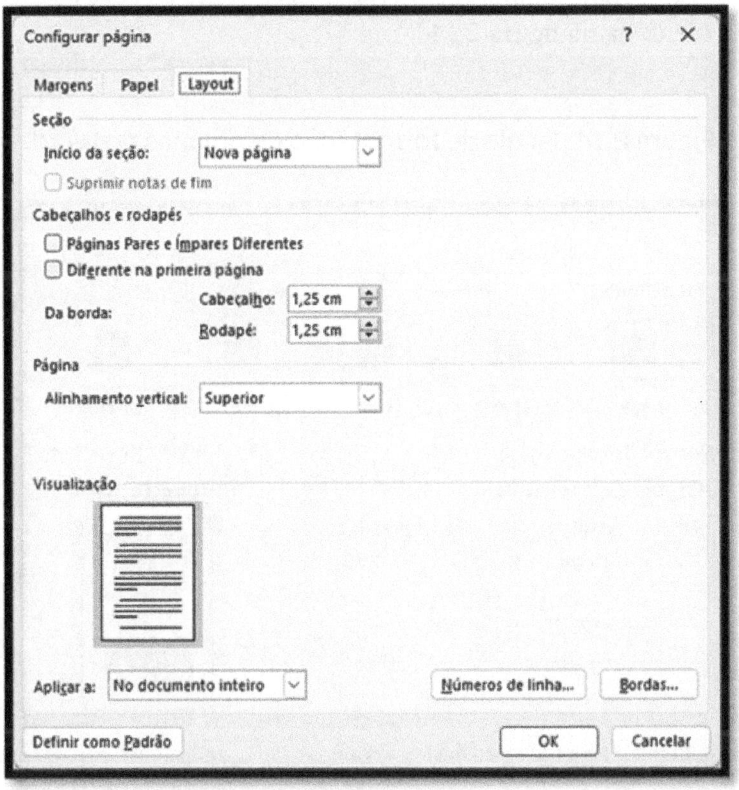

Fonte: Microsoft Word.

ESCREVENDO EM MAIS DE UMA COLUNA

O texto não precisa ser escrito sempre em uma forma convencional, com uma larga coluna que ocupa toda a página. É possível escrever também de forma semelhante ao que aparece nos jornais, com o texto dividido em várias colunas. Para isso, basta selecionar os comandos "Layout" e "Colunas", sendo sugeridas algumas divisões padronizadas com uma, duas ou três colunas de tamanhos iguais, ou com duas colunas, sendo uma de tamanho menor à esquerda ou à direita. É oferecida ainda a opção "Mais Colunas..." que, ao ser selecionada, abre a janela apresentada na figura 2.14.

Figura 2.14: Janela de formatação de colunas do Word.

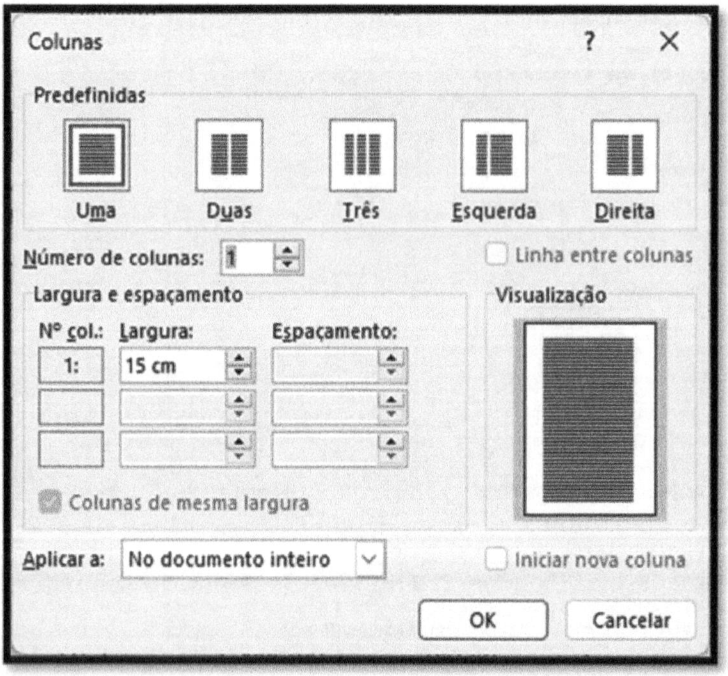

Fonte: Microsoft Word.

Esta janela possibilita a utilização do recurso de divisão do texto em até 11 colunas, podendo cada uma delas ter um tamanho diferente, ou todas terem um tamanho padronizado. O espaçamento entre colunas também pode ser determinado, sendo que o Word faz os cálculos, rejeitando medidas incompatíveis com o tamanho de papel a ser utilizado. Podem ainda ser colocadas linhas de divisão entre as colunas, e a configuração determinada nessa tela pode ser adotada para o documento inteiro, ou do ponto em que estiver o cursor em diante.

CRIANDO TABELAS

Um recurso muito interessante oferecido pelo Word é a criação de tabelas. O comando adotado para criá-la é "Inserir" e depois "Tabela", aparecendo então uma grade em que se pode selecionar o tamanho de uma tabela de até 10 colunas e oito linhas. Percorra com o ponteiro do *mouse* até chegar à dimensão certa a ser adotada, clicando sobre a mesma, conforme se observa na figura 2.15.

Figura 2.15: Criação de uma tabela no Word.

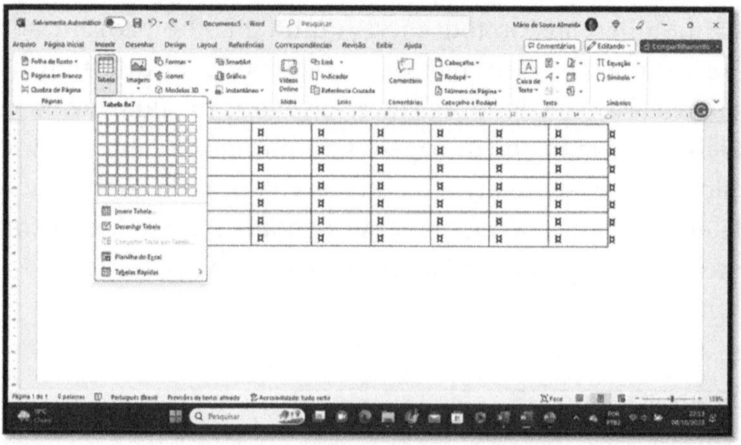

Fonte: Microsoft Word.

Nesse caso, uma tabela em branco surgirá no ponto em que estiver o cursor do Word, pronta para ser preenchida com dados, à semelhança da que se apresenta na figura 2.16, neste caso com quatro colunas e três linhas.

Figura 2.16: Exemplo de tabela do Word.

Vendedor	Janeiro	Fevereiro	Março
João	R$ 25.000,00	R$ 23.500,00	R$ 27.800,00
Maria	R$ 32.400,00	R$ 33.200,00	R$ 31.500,00

Fonte: Elaborado pelo autor.

Se desejar uma tabela de tamanho diferenciado, deve clicar em “Inserir Tabela...”, surgindo então a janela apresentada na figura 2.17. Nessa janela devem ser especificados o número de linhas e o número de colunas da tabela a ser criada, e o seu comportamento de ajuste, de modo que as colunas tenham a largura fixa, ou ajustada ao seu conteúdo.

Figura 2.17: Janela de criação de tabela do Word.

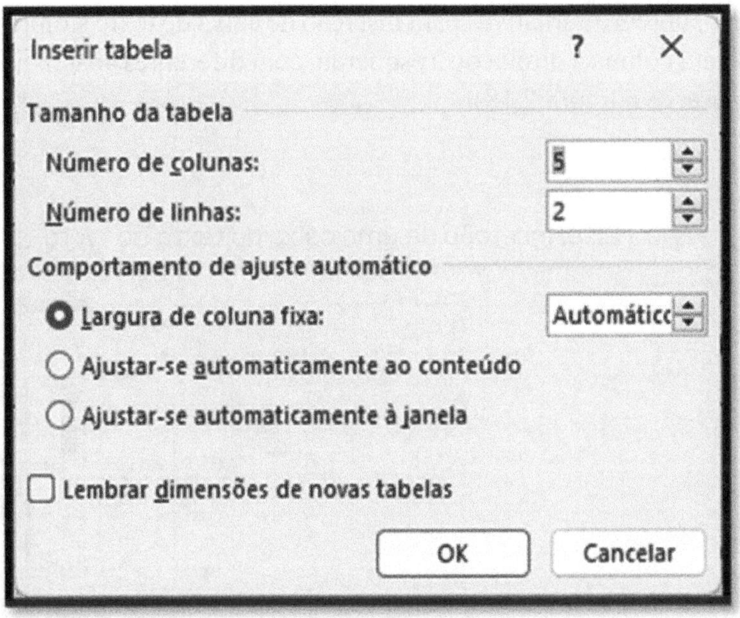

Fonte: Microsoft Word.

Conforme se observa na figura 2.16, cada linha, coluna ou célula isolada pode receber formatação diferenciada, com alinhamento à esquerda, à direita ou centralizado, com negrito, itálico, sublinhado ou outros, e com diferentes tamanhos de fonte. É possível escrever um texto, relativamente extenso, dentro de uma célula, sendo que a altura de toda a linha será ajustada em conformidade.

INSERINDO CAIXAS DE TEXTOS

Muitas vezes pode ser necessário inserir uma figura ou um texto em destaque em meio ao documento que está sendo produzido. A caixa de texto pode ser uma boa alternativa para essa finalidade. Ao utilizar o comando "Inserir" e "Caixa de Texto", surgem alternativas para inserção de caixa de texto simples, ou em coluna à direita ou à esquerda, com diferentes aparências (observe a figura 2.18).

Figura 2.18: Inserção de uma caixa de texto no Word.

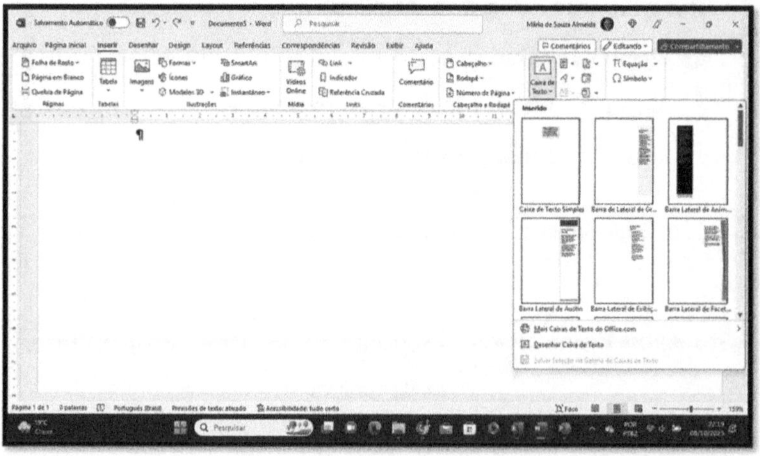

Fonte: Microsoft Word.

Ao selecionar uma dessas opções, abre-se a caixa de texto na tela, com instruções de preenchimento, semelhante à que se apresenta na figura 2.19.

Figura 2.19: Caixa de texto no Word.

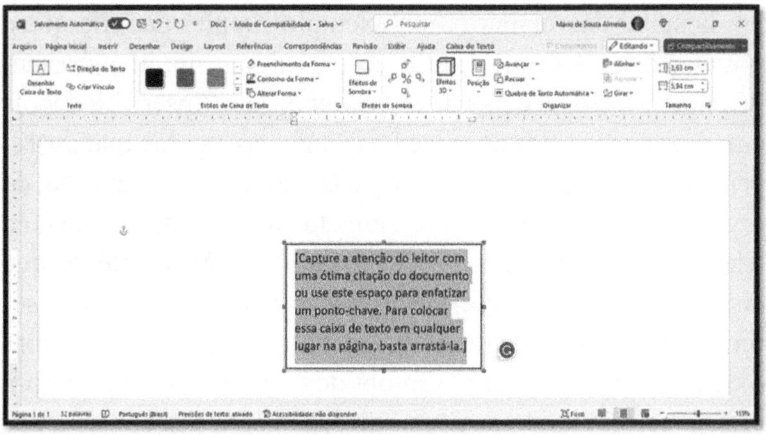

Fonte: Microsoft Word.

A caixa de texto é muito útil quando se pretende inserir uma figura ou fotografia em um documento, mas a sua maior utilidade ocorre no destaque de frações de texto que precisam ser colocadas em posições diferenciadas dentro do documento. Tudo o que estiver escrito dentro dela, será carregado com a mesma formatação, para qualquer ponto para onde a caixa seja arrastada.

FERRAMENTAS DE DESENHO

O Word permite a criação de desenhos, e as ferramentas disponibilizadas para isso são muito úteis, especialmente para formar fluxogramas e diagramas explicativos das realidades organizacionais. Ao criar uma caixa de texto, abre-se automaticamente a barra de "Caixa de Texto", conforme se observou no alto da figura 2.19.

Na figura 2.20 apresenta-se uma caixa de texto com o desenho de um suposto organograma da Direção de Enfermagem de um hospital universitário, um exemplo simples daquilo que é possível fazer. A forma de utilização é bastante intuitiva, bastando clicar dentro da caixa de texto, depois em "Inserir" e depois em "Formas", a fim de selecionar uma das figuras que aparecem (veja a figura 2.21). Em seguida, clique dentro da caixa de texto, mantendo o *mouse* pressionado enquanto se dimensiona a nova figura. Ao largar o botão do *mouse*, o Word entende que chegou ao tamanho desejado para a mesma. A figura pode ser redimensionada a qualquer momento. Os efeitos de sombra e de tridimensionalidade são obtidos ao clicar sobre a figura criada, selecionando-a, e em seguida clicando sobre uma das opções que aparecem quase centralizadas. Veja ainda as opções de "Preenchimento da Forma", "Contorno da Forma" e "Alterar Forma". A diversidade de cores e efeitos é enorme. Experimente criar seus desenhos e brincar com as formatações.

Figura 2.20: Exemplo de utilização de ferramentas de desenho no Word.

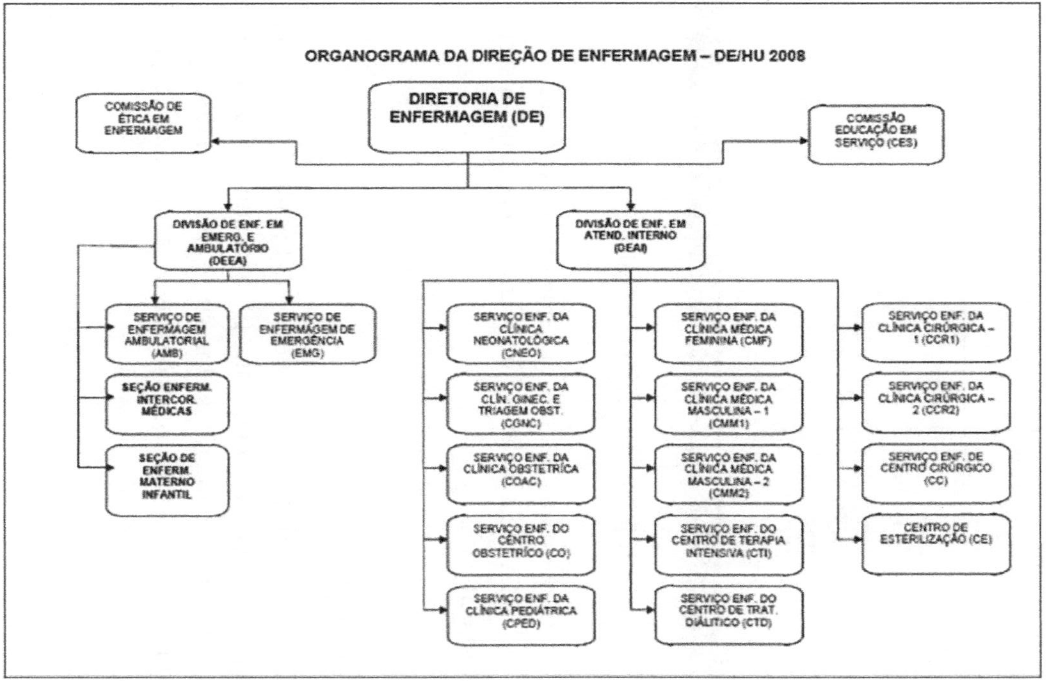

Fonte: Criado pelo autor, a partir do Microsoft Word.

Figura 2.21: Inserir Formas no Word.

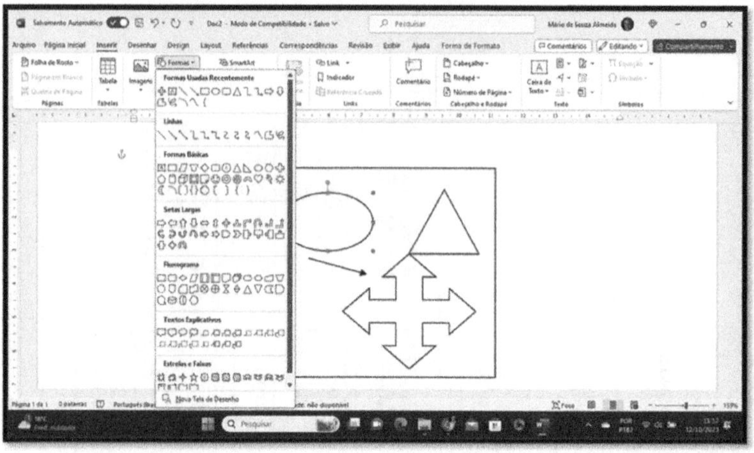

Fonte: Criado pelo autor, a partir do Microsoft Word.

Observe que as opções de "Forma de Formato" só ficam disponíveis na tela do Word enquanto uma forma inserida estiver selecionada.

NUMERAÇÃO DE PÁGINAS

Muitos dos documentos que normalmente são criados com a ajuda do Word precisam ter suas páginas numeradas. Para tanto, basta utilizar os comandos "Inserir" e "Número de Página", fazendo com que surjam as opções que se apresenta na figura 2.22.

Figura 2.22: Inserção da numeração de páginas do Word.

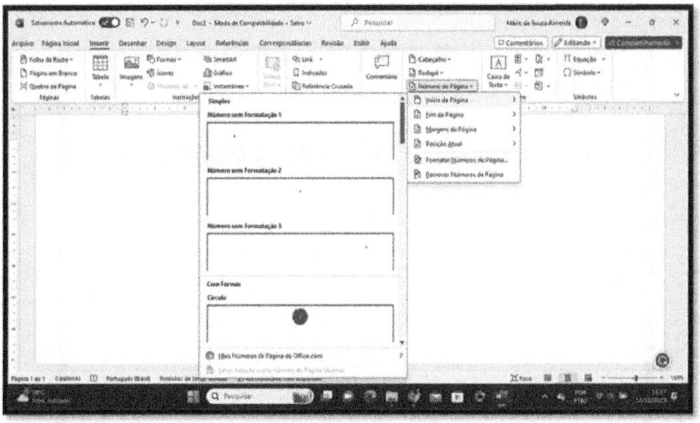

Fonte: Microsoft Word.

Você pode determinar facilmente se o número aparecerá no alto da página (cabeçalho), em sua base (rodapé), alinhado à direita, à esquerda ou centralizado, ou nas laterais das páginas. Ao selecionar uma dessas opções, automaticamente é aberta a configuração de cabeçalho e rodapé, para ajuste de parâmetros adicionais.

A numeração de página também pode ser diferenciada ao selecionar, dentro dessa mesma tela de configuração, a opção "Número de Página" e depois "Formatar Números de Página...", aparecendo a tela conforme a figura 2.23.

Figura 2.23: Janela de formatação da numeração de páginas do Word.

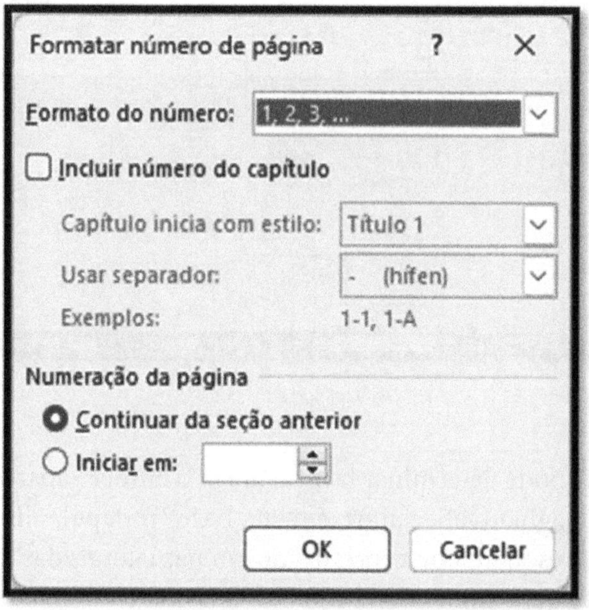

Fonte: Microsoft Word.

Nesta janela pode-se determinar se o formato do número a ser utilizado é o arábico (1, 2, 3...), o romano (I, II, III...) ou outro dentre algumas alternativas oferecidas. Também é possível determinar se a numeração começará em zero (0), um (1) ou outro número qualquer, ou ainda poderá continuar da seção anterior do mesmo documento, qualquer que tenha sido o seu último número de página.

QUEBRAS DE SEÇÃO, DE PÁGINAS E DE COLUNAS

Em determinado ponto do documento pode ser necessário forçar uma quebra de página, independentemente da quantidade de texto que exista na mesma. Isso acontece, por exemplo, em um texto dividido em capítulos. Normalmente é feita uma quebra de página no início de cada capítulo, utilizando para isso os comandos "Inserir" e "Quebra de Página". Outra alternativa para a inserção de uma quebra de página, de coluna, de texto ou de seção, encontra-se a partir dos comandos "Layout" e "Quebras", conforme se observa na figura 2.24.

Figura 2.24: Janela de inserção de quebra de páginas ou seções do Word.

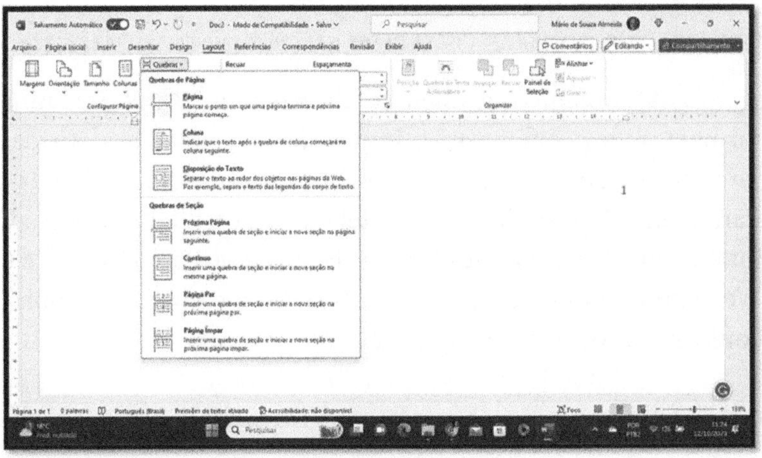

Fonte: Microsoft Word.

A opção de quebra de coluna somente é válida se estiver sendo feita a edição em duas ou mais colunas, e nesse caso é jogado todo o conteúdo que estiver à direita e abaixo do cursor para a próxima coluna. Se a edição for comum, em uma só coluna, o Word entenderá que foi solicitada uma quebra de página.

As outras opções de quebra disponibilizadas, são normalmente utilizadas quando se deseja criar uma formatação diferenciada para cada trecho ou segmento de um documento, dividindo-o em seções. Houve um tempo, por exemplo, em que os textos científicos (teses, dissertações e monografias) deveriam ter a primeira página de cada capítulo sem numeração. Isso podia ser feito facilmente com quebras de seções no início de cada capítulo, configurando as seções para não apresentar numeração na primeira página, mas a numeração deveria continuar da seção anterior.

DIFERENTES FORMAS DE VISUALIZAÇÃO DO DOCUMENTO

Um documento que esteja sendo criado no Word, terá uma formatação específica para a impressão em papel, a partir das formatações de fontes, parágrafos e páginas que forem adotadas. Para efeito de visualização em tela, por outro lado, pode ser interessante ter diferentes formas de apresentação do texto, e o Word apresenta diversas ao ser utilizado o comando "Exibir", conforme se observa na figura 2.25.

Figura 2.25: Opções do comando "Exibição", do Word.

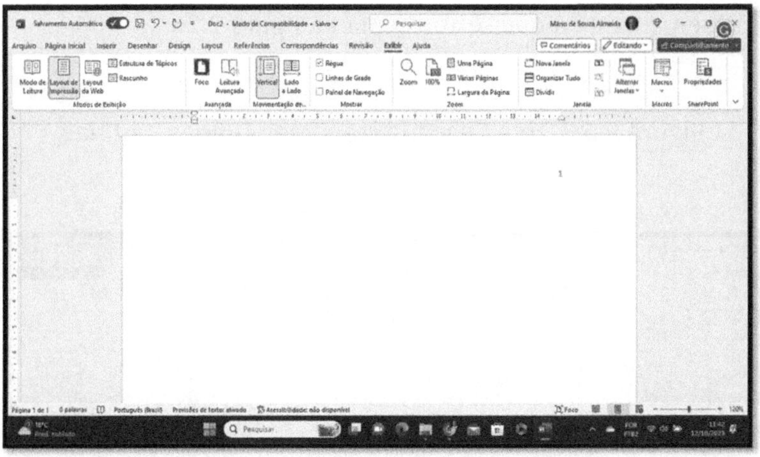

Fonte: Microsoft Word.

A opção "Layout de Impressão", que é o padrão do Word, mostra o documento como se fossem as folhas que vão para impressão. Pode ser interessante a visualização das réguas lateral e superior, para visualização de margens e espaçamentos, selecionada na opção "Régua".

A opção "Layout da Web" faz com que não sejam mostradas as quebras de página e as margens laterais na exibição em tela, fazendo com que o documento se pareça com um conteúdo exposto em página da Web na Internet. Essa forma de visualização pode ser interessante para alguém que esteja criando um texto a ser disponibilizado na Web, cabendo ressaltar que o Word possibilita a gravação de arquivos em formato compatível com as páginas da Web.

A opção de exibição "Estrutura de Tópicos" apresenta todo o texto com as hierarquias que foram adotadas ao longo de sua elaboração, tais como títulos de capítulos, tópicos e subtópicos.

Outras opções de exibição são disponibilizadas, por exemplo, pelo comando "Várias Páginas", proporcionando uma visualização semelhante à que se apresenta na figura 2.26.

Figura 2.26: Tela de visualização em várias páginas, do Word.

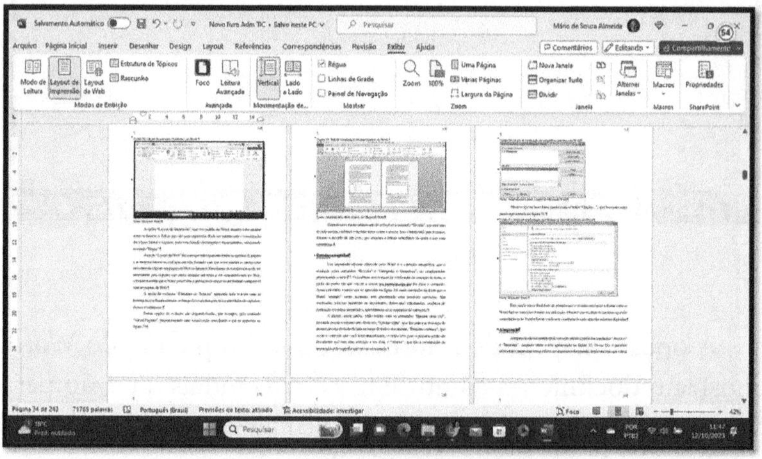

Fonte: Adaptado pelo autor, a partir do Microsoft Word.

Outro recurso muito interessante de exibição é o comando "Dividir", que cria uma divisão na tela, exibindo o mesmo texto acima e abaixo. Isso é muito útil, por exemplo, durante a revisão de um livro, que requeira a leitura simultânea do texto e das suas referências.

CORRETOR ORTOGRÁFICO

Um importante recurso oferecido pelo Word é a correção ortográfica, que é acionada pelos comandos "Revisão" e "Ortografia e Gramática", ou simplesmente pressionando a tecla

F7. O resultado será o início da verificação da correção do texto, a partir do ponto em que estiver o cursor no momento em que foi dado o comando. Aparecerá então a janela que se apresenta na figura 2.27, onde um trecho do texto que o Word "entende" como incorreto, será apresentado com possíveis correções. São verificadas palavras incorretas ou inexistentes, frases mal estruturadas, ausência de pontuação ou outras incorreções, apresentando-se as sugestões de correções.

À direita, nessa janela, estão botões com os comandos "Ignorar uma vez", deixando passar o suposto erro desta vez, "Ignorar tudo", ou "Adicionar ao dicionário".

Figura 2.27: Janela de verificação de ortografia do Word.

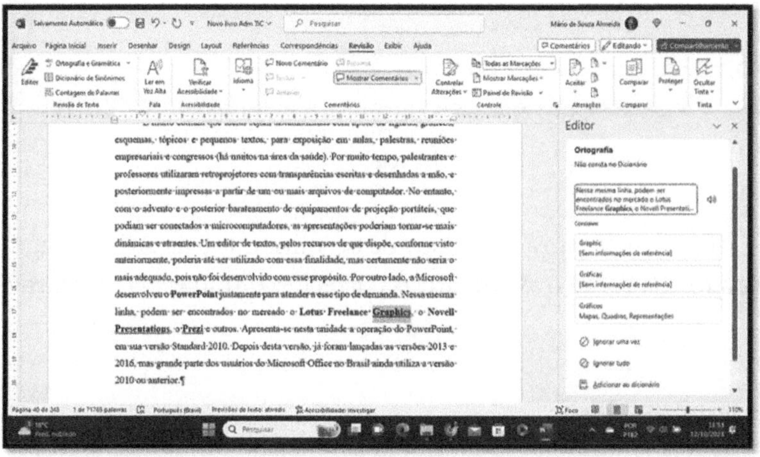

Fonte: Adaptado pelo autor, a partir do Microsoft Word.

Na base dessa janela existe o botão "Opções...", que leva para outra janela apresentada na figura 2.28.

Figura 2.28: Janela de configuração da utilização de Revisão de Texto do Word.

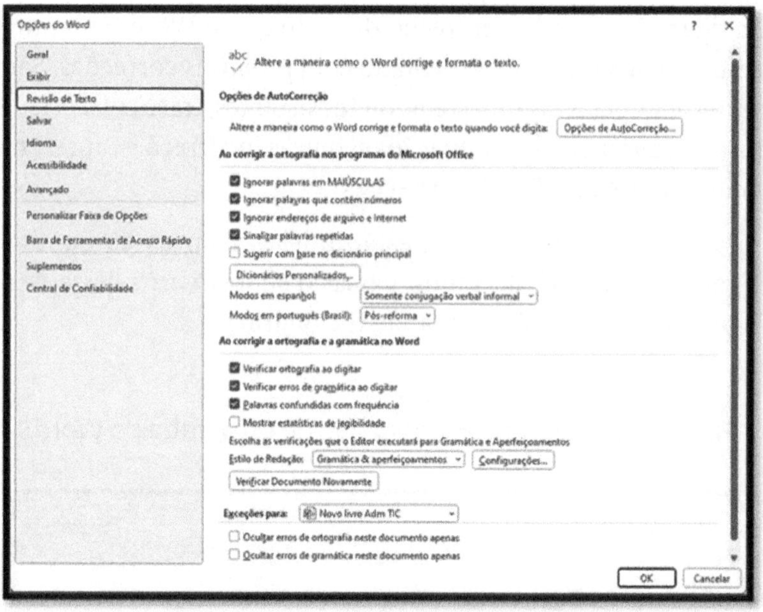

Fonte: Microsoft Word.

Esta janela tem a finalidade de permitir que o usuário configure a forma como o Word fará as correções durante sua utilização.

A IMPRESSÃO

A impressão do documento pode ser selecionada a partir dos comandos "Arquivo" e "Imprimir", surgindo então a tela apresentada na figura 2.29. Nessa tela é possível selecionar a impressora em que deve ser impresso o documento, tendo em vista que várias impressoras podem estar configuradas, conectadas diretamente ao computador com que se está trabalhando, ou em rede. A impressão também pode ser feita para um arquivo no formato PDF. Você pode imprimir o documento todo, ou apenas a página em que se encontra o cursor no momento, ou podem ainda ser selecionados intervalos de páginas. Nessa tela também é possível escolher o número de cópias a serem impressas, e se as mesmas deverão ser agrupadas formando conjuntos completos e já ordenados. O Word possibilita ainda a impressão de "Todas as páginas do intervalo", ou somente das páginas pares ou ímpares. Também é possível imprimir uma página do documento por folha (o que é mais comum), ou nas quantidades 2, 4, 6, 8 ou 16 páginas por folha.

Figura 2.29: Janela de configuração da impressão do Word.

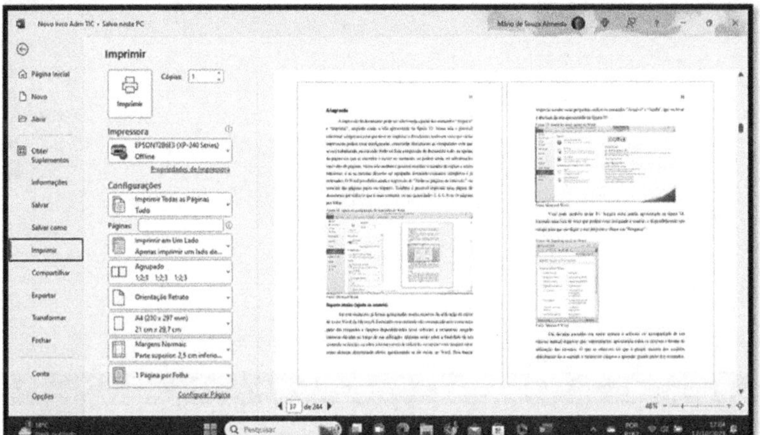

Fonte: Adaptado pelo autor, a partir do Microsoft Word.

SUPORTE TÉCNICO (AJUDA AO USUÁRIO)

Até este momento, já foram apresentados muitos recursos da utilização do editor de textos Word, da Microsoft. Entretanto, esse conteúdo não corresponde nem a uma terça parte dos comandos e funções disponibilizados nesse *software*, e certamente surgirão inúmeras dúvidas ao longo de sua utilização. Algumas serão sobre a finalidade de um comando ou função, ou sobre a forma correta de utilizá-lo, ou mesmo você desejará saber como alcançar determinado efeito, questionando se ele existe no Word. Para buscar respostas a todas essas perguntas, utilize o comando "Ajuda" ou aperte a tecla F1, que vai levar à abertura da tela apresentada na figura 2.30.

Figura 2.30: Janela de ajuda *online* do Word.

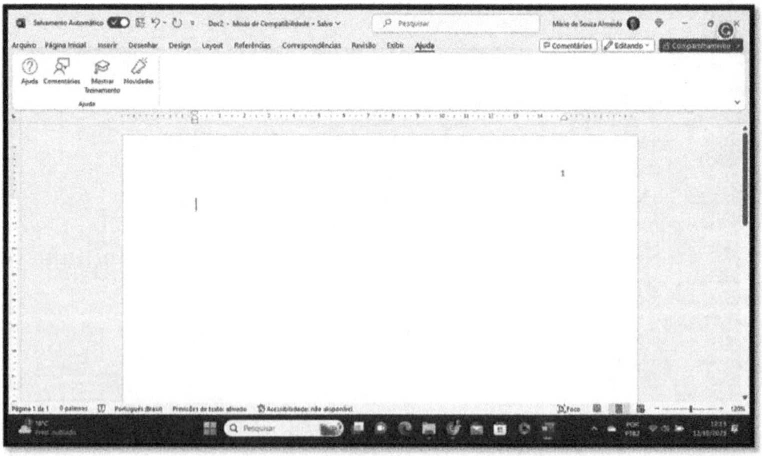

Fonte: Microsoft Word.

Em décadas passadas era muito comum o *software* vir acompanhado de um enorme manual impresso que, supostamente, apresentaria todos os seus recursos e formas de utilização. O que se observou foi que a grande maioria dos usuários dificilmente lia o manual, e raramente chegava a aprender grande parte dos comandos. Uma forma mais racional de disponibilização do manual é a que foi apresentada aqui, pois economiza papel, espaço nas prateleiras e tempo dos usuários, pois foi embutido no próprio *software* e está disponível quando é mais necessário, isto é, durante a utilização dele.

Há diversas outras fontes de informações sobre os recursos do Word, inclusive algumas apresentadas pela própria Microsoft. Recomendo que você acesse o *site* através do *link* ou QR *Code* para conhecer algumas dicas interessantes.

https://support.microsoft.com/pt=-br?correlationid8=b5ff36a9-7ea4-09d-b67a9-f86f58ed3db&ui-pt-br&rs=pt-br&ad=br

RESUMO

Você aprendeu neste capítulo, a utilizar os principais recursos do editor de textos Word, da Microsoft. Inicialmente foi apresentado o que vem a ser um editor de textos e foram tecidas algumas considerações sobre a forma de lidar com a sua evolução na atualidade (versões). Em seguida vimos como criar um novo documento, como salvá-lo em um arquivo, e como abrir novamente para alterarmos o mesmo. Depois vimos como se procede a escrita, a formatação da fonte, a formatação do parágrafo e a configuração do documento como um todo. O próximo passo foi aprender a dividir o texto em colunas, vimos como inserir e dimensionar tabelas, como inserir uma caixa de textos e como lidar com as ferramentas de desenho. Vimos ainda como numerar as páginas de um documento, como forçar a quebra de páginas, colunas ou seções, e as diferentes formas que são disponibilizadas pelo Word para a visualização do documento que está sendo criado. A impressão do documento foi o passo seguinte, passando também pelo recurso de correção ortográfica e gramatical, e pelos recursos de ajuda *online*. Estes foram os recursos básicos de editoração de textos com a utilização do Microsoft Word.

ATIVIDADES DE APRENDIZAGEM

Considerando que você atua em uma empresa (ou tem acesso a uma), reflita e responda as questões a seguir, utilizando o editor de textos Word. Faça uso dos recursos de formatação que considerar pertinentes.

1. Para que um profissional de sua área de formação precisa dominar uma ferramenta de editoração de textos como o Microsoft Word?
2. Que tipos de documentos podem ser requeridos dentro dessa organização, cuja criação demandaria o uso do Word?
3. Dos recursos apresentados neste capítulo, quais os mais utilizados por você e seus colegas?

UNIDADE 03

PREPARANDO APRESENTAÇÕES COM O MICROSOFT POWERPOINT

OBJETIVO

Nesta unidade, você vai conhecer a funcionalidade de um dos mais utilizados *softwares* de apresentação disponíveis no mercado, o PowerPoint, da Microsoft.

O QUE É UM SOFTWARE DE APRESENTAÇÃO E QUAIS OS PRINCIPAIS NO MERCADO

É muito comum que ideias sejam sistematizadas com apoio de figuras, gráficos, esquemas, tópicos e pequenos textos, para exposição em aulas, palestras, reuniões empresariais e congressos. Por muito tempo, palestrantes e professores utilizaram retroprojetores com transparências escritas e desenhadas a mão, e posteriormente impressas a partir de um ou mais arquivos de computador. No entanto, com o advento e o posterior barateamento de equipamentos de projeção portáteis, que podiam ser conectados a microcomputadores, as apresentações poderiam tornar-se mais dinâmicas e atraentes. Um editor de textos, pelos recursos de que dispõe, conforme visto anteriormente, poderia até ser utilizado com essa finalidade, mas certamente não seria o mais adequado, pois não foi desenvolvido com esse propósito. Por outro lado, a Microsoft desenvolveu o **PowerPoint** justamente para atender a esse tipo de demanda. Nessa mesma linha, podem ser encontrados no mercado o **Lotus Freelance Graphics (da IBM)**, o **Prezi** e outros. Apresenta-se nesta unidade a operação do PowerPoint, em sua versão Microsoft 365, mas grande parte dos usuários do Microsoft Office no Brasil ainda utiliza versões anteriores, o que não muda muito a forma de utilizar esse *software*.

CRIANDO UMA APRESENTAÇÃO

Ao carregar o PowerPoint em um microcomputador (utilizando o mesmo procedimento descrito para iniciar o Word), a janela que se abre é um tanto quanto diferente do padrão apresentado ao abrir o Word, pois aparecerão algumas sugestões de padrões de formatação de slides, iniciando por slides em branco, conforme se observa na Figura 3.1.

Figura 3.1: Tela de abertura do PowerPoint.

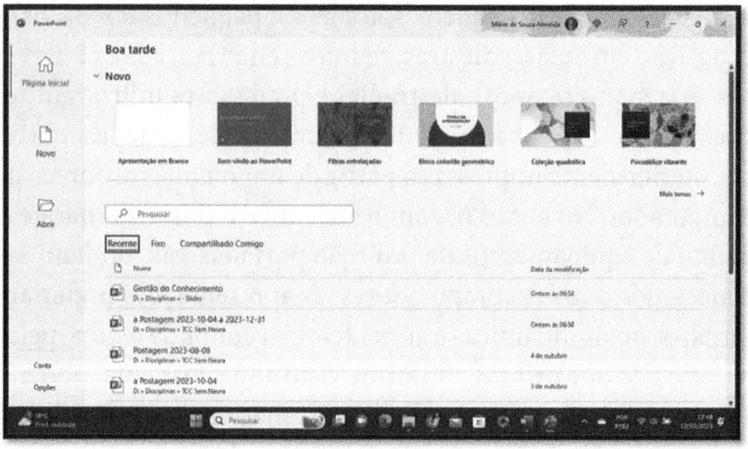

Fonte: Adaptado pelo autor, a partir do Microsoft PowerPoint.

Observe que essa tela permite criar um arquivo "Novo" ou "Abrir" um arquivo existente. Abaixo das sugestões de padrões, são apresentados os nomes dos arquivos com que você trabalhou mais recentemente, facilitando para dar continuidade à sua editoração.

Se você escolher um slide em branco para iniciar o trabalho, aparecerá a tela que se apresenta na Figura 3.2, sugerindo que você insira um título e um subtítulo, para constituir o slide de abertura da sua apresentação. O PowerPoint ainda sugere à direita alguns modelos de formatação.

Figura 3.2: Tela de criação de novo arquivo em branco do PowerPoint.

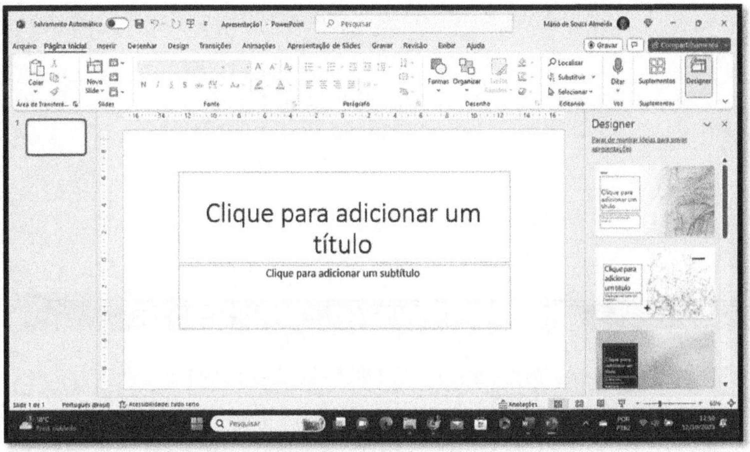

Fonte: Microsoft Power Point.

Observe que a barra de menu e as barras de ferramentas são parecidas com as do Word. Veja também que à esquerda aparece um slide pequeno e ao centro um slide em tamanho grande, onde você digita o conteúdo. Tudo que você criar no slide grande será reproduzido no slide menor, formando ali uma sequência em que você visualiza alguns slides, contextualizando o atual.

A melhor forma de aprender a criar uma apresentação é preenchendo e aperfeiçoando uma. Nesse sentido, recomendo que você clique no espaço do título e digite "Teste de criação de uma apresentação do PowerPoint". Depois, no espaço para o subtítulo, clique e digite "Aprendizado na prática". Sua tela deverá ficar como a que se apresenta na figura 3.3.

Figura 3.3: Slide de abertura de uma apresentação.

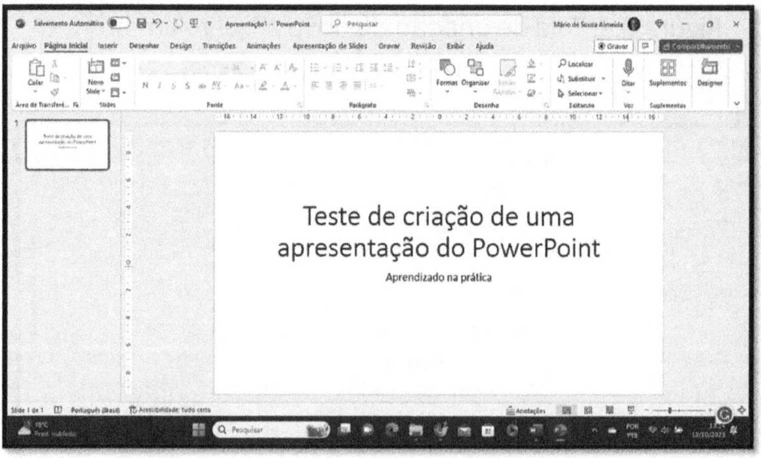

Fonte: Adaptado pelo autor, a partir do Microsoft PowerPoint.

Esse slide está me parecendo muito sem graça. É apenas "preto no branco", sem nenhum efeito interessante. Para mudar isso, clique na aba "Design" e observe diversos modelos de slides coloridos que aparecem. Experimente passar o ponteiro do *mouse* por cima de cada um deles, parando por alguns segundos, e verá como esse modelo se aplica ao conteúdo que você já colocou no slide. Veja o exemplo da figura 3.4.

Logo à direita desses seis mini slides (o escolhido e mais cinco modelos) há uma seta para baixo, que disponibiliza muitos outros modelos. Experimente. Mais à direita, você vê quatro mini slides que lhe permitem escolher outras combinações de cores para esse modelo de formatação.

Figura 3.4: Slide de abertura, adotando um modelo do PowerPoint.

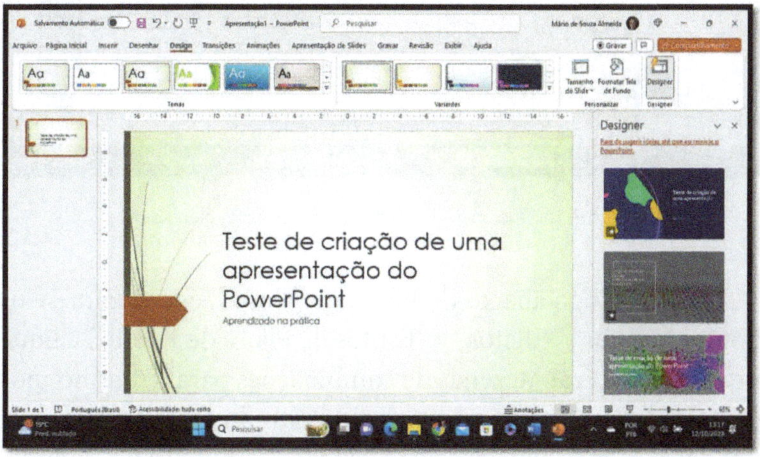

Fonte: Adaptado pelo autor, a partir do Microsoft PowerPoint.

Basta passar com o ponteiro do *mouse* sobre uma combinação de cores, para visualizar como ficaria. Se você clicar na seta para baixo, verá que aparecem muitas outras opções de "Cores". Um exemplo disso está na figura 3.5. Observe que o slide que se encontra à esquerda continua nas cores originais, pois não cheguei a clicar em nenhuma outra combinação de cores.

Figura 3.5: Experimentando outros padrões de cores do PowerPoint.

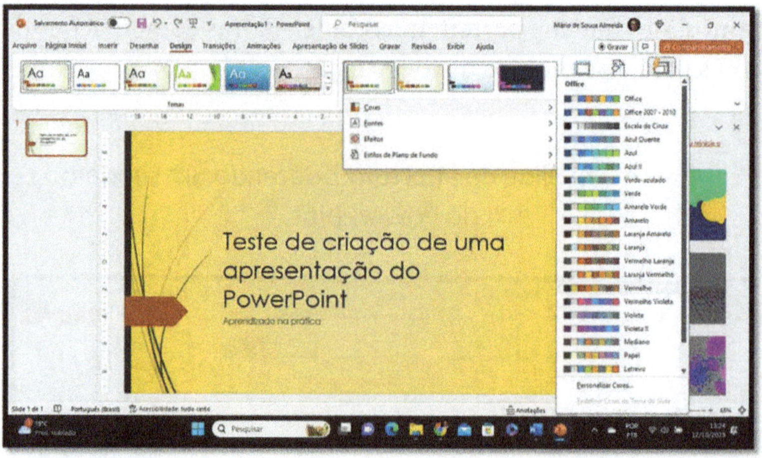

Fonte: Adaptado pelo autor, a partir do Microsoft PowerPoint.

Veja que logo abaixo do botão de "Cores", encontram-se os botões "Fontes", "Efeitos" e "Estilos de Plano de Fundo". Clique neles e aparecerão dezenas de combinações para o mesmo modelo de slides. Ao passar com o ponteiro do *mouse* sobre cada um deles, logo visualizará no slide maior como fica o resultado. Se clicar sobre a combinação, ela será adotada para o seu modelo de apresentação.

Agora vamos acrescentar slides à apresentação. Selecione "Página Inicial" e "Novo Slide". Aparecerá um novo slide em branco, mas com o mesmo padrão daquele modelo que você tiver selecionado. Ainda assim, será diferente do slide de abertura da apresentação, sugerindo que você insira o título desse slide e adicione o texto ou algum outro tipo de conteúdo na parte maior. Observe a figura 3.6.

Figura 3.6: Acrescentando um novo slide à apresentação.

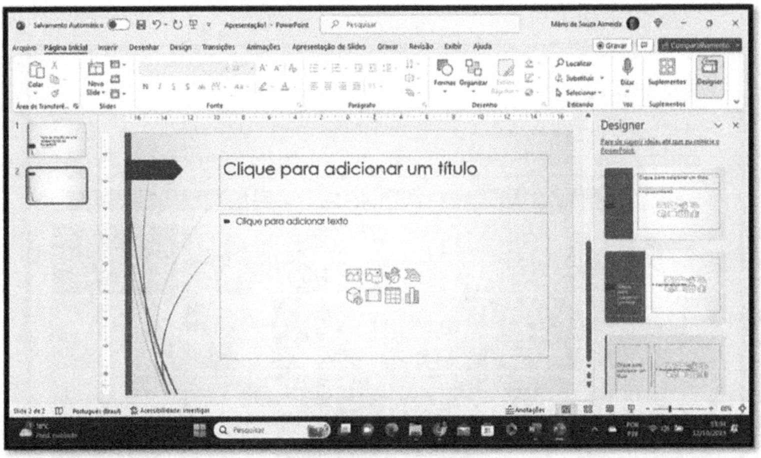

Fonte: Adaptado pelo autor, a partir do Microsoft PowerPoint.

Ao digitar o texto, você pode editá-lo de forma semelhante ao que faz em um editor de textos. Por exemplo, você pode selecionar uma frase e aumentar ou diminuir o tamanho da fonte, sua cor ou o tipo de letra. Se você desejar numerar os parágrafos inseridos, transformando-os em tópicos ordenados ou com marcadores, basta selecioná-los e clicar no botão "Numeração", semelhante ao que se faz no Word.

Nesse quadro também pode ser colocada uma figura. Para inserir a figura, são utilizados os comandos "Inserir", "Imagens" e "Inserir Imagem De", apresentando a seguir as opções "Este Dispositivo...", que possibilita a busca de um arquivo em seu computador, "Imagens de Estoque...", que apresenta uma seleção de imagens do PowerPoint (veja a Figura 3.7), e "Imagens *Online*...", permitindo que você busque outras imagens na Internet. Veja o resultado do slide com texto e imagem, na figura 3.8.

Figura 3.7: Tela de inserção de Imagens de Estoque do PowerPoint.

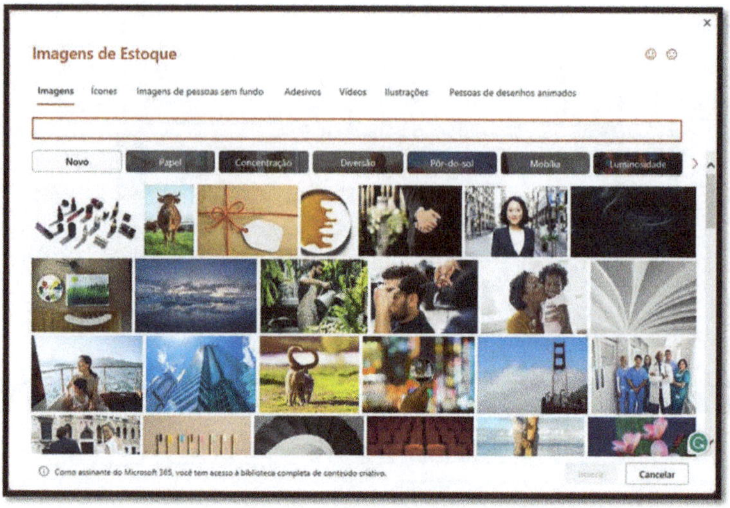

Fonte: Microsoft Power Point.

Figura 3.8: Slide com texto e imagem incluídos.

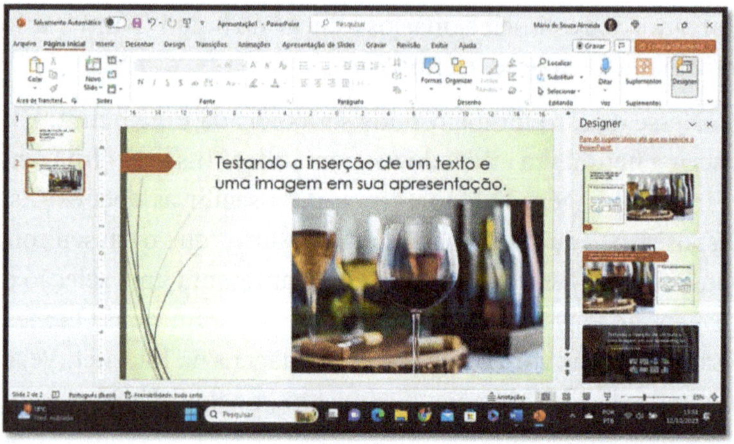

Fonte: Adaptado pelo autor, a partir do Microsoft PowerPoint.

Enquanto a imagem estiver selecionada, ficará ativa a barra de "Formato de Imagem", com recursos para adotar "Efeitos Artísticos" (ajustes de nitidez, brilho e contraste e até imitando um estilho diferente de arte), conforme se observa na figura 3.9, ajustes na "Cor" (saturação, tom e opção de recolorir), conforme se observa na figura 3.10, e muito mais. Recomendo que experimente os vários recursos das ferramentas de Formato de Imagem, pois são muito intuitivos e vão mostrando imediatamente os resultados que podem ser alcançados. Veja o que fica melhor para a sua apresentação. Lembre-se que uma boa imagem vale por mil palavras.

Figura 3.9: Adoção de Efeitos Artísticos do PowerPoint.

Fonte: Adaptado pelo autor, a partir do Microsoft PowerPoint.

Figura 3.10: Ajustes na cor das imagens do PowerPoint.

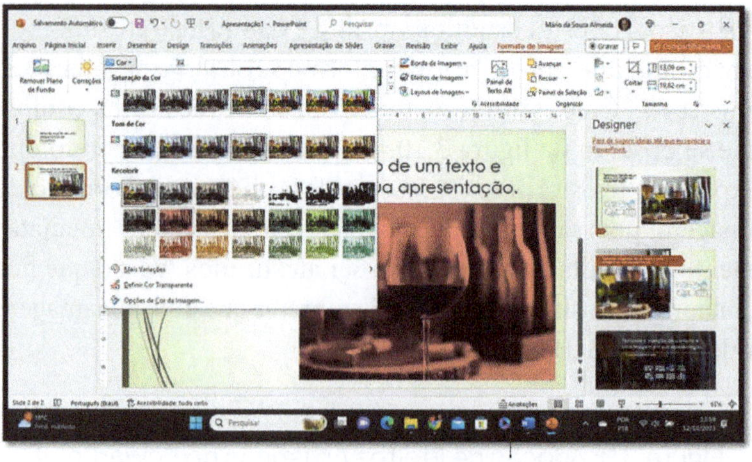

Fonte: Adaptado pelo autor, a partir do Microsoft PowerPoint.

Ao inserir um novo slide, você pode definir o formato mais adequado para os conteúdos que serão colocados no mesmo. Observe na figura 3.11, que existem *layouts* para o título da apresentação (o primeiro que vimos), título e conteúdo (o segundo que vimos), cabeçalho de seção, duas partes de conteúdo, somente título, em branco, conteúdo com legenda, imagem com legenda e várias outras opções. Depois de pensar no conteúdo a ser apresentado, você deve selecionar os *layouts* de slides que darão o devido suporte.

Figura 3.11: Diferentes layouts de slides do PowerPoint.

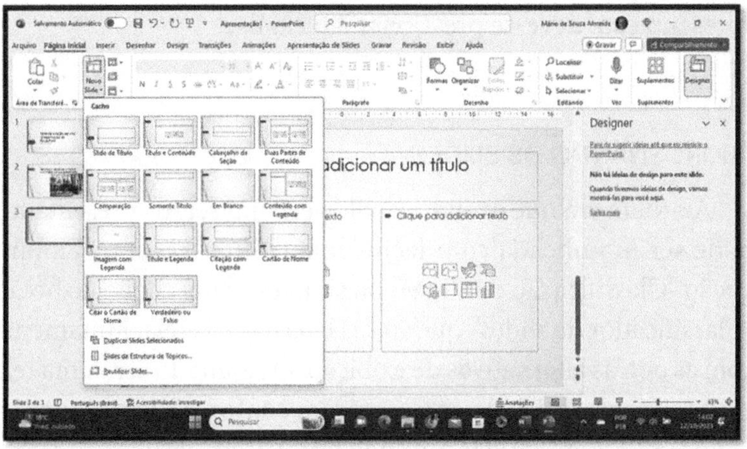

Fonte: Adaptado pelo autor, a partir do Microsoft PowerPoint.

Conforme você evoluir na estruturação de suas apresentações, ficará mais fácil fazer uso desses *layouts*, ou partir de um slide em branco para dar seu próprio toque especial.

VISUALIZANDO NA FORMA DE APRESENTAÇÃO

Ainda que o slide apareça no centro da tela, com seu formato final, é interessante visualizá-lo na forma de apresentação, em tela inteira, para ter noção clara daquilo que será apresentado posteriormente, da mesma forma como a plateia o verá. Para isso, utilize os comandos "Apresentação de Slides" e "Do Começo", ou simplesmente pressione F5.

Iniciada a apresentação, para exibir o próximo slide pode-se pressionar Enter, a barra de espaços, a tecla Page Down, a seta para baixo ou a seta para a direita. Para voltar ao slide anterior, pode-se pressionar Page Up, seta para cima ou seta para a esquerda. A tecla Home leva para o primeiro slide, e a tecla End leva para o último slide da apresentação. Para encerrar a apresentação, deve-se pressionar a tecla Esc.

REORDENANDO OS SLIDES

A ordem em que os slides do PowerPoint serão apresentados pode ser modificada com facilidade. Utilize o menu "Exibir", opção "Classificação de Slides", ou simplesmente clique no botão "Classificador de slides", que aparece na base da tela, juntamente com as outras alternativas de exibição. O resultado será uma tela com todos os slides da apresentação, conforme se observa na Figura 3.12. Para mudar um slide de posição, basta clicar sobre ele e, com o botão do *mouse* pressionado, arrastá-lo até a posição entre dois outros slides, onde se deseja que ele seja inserido. Ao soltar o botão do *mouse*, os slides serão reordenados. Esse mesmo deslocamento pode ser feito com diversos slides juntos, sendo necessário selecioná-los simultaneamente.

Figura 3.12: Exibição no modo Classificação de Slides.

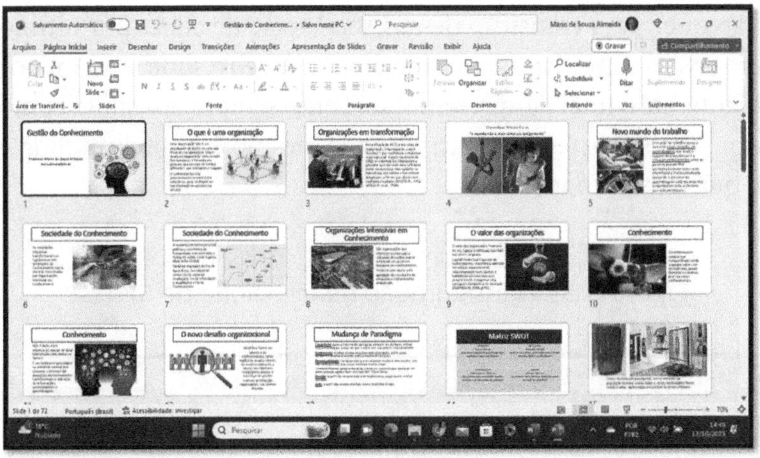

Fonte: Adaptado pelo autor, a partir do Microsoft PowerPoint.

INSERINDO EFEITOS DE ANIMAÇÃO

As informações mais importantes a serem apresentadas com o auxílio do PowerPoint podem ser destacadas com a utilização de animação, um recurso interessante, que deve ser utilizado criteriosamente, a fim de não tornar a apresentação enfadonha e especialmente para não distrair a plateia, ao invés de prender sua atenção.

A passagem de um slide para o próximo pode ser configurada por meio do menu "Transições", que trará uma série de efeitos, conforme se observa na figura 3.13. Procure manter o slide de abertura sem transição, senão haverá uma tela preta esperando que você pressione ENTER. Com o segundo slide na tela, clique em cada uma das transições propostas, e veja os efeitos obtidos. Observe que há uma seta à direita dessas transições, mostrando que há outras que não aparecem inicialmente. Ao clicar em uma transição, ela fica configurada para aquele slide. Se decidir que não quer uma transição dessas, lembre-se de clicar por último em "Nenhuma". Faça o mesmo com o terceiro slide, e assim por diante, até o final da apresentação. Pense sempre nos slides como um bom suporte, mas o importante mesmo é o apresentador, e o que ele tem para falar.

Figura 3.13: Configuração de transição de Slides.

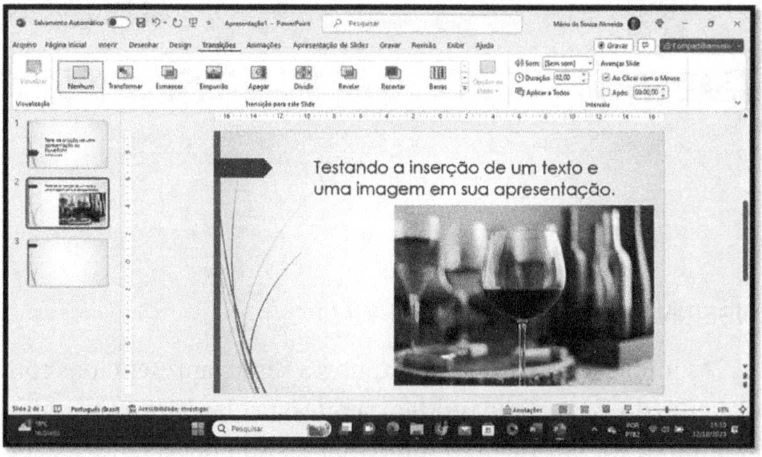

Fonte: Adaptado pelo autor, a partir do Microsoft PowerPoint.

Quando você tiver diversos itens em um mesmo slide, é interessante que eles sejam exibidos um de cada vez, para que a sua plateia não fique lendo todos eles enquanto você fala sobre o primeiro. Nesse sentido, com o slide aberto, clique em animações. Feito isso, selecione uma parte do texto (um item, por exemplo) e clique no efeito que deseja para a exibição dessa parte. Os itens que não receberem essa configuração, aparecerão por ocasião da transição de slides. Os que forem configurados com alguma animação, esperarão que você pressione ENTER.

Observe a figura 3.14. O título e a figura não receberam configuração de animação e, portanto, aparecem por ocasião da transição do slide. O mesmo acontece com o primeiro item ("Intenção"), pois está com o número "0" (zero). Os quatro parágrafos com numeração de 1 a 4 receberam configuração de animação, sendo então necessário pressionar ENTER para que cada um deles seja exibido. A ordem de exibição é estabelecida pelo número ao lado do item que receberá a animação, mas essa ordem pode ser modificada. Selecione o item e clique em "Mover Antes" ou "Mover Depois" (à direita, em "Reordenar Animação") para alterar o número. A posição dos itens no slide permanecerá a mesma.

Figura 3.14: Configuração de animação de Slides.

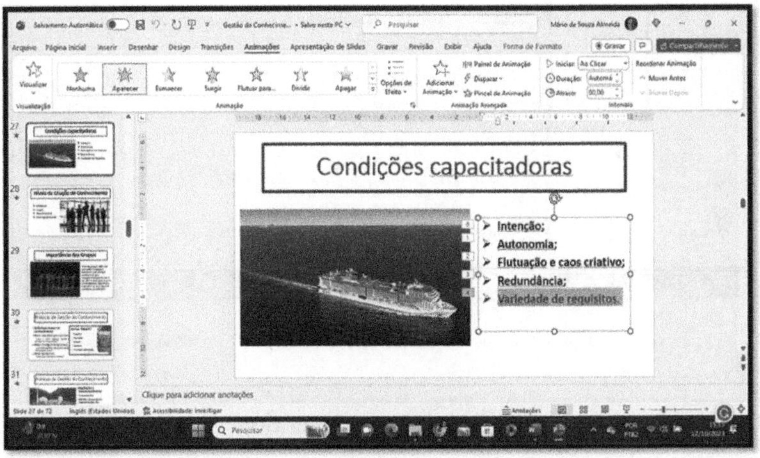

Fonte: Adaptado pelo autor, a partir do Microsoft PowerPoint.

UTILIZAÇÃO DO SLIDE MESTRE

Uma forma de alterar a formatação de todos os slides de uma apresentação ao mesmo tempo é com a utilização do slide mestre. Essa opção é acionada pelo menu “Exibir”, e o comando “Slide mestre”, que provoca o surgimento da tela apresentada na Figura 3.15. Os efeitos de cada alteração que for feita nesse slide aparecerão no slide em miniatura, e serão adotados em todos os slides da apresentação.

Figura 3.15: Configuração de Slide Mestre.

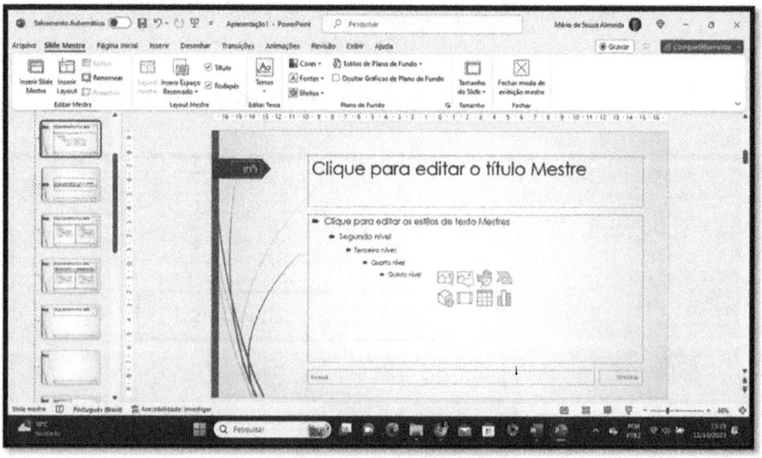

Fonte: Adaptado pelo autor, a partir do Microsoft PowerPoint.

Observe que o “Título” e os itens dos “Rodapés” podem ser excluídos ou reincluídos no slide mestre, ao selecionar esses comandos.

IMPRESSÃO NO POWERPOINT

A impressão dos slides no PowerPoint tem algumas peculiaridades que vale a pena ressaltar. É comum um palestrante oferecer aos participantes materiais em que apareçam os slides, para que não precisem copiar seu conteúdo, e em que possam fazer anotações. A esse tipo de material dá-se o nome de folheto. Para isso, recomenda-se a impressão de três slides por página, vindo como padrão algumas linhas em branco ao lado de cada um deles. O PowerPoint possibilita a impressão de até nove slides por página. Para que essas configurações sejam feitas, deve-se utilizar o comando "Imprimir" do menu "Arquivo", que fará surgir a tela apresentada na Figura 3.16. Como padrão, o PowerPoint sugere a impressão de um slide por página, podendo alterar para 2, 4, 6 ou 9 slides por página. O formato de impressão aparecerá na parte direita da tela.

Figura 3.16: Tela de impressão de Slides.

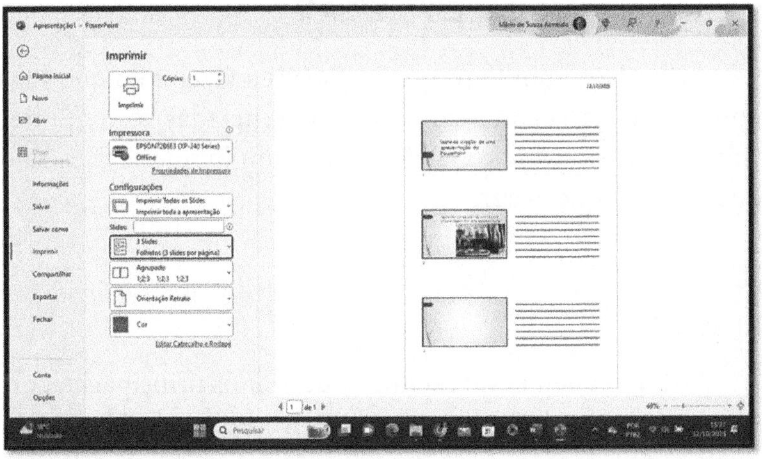

Fonte: Adaptado pelo autor, a partir do Microsoft PowerPoint.

Observe que o PowerPoint oferece opções para impressão de todos ou de parte dos slides, um a nove slides por página, agrupados ou não, e colorido ou branco e preto (ou em tons de cinza). O cuidado na impressão dos slides pode constituir a grande diferença entre uma apresentação bem-sucedida e um grande fracasso. Sempre elabore seu material com carinho e atenção, e o sucesso será apenas uma consequência.

Recomendo que você busque conhecer mais recursos do PowerPoint no *site* através do *link* ou QR *Code.*

https://support.microsoft.com/pt-br?section=1&correlationid=beebe4d7-5154-427c-ab48-d9ebde397e25&ui=pt-br&rs=pt-br&ad=br

Além disso, um livro que o ajudará a fazer com que suas apresentações sejam realmente diferenciadas, é o "Super Apresentações" (Adas; Galvão, 2011), um livro que mostra o que fazer e o que evitar.

RESUMO

Você aprendeu neste capítulo a utilizar os principais recursos do *software* de apresentações PowerPoint, da Microsoft. Inicialmente, vimos qual é a finalidade desse tipo de *software*, e como pode ser criada uma nova apresentação. Em seguida, constatamos a facilidade que é a inserção de textos nos slides e sua visualização na forma de apresentação. A reordenação dos slides também foi abordada, assim como a utilização de efeitos de animação e a padronização da formatação com base em um slide mestre. Vimos que os esquemas de cores adotados nas apresentações podem ser alterados com muita facilidade, bem como outros atributos e formatações. A configuração da transição de slides também foi apresentada. Por fim, foram apresentadas algumas peculiaridades da impressão de slides e folhetos. Com isso, você está habilitado a compor suas primeiras apresentações utilizando o PowerPoint.

ATIVIDADES DE APRENDIZAGEM

1. Elabore uma apresentação completa, referente a alguma das atividades que você executa em seu dia a dia, como se fosse ensinar para novos colegas que estejam sendo contratados em sua organização;
2. Prepare um conjunto de folhetos que poderiam ser entregues à plateia, quando você fosse expor esse conteúdo.

UNIDADE 04

COMPONDO PLANILHAS ELETRÔNICAS COM O EXCEL

OBJETIVO

Nesta unidade, você vai conhecer a funcionalidade de uma planilha eletrônica das mais utilizadas, dentre as disponíveis no mercado, o Microsoft Excel.

O QUE É UMA PLANILHA, E QUAIS SÃO ENCONTRADAS NO MERCADO

Os cálculos matemáticos existem há milhares de anos, e os mais diversos recursos já foram utilizados para o seu registro e disseminação. Imagine, por exemplo, os filósofos da Grécia antiga estudando os movimentos dos astros, criando fórmulas de trigonometria e muito mais, sem registrar suas conclusões em pergaminhos ou outros tipos de materiais. Seria difícil ocorrer a evolução da matemática, se os estudiosos da área não tivessem uma forma de registrar as suas considerações, até para que servissem de ponto de partida para quem desejasse aprofundar e prosseguir com tais estudos.

O papel e o lápis foram ferramentas valiosíssimas ao longo dos últimos séculos, mas em pleno século XX era necessário surgir algo mais evoluído tecnologicamente, e isso efetivamente aconteceu. As máquinas de calcular que já vinham sendo desejadas e desenhadas em suas formas mais rudimentares há muito tempo, surgiram em sua versão eletrônica somente no século passado (séc. XX), e a mais poderosa e versátil das ferramentas de trabalho nos escritórios também, isto é, o computador. Da mesma forma que é possível armazenar textos sem fazer cálculo nenhum sobre eles, o computador permite armazenar números e fórmulas, e faz todos os tipos imagináveis de cálculos com uma rapidez impressionante, muitíssimo superior à capacidade do mais hábil e inteligente ser humano.

Pensando no uso individual ou de pequenos grupos dentro das organizações, foram desenvolvidas as planilhas eletrônicas, que são documentos repartidos em linhas e colunas, em que é possível armazenar conteúdos na forma de textos ou de números, e que proporcionam grande facilidade para o estabelecimento de relações e cálculos matemáticos.

Dentre as diversas planilhas eletrônicas que foram desenvolvidas e encontram-se disponíveis no mercado, podem ser citadas a Novell Quattro Pro e o LibreOffice Calc, mas merece um destaque especial o produto da Microsoft, que vem inserido no pacote Office, qual seja, o Excel. É este o *software* a ser tratado ao longo deste capítulo, e cujos recursos são apresentados a fim de possibilitar a sua utilização, ainda que de forma relativamente simplificada.

Muitos dos comandos do Excel são semelhantes aos utilizados no Word, motivo pelo qual serão evitadas repetições, o que poderá eventualmente tornar necessário revisitar a unidade 2 deste livro.

VERSÕES DO EXCEL

As primeiras planilhas eletrônicas desenvolvidas e comercializadas para uso em microcomputadores proporcionavam certas dificuldades para a formatação, especialmente no que diz respeito ao acabamento e apresentação. As colunas e linhas eram utilizadas em intervalos, para que se fizesse preenchimento com traços, formando as molduras das células que continham os valores e fórmulas. Hoje em dia os acabamentos estão muito fáceis de aplicar, e a utilização tornou-se muito intuitiva.

O Excel, à semelhança do Word, vem passando por aprimoramentos constantes, de modo que de tempos em tempos é lançada uma nova versão. Novamente, isso não é motivo de preocupação, pois a forma de utilização continua igual para a maioria dos comandos, e o reconhecimento de planilhas antigas pelas novas versões, ou das novas pelas versões mais antigas, não apresenta problemas.

A primeira versão foi a 2.0, lançada em 1987; depois vieram as versões 3.0 em 1990, a 4.0 em 1992, a 5.0 em 1993, a 7.0 em 1995, a 8.0 em 1997, a 9.0 em 1999, a 10.0 em 2001, a 11.0 em 2003, a 12.0 em 2007, a 14.0 em 2010 (Office 2010), a 15.0 em 2013, e a 16.0 em 2016. Na elaboração deste livro, foi utilizada a versão de 2010, que ainda é muito mais utilizada do que a de 2013 e a de 2016, sendo lançadas novas versões em 2019 e 2021, mas estas foram convertidas no aplicativo chamado Microsoft 365, que está vigente na atualidade (2023), e que inclui a planilha Excel.

CRIANDO UMA PLANILHA

A criação de uma nova planilha do Excel ocorre da mesma forma que foi mostrada em relação à criação de um documento do Word. Utilizando os comandos "Arquivo", "Novo" e "Pasta de trabalho em branco", conforme se apresenta na figura 4.1. Surge então uma nova planilha, semelhante à que é mostrada na figura 4.2.

Figura 4.1: Janela do Excel com os comandos do menu "Arquivo".

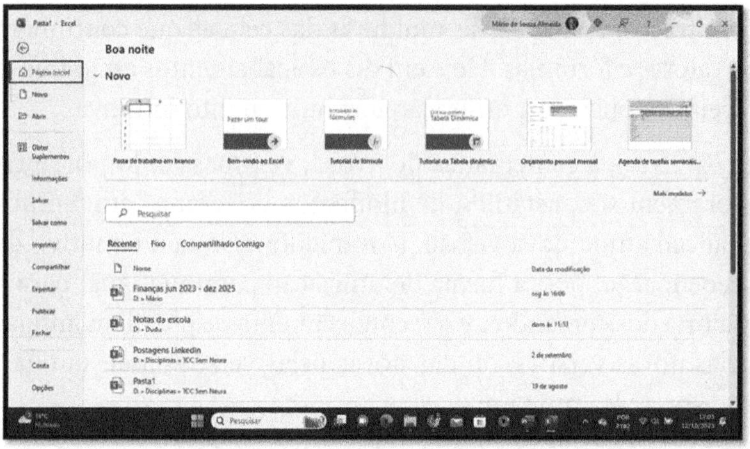

Fonte: Adaptado pelo autor, a partir do Microsoft Excel.

Observe que os comandos do menu principal são muito parecidos com os do Word, sendo retirados itens como "Referências" e "Correspondências" (no Word) e incluídos outros como "Fórmulas" e "Dados" (no Excel). O menu "Arquivo", por sua vez, é idêntico nos dois.

Figura 4.2: Janela do Excel com uma nova planilha.

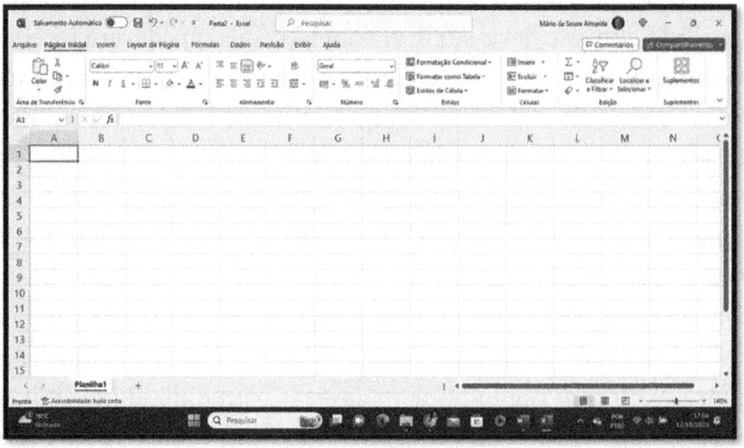

Fonte: Microsoft Excel.

Conforme se pode ver na figura 4.2, a planilha é composta por colunas e linhas, sendo que o nome de cada coluna é uma letra maiúscula, e o nome de cada linha é um número sequencial que começa em "1". Você poderá observar que após a coluna Z, as colunas passam a ser chamadas por duas letras, prosseguindo com "AA", "AB", "AC" ... até "XFD". As linhas, por sua vez, seguem a numeração até 1.048.576. A tendência é de que as novas versões tenham ainda mais linhas e colunas, assim como versões anteriores possuíam mais limitações em suas dimensões.

Tendo em vista que, dificilmente, alguém utilizará todas as linhas e colunas disponíveis, normalmente a aceitação de uma planilha por uma versão anterior do Excel não apresentará problemas.

Os comandos para abrir uma planilha existente, ou para salvar a que está sendo criada, ou mesmo para salvar com outro nome ou em outro local, são idênticos aos do Word, e por esse motivo não merecem maiores considerações neste capítulo.

INSERINDO DADOS E PALAVRAS

A inserção de dados em uma planilha Excel é bastante simples. Inicialmente deve-se clicar sobre a célula que deverá receber o conteúdo, de modo que ela fique com uma pequena moldura preta. Logo acima da letra "A", que dá nome à primeira coluna, aparecerá uma coordenada com letra e número, que designa a célula que está selecionada. O local em que aparece essa coordenada chama-se "Caixa de nome". No exemplo da figura 4.3, está selecionada a célula "A1". Tendo sido selecionada, basta começar a digitar o conteúdo, e ele aparecerá dentro da célula e na "Barra de fórmulas", que fica à direita da "Caixa de nome". Na figura 4.3 foram digitadas as palavras "Nome do aluno" como um exemplo dessa ocorrência. A "Barra de fórmulas" recebe esse nome porque, ao digitar uma fórmula em uma célula, aparece o resultado do cálculo dentro da célula, ao passo que a fórmula original aparece dentro da "Barra de fórmulas".

Figura 4.3: Inserção de dados no Excel.

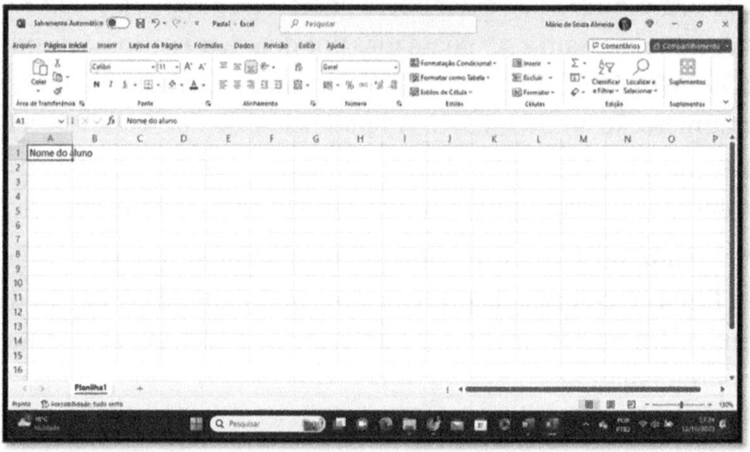

Fonte: Adaptado pelo autor, a partir do Microsoft Excel.

INSERINDO CÁLCULOS E REFERENCIANDO CÉLULAS

As fórmulas podem conter referências a outras células, bastando que seja digitado o seu endereço corretamente. Se, por exemplo, na célula A2 existir um valor, e na célula E2 for digitado "=A2", o Excel entenderá que deve ser iniciado um cálculo (pois começou com "="), utilizando o valor contido em A2. Se o valor de A2 for mudado, todas as células que contenham fórmulas com referência a esse valor, também terão seus resultados mudados. Observe outro exemplo na figura 4.4.

As células da linha 1 e da coluna A receberam apenas nomes e designações de conteúdos, ao passo que as células B2 até E5 receberam valores (as notas obtidas nos quatro trimestres), e as células F2 até F5 receberam fórmulas. Na figura 4.4 a célula selecionada é a F2, onde aparece o resultado do cálculo, e a fórmula ali contida aparece na Barra de fórmulas. Trata-se da soma das células B2 até E2, e o resultado é dividido por 4. A média das notas do primeiro trimestre também poderia ser calculada, se na linha 6, abaixo das notas, fosse colocada a fórmula "=SOMA(B2:B5)/4".

As operações básicas que compõem uma fórmula são adição (símbolo "+"), subtração (símbolo "-"), multiplicação (símbolo "*"), divisão (símbolo "/") e raiz quadrada (utiliza-se "RAIZ(X)", sendo X um número ou a referência a uma célula).

Para obter o valor absoluto de um número qualquer, pode-se utilizar "ABS(num)". Por exemplo, se desejar obter o valor absoluto de um número (seu valor sempre positivo) que esteja na célula G6, bastará digitar a fórmula "=ABS(G6)".

Figura 4.4: Exemplo de composição de fórmula no Excel.

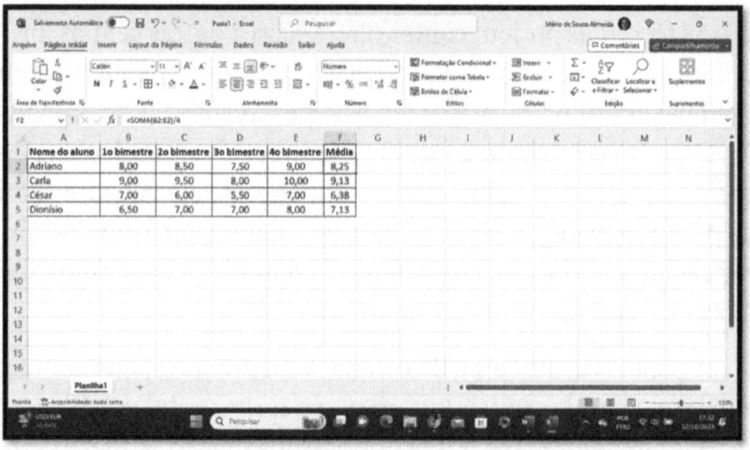

Fonte: Adaptado pelo autor, a partir do Microsoft Excel.

Existem dezenas de outros comandos que podem ser utilizados em fórmulas, incluindo várias formas de arredondamentos, elevação à potência, cálculos trigonométricos e outros, para os quais é interessante consultar a ajuda do Excel. Ao teclar F1 ou clicar na opção "Ajuda", primeiramente o Excel apresenta os principais agrupamentos de informações sobre a sua operação, conforme se observa na figura 4.5.

Figura 4.5: Tela de Ajuda do Excel.

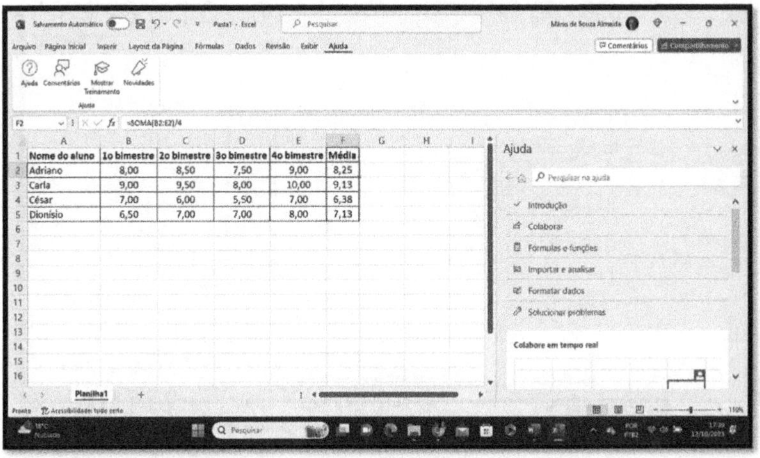

Fonte: Adaptado pelo autor, a partir do Microsoft Excel.

Se você deseja conhecer as muitas fórmulas e funções que podem ser utilizadas em suas planilhas, experimente clicar na opção, "Fórmulas e funções". Aparecerá a tela apresentada na figura 4.6.

Figura 4.6: Tela de Ajuda do Excel – Fórmulas e funções.

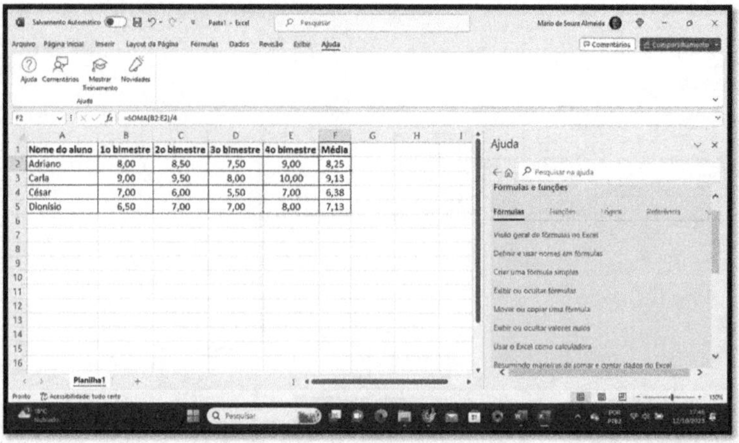

Fonte: Adaptado pelo autor, a partir do Microsoft Excel.

Experimente clicar em "Funções" e depois em "Todas as funções (ordem alfabética)", e você verá a tela que se apresenta na figura 4.7.

Figura 4.7: Tela de Ajuda do Excel – Lista de funções.

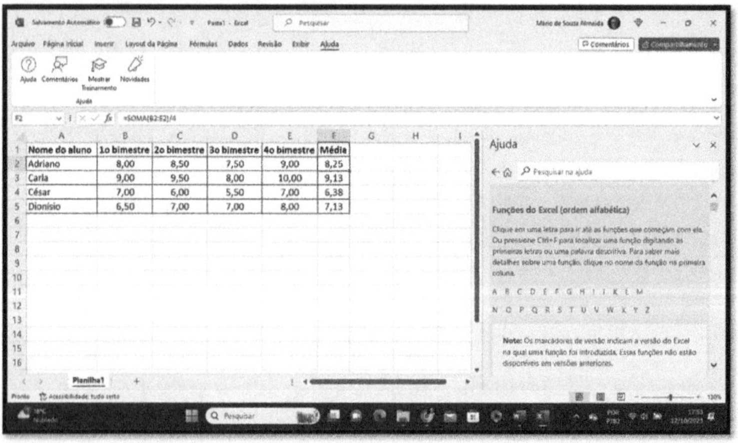

Fonte: Adaptado pelo autor, a partir do Microsoft Excel.

Se você teclar na seta para baixo ou se clicar na barra de rolagem à direita, aparecerão as funções em ordem alfabética, com uma breve descrição daquilo que elas fazem. Você pode também clicar em uma das letras do alfabeto, para que sejam apresentadas as funções que iniciam com essa letra. Ao clicar em um dos *links* destacados, correspondente à função que você deseja conhecer, será apresentada a explicação completa, acompanhada da sintaxe e de exemplos (veja a figura 4.8).

Figura 4.8: Tela de Ajuda do Excel – Função ABS.

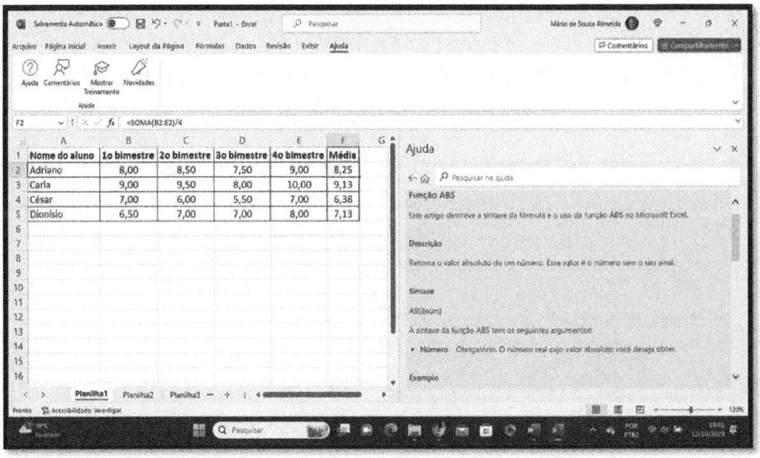

Fonte: Adaptado pelo autor, a partir do Microsoft Excel.

Sempre que a sintaxe de uma fórmula estiver incorreta, ou se o cálculo fizer referência a um valor incompatível (uma divisão por zero ou um cálculo com um conteúdo não numérico, por exemplo), o Excel apontará o erro.

As possibilidades de elaboração de cálculos são muito vastas, bastando que você pense sobre as suas necessidades de processamento dos dados e obtenção de informações.

A UTILIZAÇÃO DE MAIS DE UMA PLANILHA

Na figura 4.8 é possível observar que, na base da planilha, existem abas com os dizeres "Planilha1", "Planilha2" e "Planilha3". Elas correspondem a três planilhas disponibilizadas para realizar os cálculos, e que serão salvas em um mesmo arquivo. Por exemplo, uma empresa pode ter interesse em estruturar o seu orçamento de cada mês em uma dessas planilhas. Ao dar um clique sobre a aba, a planilha correspondente é trazida para o primeiro plano, possibilitando-se a edição da mesma. Se der um clique duplo sobre a aba, é possível editar o seu nome, conforme se observa na figura 4.9.

Figura 4.9: Utilização de várias planilhas do Excel – diferentes nomes nas abas.

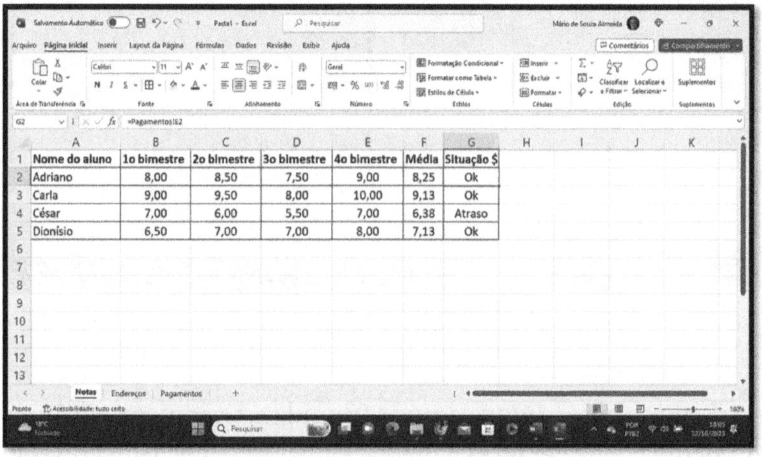

Nome do aluno	1o bimestre	2o bimestre	3o bimestre	4o bimestre	Média	Situação $
Adriano	8,00	8,50	7,50	9,00	8,25	Ok
Carla	9,00	9,50	8,00	10,00	9,13	Ok
César	7,00	6,00	5,50	7,00	6,38	Atraso
Dionísio	6,50	7,00	7,00	8,00	7,13	Ok

Fonte: Adaptado pelo autor, a partir do Microsoft Excel.

As fórmulas de uma planilha também podem fazer referência a células de outra planilha, conforme se observa na Barra de fórmulas da figura 4.9. Basta que seja colocado o nome da planilha acompanhado de um ponto de exclamação ("!"), antes do endereço da célula cujo conteúdo deve ser buscado. Dessa forma, é possível fazer vários cruzamentos entre diferentes planilhas, e os valores em cada uma delas serão automaticamente modificados ao alterar os dados em que se originam.

FORMATANDO FONTES, CÉLULAS E PLANILHAS

Na figura 4.9 também é possível observar que as células da linha 1 têm o seu conteúdo em negrito, as células A2 até A5 têm o conteúdo com alinhamento à esquerda, e todas as células com notas e médias têm alinhamento centralizado. Os procedimentos adotados são semelhantes aos da formatação no Word, bastando selecionar as células e clicar no comando de formatação que se pretende aplicar. O mesmo vale para diferenciações com as cores de fundo e das fontes em cada célula (veja a figura 4.10).

Figura 4.10: Colorindo células em planilhas do Excel.

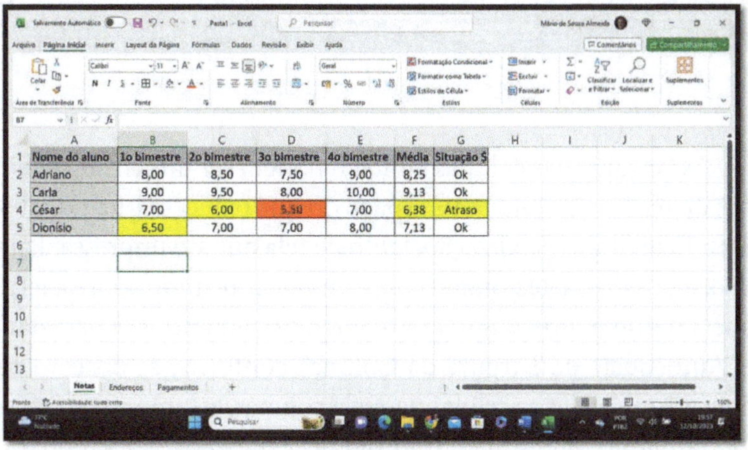

Fonte: Adaptado pelo autor, a partir do Microsoft Excel.

Apesar de todas as células aparecerem originalmente com uma fina borda de cor cinza, esta somente é válida para enxergar as dimensões das células durante a criação da planilha, não sendo impressas. Para que as bordas sejam impressas, é necessário selecionar as células e clicar na opção desejada do menu de bordas (veja a figura 4.11).

Figura 4.11: Formatação de bordas das células em planilhas do Excel.

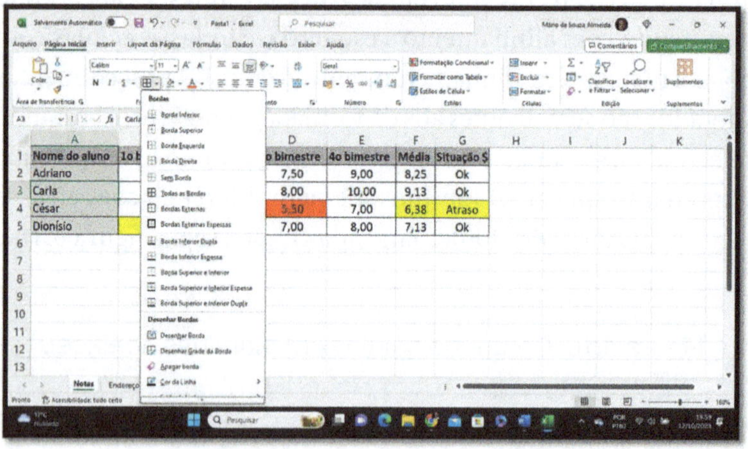

Fonte: Adaptado pelo autor, a partir do Microsoft Excel.

As larguras das colunas também podem ser dimensionadas a fim de não ocuparem mais espaço do que o necessário, possibilitando melhor visualização, tanto na tela quanto impressa. Para isso, é possível selecionar a coluna inteira clicando sobre a letra que a designa, utilizando em seguida os comandos "Formatar" e "AutoAjuste da Largura da Coluna", conforme se observa na figura 4.12. Todas as células daquela coluna passarão a ter o mesmo tamanho, que seria o mínimo necessário para acomodar o maior conteúdo dentre as suas células. No exemplo dessa figura, todas as colunas têm o tamanho necessário para acomodar os títulos que estão na linha 1, apesar do conteúdo das linhas abaixo requerer menor largura.

Figura 4.12: Formatação da largura de colunas em planilhas do Excel.

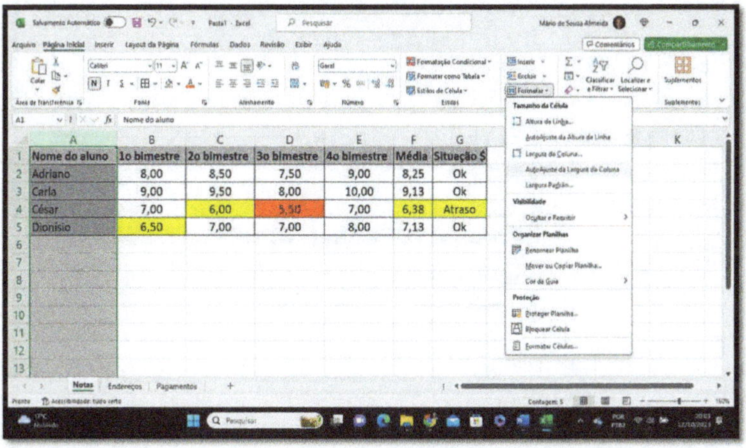

Fonte: Adaptado pelo autor, a partir do Microsoft Excel.

Para fazer esse ajuste de largura em todas as colunas de uma só vez, basta selecionar a planilha inteira, clicando no retângulo à esquerda da letra "A" que dá nome à coluna, e acima do número "1" que designa as linhas. Estando a planilha inteira selecionada, basta utilizar os comandos mencionados.

O conteúdo das células também pode ser formatado em conformidade com o seu significado. Por exemplo, uma coluna que receberá apenas datas, pode ser selecionada e depois utilizados os comandos "Formatar" e "Formatar Células" (última opção de formatação que se observa na figura 4.12). Aparecerá a tela que se observa na figura 4.13, onde você deve informar que as células selecionadas se categorizam como "Data", e selecionando à direita o tipo de exibição que devem receber.

Figura 4.13: Formatação de células como data no Excel.

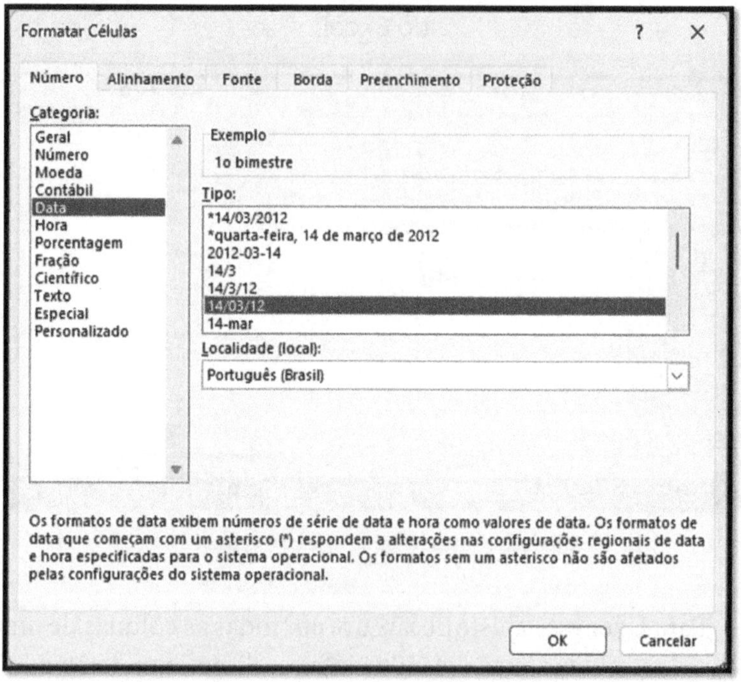

Fonte: Microsoft Excel.

Observe que as células também podem ser formatadas como moeda, como número, e de diversas outras formas, inclusive estabelecendo qual o número de casas decimais, de que forma serão apresentados os valores negativos, e até mesmo se utilizará um ponto (.) como separador de milhares.

As células ainda podem ser configuradas quanto ao seu alinhamento, fonte, bordas, padrões e até proteção.

CLASSIFICAÇÃO DOS DADOS

Os dados inseridos em uma planilha podem ser organizados em ordem crescente ou decrescente, considerando os dados das colunas que a compõem. Por exemplo, uma planilha que seja utilizada para controlar as finanças de uma família ou de uma pequena empresa, poderia ser ordenada primeiramente pela data em que ocorreram as receitas ou despesas, em seguida pelo valor das receitas (em ordem decrescente), e depois ordenada pelos valores das despesas (em ordem crescente). Outros critérios de ordenação podem ser acrescentados clicando no botão "Adicionar Nível".

Para utilizar esse recurso, é necessário selecionar as linhas (ou o conjunto de células) que contêm os dados a serem ordenados (clicando sobre o número da primeira delas e arrastando até a última), e depois utilizando os comandos "Dados" e "Classificar". A janela apresentada na figura 4.14 surgirá para que sejam selecionados os campos (colunas) a serem utilizados como parâmetros da ordenação.

Figura 4.14: Janela de classificação de células do Excel.

Fonte: Adaptado pelo autor, a partir do Microsoft Excel.

Observe que deve ser especificado se a primeira linha já contém dados, ou se ela é uma linha de cabeçalho.

CRIANDO GRÁFICOS

Uma importante ferramenta proporcionada pelo Excel é a criação de gráficos, que facilitam a visualização dos dados da planilha. Essa função é executada com muita simplicidade, selecionando as células com os valores e títulos a serem representados no gráfico, clicando depois em "Inserir" e utilizando um dos modelos que se apresentam na caixa de gráficos (circulada em vermelho na figura 4.15). Para o exemplo apresentado a seguir, foram selecionadas as células A1 a F5 da planilha exposta na figura 4.12. Ao selecionar um dos tipos de gráfico, abrem-se as alternativas para você especificar melhor o gráfico que deseja. Por exemplo, clicando na opção "Colunas", surgiu a tela que se observa na figura 4.16.

Figura 4.15: Seleção da faixa de células e tipo de gráfico do Excel.

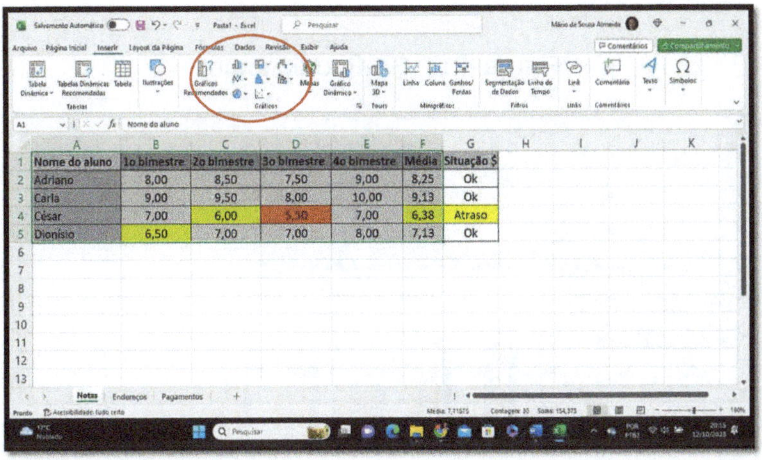

Fonte: Adaptado pelo autor, a partir do Microsoft Excel.

Figura 4.16: Seleção de tipo de gráfico do Excel.

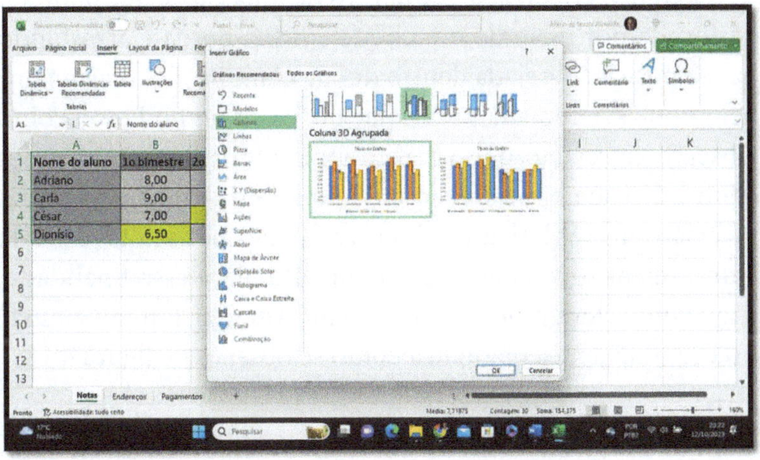

Fonte: Adaptado pelo autor, a partir do Microsoft Excel.

Ao selecionar a alternativa “Coluna 3D Agrupada”, o Excel automaticamente criou o gráfico que se apresenta na figura 4.17.

Figura 4.17: Gráfico do Excel.

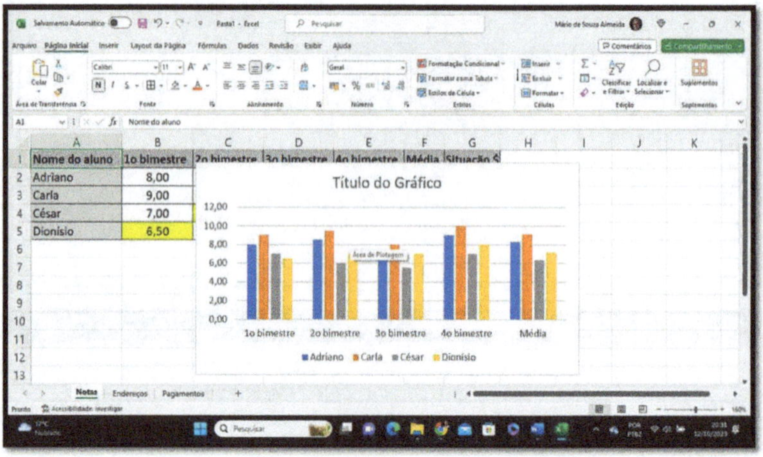

Fonte: Adaptado pelo autor, a partir do Microsoft Excel.

O gráfico criado aparece dentro de uma caixa, que pode ser deslocada por meio de um clique em sua borda e arrastando para a posição desejada dentro de sua planilha. Essa caixa também pode ser copiada para colar no Word ou no PowerPoint. Observe, entretanto, que o gráfico apresenta os alunos agrupados dentro de cada bimestre, ao passo que seria interessante uma inversão entre as linhas e colunas, a fim de que as notas de cada aluno sejam agrupadas separadamente. Para essa finalidade, clique em “Design do Gráfico” e em “Alternar Linha/Coluna”, e o exemplo apresentado fica como se observa na figura 4.18.

Figura 4.18: Gráfico do Excel após a inversão de Linha/ Coluna.

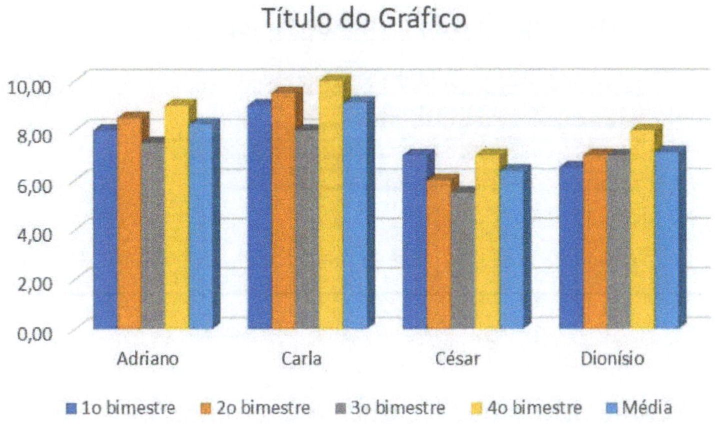

Fonte: Adaptado pelo autor, a partir do Microsoft Excel.

Para valores de uma ou mais variáveis, referentes a diferentes períodos, o gráfico de barras e o de colunas são muito bons. Por outro lado, quando se fala em percentuais de um único item, é recomendável o gráfico de pizza. Há diversos outros tipos de gráficos, que podem ser escolhidos em conformidade com os dados que se pretende representar. Nesse sentido, veja na figura 4.19 como ficaria o Gráfico de Barras Agrupadas, para esse mesmo conjunto de dados.

Figura 4.19: Tela para escolha dentre os diferentes tipos de Gráfico do Excel.

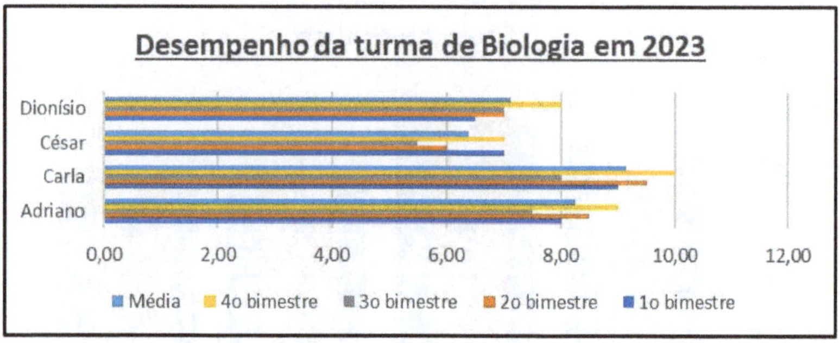

Fonte: Adaptado pelo autor, a partir do Microsoft Excel.

Mesmo depois que o gráfico está pronto, ainda é possível dar um clique duplo sobre partes dele, de modo a alterar a formatação utilizada, a fim de obter uma melhor visualização. Por exemplo, ao clicar sobre o título do gráfico, foi possível alterar o mesmo e colocar em negrito e sublinhado. Clicando sobre os nomes dos alunos no gráfico construído, surgirá a tela que se apresenta à figura 4.20, permitindo que você faça diversos ajustes (à direita).

Figura 4.20: Formatações do gráfico no Excel.

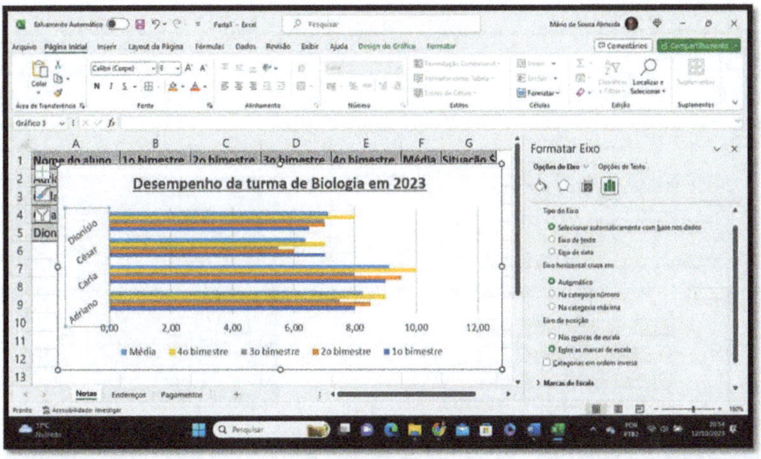

Fonte: Adaptado pelo autor, a partir do Microsoft Excel.

A CONFIGURAÇÃO DAS PÁGINAS

Uma planilha não fica totalmente pronta, se não for feita a configuração do *layout* da página, pois uma parte do seu conteúdo poderia ser jogada para outra página de forma diferente da que você gostaria, pela simples falta de ajuste em uma margem.

Ao selecionar a aba “Layout da Página”, surge a janela apresentada na figura 4.21, onde é possível informar o tamanho do papel, as margens a serem utilizadas, a posição do papel (retrato ou paisagem), a fonte, a utilização (ou não) de uma imagem ao fundo, e muitos outros itens.

Figura 4.21: Ajustes do Layout de Página do Excel.

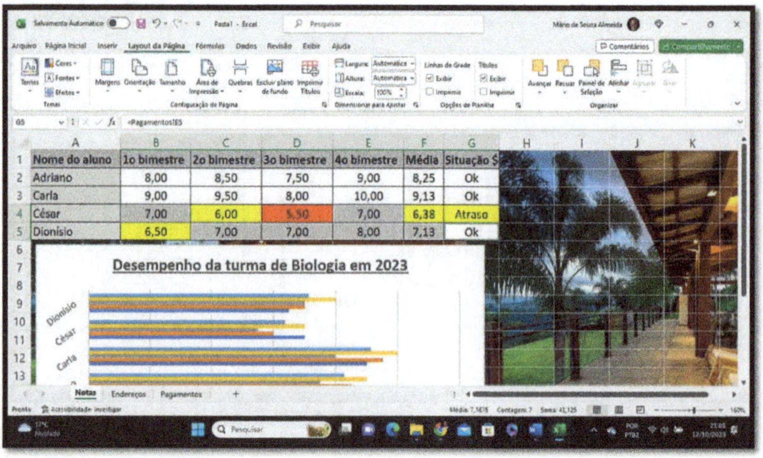

Fonte: Adaptado pelo autor, a partir do Microsoft Excel.

É importante que você faça o ajuste das margens, determinando o tamanho das margens superior, inferior, direita e esquerda, bem como as distâncias que devem ser reservadas para a impressão do cabeçalho e do rodapé. Ao clicar em "Margens", são apresentadas algumas configurações padronizadas, além da última configuração personalizada que você mesmo fez, conforme se observa na figura 4.22.

Figura 4.22: Tela com os padrões de configuração de margens do Excel.

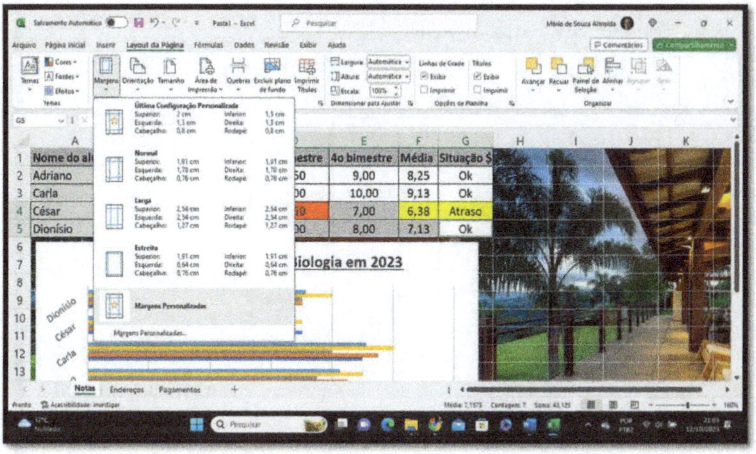

Fonte: Adaptado pelo autor, a partir do Microsoft Excel.

Se você decidir configurar as margens de forma diferente das oferecidas, pode clicar na opção "Margens Personalizadas", apresentando-se então a tela que você observa na figura 4.23. Nessa tela é possível determinar também a centralização vertical e/ou horizontal da planilha em relação à folha. Nesta tela há botões que acionam a tela de impressão, a visualização de impressão e outras opções, sendo que estas últimas trazem as determinações quanto à impressão em cores ou branco e preto, orientação de papel e outras funções relacionadas à qualidade da impressão.

Figura 4.23: Tela de configuração de margens do Excel.

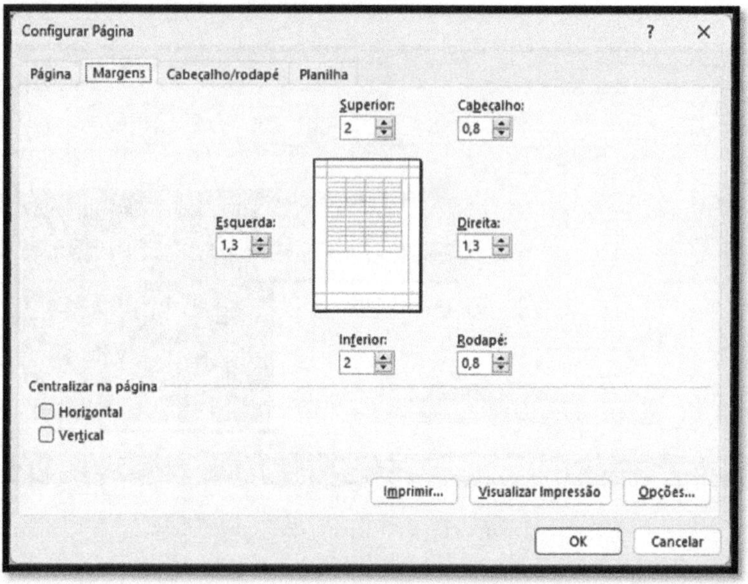

Fonte: Microsoft Excel.

Se você clicar em "Layout da Página", depois no canto inferior direito de "Configuração de Página", e finalmente na aba "Cabeçalho/rodapé", aparecerá a tela que permite determinar tais conteúdos, conforme se observa na figura 4.24.

Figura 4.24: Tela de configuração de cabeçalho e rodapé do Excel.

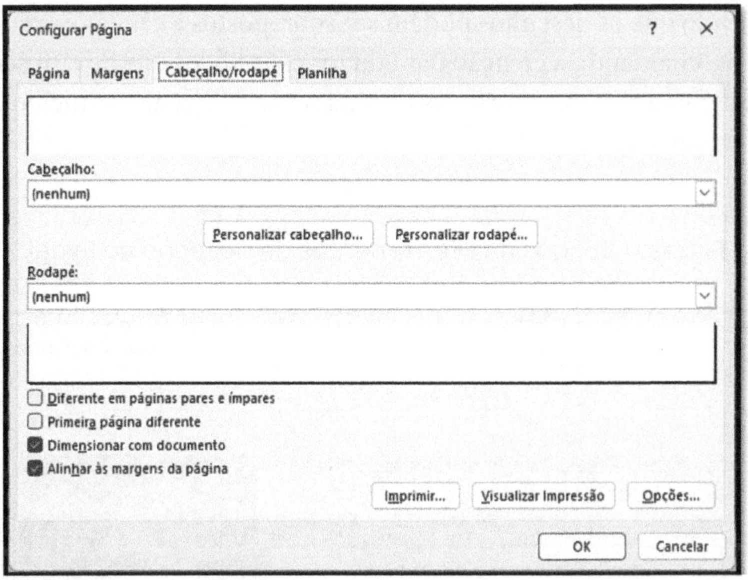

Fonte: Microsoft Excel.

INSERINDO CAIXAS DE TEXTOS/FIGURAS

A inserção de caixas de textos e de figuras no Excel é semelhante à do Word, devendo-se apenas pensar na melhor forma de colocá-las sobre a planilha, a fim de não sobrepor dados importantes que a componham. No Excel também, essas caixas e figuras podem ser redimensionadas e deslocadas com facilidade.

FERRAMENTAS DE DESENHOS

As mesmas ferramentas de desenhos que foram apresentadas na Unidade 2, referentes ao Word, estão à disposição no Excel, sendo que os desenhos podem ser sobrepostos a células e gráficos, chamando a atenção para dados específicos que devam ser salientados, conforme se observa na seta e no círculo vermelhos, da figura 4.25.

Figura 4.25: Uso das Ferramentas de Desenho no Excel.

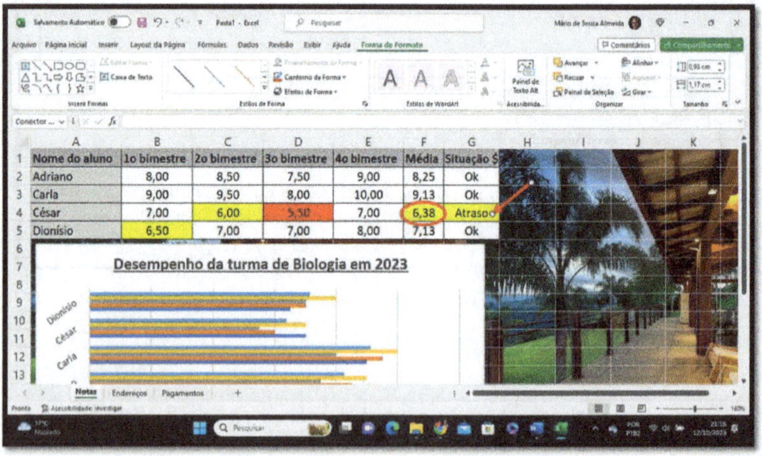

Fonte: Adaptado pelo autor, a partir do Microsoft Excel.

VISUALIZAÇÃO DA PLANILHA

A planilha pode ser visualizada de uma forma diferente, objetivando a sua formatação para a impressão. Utilizando os comandos “Exibir” e “Visualização da Quebra de Página”, somente a parte da planilha que será impressa (que tem algum conteúdo) aparece em branco, circundada por uma linha pontilhada, conforme se observa na figura 4.26. Se o seu conteúdo não couber em uma página, surgirá um tracejado indicando os pontos em que ocorrerá quebra de página, o que poderá ocorrer por excesso de linhas, ou de colunas, ou ambas. Com isso, antes de enviar para a impressão, você terá condições de fazer alterações na formatação (largura de colunas, tamanho de caracteres, dimensionamento de imagens etc.) para ter o melhor resultado no papel.

Esta forma de visualização não altera a edição. As células de qualquer parte da planilha podem ser selecionadas e editadas a qualquer instante, e ao inserir dados nas mesmas, a parte branca será estendida para incluir esse conteúdo. Por exemplo, ao incluir um conteúdo na célula I9, a coluna I passou a fazer parte da visualização da impressão, sendo incluída a página 2.

Figura 4.26: Tela de visualização da planilha com as quebras de página.

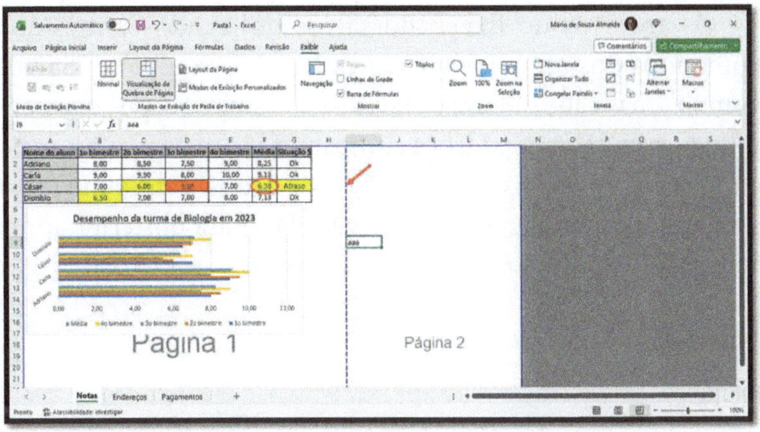

Fonte: Adaptado pelo autor, a partir do Microsoft Excel.

A IMPRESSÃO

O comando de impressão é semelhante ao do Word, isto é, "Arquivo" e "Imprimir", surgindo uma tela onde devem ser especificados a quantidade de cópias, a impressora a ser utilizada, o conteúdo a ser impresso, isto é, a planilha inteira ou somente uma faixa de células que esteja selecionada, e outras configurações semelhantes a esta.

Antes de dar o comando final para imprimir, é sempre interessante visualizar a impressão, para conferir se não tem uma coluna sendo jogada para outra página, se o conteúdo foi centralizado, e como ficará o seu visual. É sempre recomendável que as linhas de grade (que envolvem as células) sejam impressas, a fim de facilitar a visualização dos dados.

SALVANDO O DOCUMENTO EM ARQUIVO – O PADRÃO DO MICROSOFT EXCEL

Os arquivos do Excel são salvos utilizando os mesmos comandos dos arquivos do Word, isto é, "Arquivo" e "Salvar como...", mas cabe salientar que existe o campo "Tipo", que permite a gravação em padrões compatíveis com as versões mais antigas do próprio Excel, como base de dados, e até como texto separado por tabulações ou por vírgulas, para posterior aproveitamento dos dados por outros *softwares*.

LINKS

Experimente estabelecer contato com outras planilhas eletrônicas para ter parâmetros de comparações entre o Excel e as demais que estão disponíveis (até mesmo gratuitamente). O *link* e QR *Code* apresentados a seguir permitem o *download* de um pacote de *software* gratuito, que contém a planilha eletrônica "Calc".

LibreOffice Calc (https://www.libreoffice.org/download/)

RESUMO

Neste capítulo você aprendeu a utilizar os principais recursos da planilha eletrônica Excel, da Microsoft. Inicialmente foi apresentado o que vem a ser uma planilha eletrônica e foram tecidas algumas considerações sobre a forma de lidar com a sua evolução na atualidade (versões). Em seguida vimos como criar uma nova planilha, como inserir dados, textos e cálculos, incluindo a referência a outras células. A utilização de mais de uma planilha no mesmo arquivo, a formatação de fontes, de células e da planilha como um todo, a classificação dos dados e a criação de gráficos também foram abordadas neste capítulo. Aprendemos, por fim, outras formas de visualização da planilha. Estes foram os recursos básicos de utilização da planilha eletrônica Microsoft Excel, sendo que o seu completo domínio requer uma abordagem muito mais completa, extensa e demorada.

ATIVIDADES DE APRENDIZAGEM

Considerando o aprendizado proporcionado por este capítulo, crie uma planilha eletrônica com o seu histórico escolar do ensino médio, colocando cada disciplina em uma linha e cada bimestre em uma coluna, calculando a média por disciplina e por bimestre. Separe as notas de cada ano, utilizando planilhas diferentes (folhas) no mesmo arquivo.

Faça cópias das planilhas de cada ano, colocando-as em ordem decrescente de nota, com base em cada bimestre e com base na média final (5 planilhas para cada ano).

Responda o seguinte questionamento:

1. Que atividades poderiam ser facilitadas por uma planilha eletrônica dentro de organizações da área que você estuda?

MÓDULO 2

ADMINISTRAÇÃO DA TECNOLOGIA DE INFORMAÇÃO E COMUNICAÇÃO

UNIDADE 05

SISTEMAS

OBJETIVO

Após o estudo desta unidade você será capaz de perceber as organizações como sistemas, identificar nas organizações as características inerentes a todos os sistemas, e conhecer o papel que um administrador tem nesse contexto.

CONTEXTUALIZAÇÃO

Antes de começar a lidar diretamente com as informações organizacionais e com as tecnologias que dão suporte ao seu armazenamento, processamento, transmissão e apresentação, é interessante pensar no contexto em que as mesmas serão necessárias. Não faz sentido aprender a lidar com um computador, sem que haja objetivos a serem alcançados, tais como informações para a tomada de decisões organizacionais. Mas para que seriam tomadas decisões? De que forma os setores de uma organização podem influenciar uns aos outros? As organizações podem ser enxergadas como sistemas? Em que isso influencia a administração da Tecnologia de Informação e Comunicação (TIC)?

CONCEITUANDO SISTEMAS

Você já deve ter notado as dificuldades enfrentadas por inúmeras organizações, em que os dirigentes e funcionários trabalham arduamente todos os dias, inclusive fazendo horas extras, mas os resultados custam a se tornar efetivamente positivos. Também já deve ter reparado que muitas organizações investem elevadas somas na compra de equipamentos e sistemas de informações para os seus diversos departamentos, mas continuam com dificuldades para obter informações integradas e confiáveis. Em grande medida o problema pode estar na própria falta de visão dos dirigentes organizacionais, quando enxergam os processos como itens isolados, a serem administrados separadamente.

Para solucionar esse tipo de problema, primeiramente é interessante pensar no conceito de sistema. Essa palavra é utilizada nos mais diversos contextos, tais como na astronomia, ao falar do sistema solar, na engenharia ao falar de sistema elétrico, hidráulico ou viário, ou mesmo na medicina, ao falar em sistema respiratório ou digestivo. Em todos os casos, sua compreensão deve ser no sentido de um conjunto de elementos que interagem com determinado objetivo. Esse conceito é quase unânime entre os diversos autores que abordam o assunto.

Observam-se, entretanto, algumas peculiaridades nos sistemas em geral, destacando-se entre elas a existência de subsistemas e supra sistemas, bem como a distinção entre sistemas abertos e fechados, além dos conceitos de entropia e homeostase, o que constitui objeto de estudo da seção a seguir.

CARACTERÍSTICAS DOS SISTEMAS EM GERAL

Subsistema é cada uma das partes que compõem o sistema, constituindo por sua vez um sistema completo que possui em seu interior sistemas ainda menores. A contrapartida também deve ser considerada, pois todo sistema está inserido em um sistema maior (suprasistema ou supersistema), do qual é apenas uma parte. "O sistema de informação é um subsistema do 'sistema empresa', e dentro da mesma linha de raciocínio pode-se concluir que seja composto de um conjunto de subsistemas de informação, por definição, interdependentes. Assim, pode-se pensar em subsistemas de orçamento, de custos, de contabilidade etc., como componentes do sistema de informação total da empresa" (Bio, 1985, p. 25). A empresa, por sua vez, possui outros subsistemas além do sistema de informações, tais como o sistema fabril, o sistema financeiro, o sistema de recursos humanos e outros, que são mais bem visualizados ao pensar neles como departamentos ou gerências. Por outro lado, a própria empresa é um subsistema da indústria em que atua, ou da sociedade em que está inserida.

Quadro 1: Diferenciação entre sistemas abertos e sistemas fechados.

Sistemas abertos e fechados

Alguns autores, especialmente antes da Segunda Guerra Mundial, abordavam os sistemas como se não sofressem intervenções externas (sistemas fechados). Frente à crescente complexidade que os estudos organizacionais (e dos subsistemas das organizações) foram assumindo ao longo do tempo, tornou-se necessário considerar as empresas como sistemas abertos, em que a avaliação das interferências externas assume grande relevância. Procurando com atenção, será possível notar a inexistência de sistemas fechados em sua forma pura. Um relógio poderia se aproximar de ser considerado um sistema fechado, mas ele também depende da interferência externa, tanto no momento em que alguém lhe ajusta o horário, como no momento em que cai em uma piscina (se não for à prova de água), ou quando leva uma marretada (mesmo sendo "à prova de choque").

"Para que um negócio sobreviva e prospere, 100% do sistema deve ser funcional e ter responsabilidade. Um avião, por exemplo, é um sistema composto de sistemas. Se um avião decolar e, digamos, o sistema de combustível falhar, geralmente acontece uma queda. As mesmas coisas ocorrem no plano dos negócios. O problema não está nos sistemas que você conhece, mas nos sistemas que você não conhece, que fazem com que você caia. O corpo humano é um sistema constituído de sistemas. Muitos de nós temos uma pessoa querida que morreu porque um dos sistemas do corpo falhou – por exemplo, o sistema circulatório" (Kiyosaki; Lechter, 2001, p. 95).

A informática como um todo, dentro de uma organização, também pode ser considerada como um sistema, mais conhecido como sistema de informações, e que é composto por diversos subsistemas, que são os equipamentos (*hardware*), os programas (*software*), os dados e informações que circulam (*dataware*), e as pessoas que fazem com que todo esse aparato funcione (*peopleware*). Se algum desses elementos estiver defeituoso, todo o sistema poderá enfrentar problemas, e inclusive o sistema no qual está inserido (a organização), que depende da confiabilidade das informações.

Todo sistema tem algum tipo de insumo como entrada, que passa por um processamento, gerando as saídas ou resultados esperados (objetivo do sistema). Para que surta os efeitos esperados, o sistema deve ser sempre avaliado, o que é feito por meio do *feedback* (ou retroalimentação), que são informações sobre o resultado da comparação entre as saídas do sistema e os objetivos que estavam estabelecidos. Nesse sentido, pode-se visualizar a estrutura de um sistema através da Figura 5.1:

Figura 5.1: Esquema conceitual de um sistema.

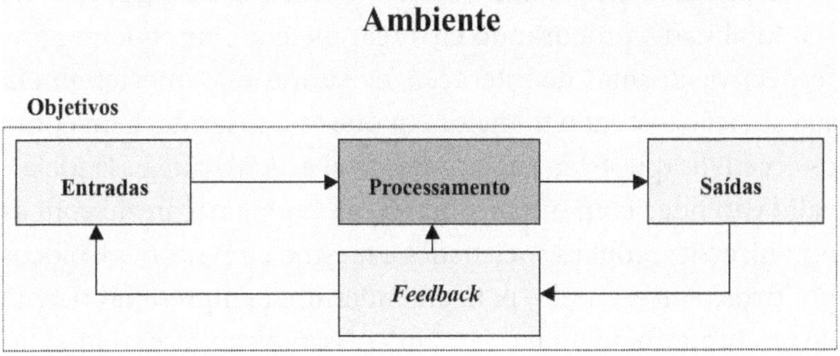

Como se observa na figura 5.1, o *feedback* pode ter repercussões tanto nas entradas de insumos, como no próprio processamento, visto que ambos são diretamente responsáveis pelos resultados do sistema (as saídas). Uma linha de produção pode estar com uma máquina defeituosa, resultando em produtos com baixa qualidade, assim como a mesma linha de produção pode estar perfeita, sendo a qualidade afetada pela mudança nas especificações da matéria-prima utilizada. Um sistema de informações computadorizado pode apresentar problemas em seus equipamentos (*hardware*), nos programas utilizados (podem conter erros de programação, também conhecidos como *bugs*), ou pode estar recebendo dados que não sejam confiáveis. Em qualquer dos casos, os resultados observados devem ser mensurados frente aos objetivos, e as causas de distorções devem ser identificadas e eliminadas, a fim de que o sistema funcione com perfeição. Transformações no ambiente também podem levar à necessidade de mudanças ou ajustes nos objetivos dos sistemas, impactando consequentemente os elementos de entrada e de processamento.

A abordagem sistêmica decorre das deficiências na compreensão da realidade organizacional ou do objeto em estudo, quando se observa separadamente as suas partes. Para compreender uma empresa é necessário olhar a configuração da sua totalidade, procurando enxergar os seus componentes e as respectivas formas de interação, os fatores que interferem em sua atuação, o contexto maior em que está inserida, bem como os objetivos que estão subjacentes a tal articulação. Essa ideia é válida ao lidar com organismos vivos, com a natureza, com as organizações, com as sociedades e mesmo com nações e blocos políticos. Por exemplo, para entender uma empresa fabricante de um produto qualquer, seria interessante conhecer o item fabricado, o mercado consumidor a ser atingido, as intenções dos proprietários e dirigentes, os serviços que são executados para viabilizar o funcionamento da organização (atividades meio), as instalações utilizadas, as relações com os fornecedores e com os distribuidores, a influência dos concorrentes e do governo, e inúmeros outros fatores que podem interferir. Daí decorre grande parte da dificuldade encontrada por diversos dirigentes de organizações, para mantê-las competitivas.

Também não é suficiente compreender o funcionamento de um sistema, visto que existem inúmeros fatores que direta ou indiretamente podem levá-lo ao fracasso. Os sistemas em geral têm uma forte característica chamada entropia positiva, que consiste na tendência à desordem e destruição, o que se concretiza se não for empreendido um esforço específico para a sua manutenção e fortalecimento. Nesse sentido, o que os dirigentes organizacionais mais devem buscar é a entropia negativa ou homeostase, ou seja, a manutenção do sistema em boas condições de operação, em equilíbrio, para que possa resistir às provas impostas ao longo do tempo, tanto pelos concorrentes, como por toda uma conjuntura que se configura como um grande desafio. Para as organizações tem sido de extrema importância a manutenção de uma cultura coesa, cooperativa, que, ao mesmo tempo, seja ágil e flexível, tendo em vista que o mundo todo está passando por rápidas e profundas mudanças.

É nesse sentido que se deve compreender outros conceitos fundamentais apresentados pela Teoria Geral dos Sistemas (Falcão Sobrinho *et al.*, 2017):

a. Interação: ação recíproca que pode modificar o comportamento dos elementos que compõem o sistema;
b. Totalidade: um sistema não é simplesmente a soma dos elementos que o compõem, mas o todo, não se olvidando as suas partes;
c. Organização: organização estrutural e funcional; e
d. Complexidade: o grau de complexidade dependerá do número de elementos que compõem o sistema, além do tipo, do número de inter-relações existentes entre estes e, da sua hierarquização.

As informações podem proporcionar tal agilidade, se forem adequadamente tratadas pela organização, caracterizando a sua eficiência e principalmente a sua eficácia, itens que são abordados na seção a seguir.

EFICIÊNCIA E EFICÁCIA DE UM SISTEMA

Para avaliar um sistema qualquer, é importante verificar se os objetivos a que se destina estão sendo atingidos satisfatoriamente, constatando se é eficaz ou não. Por exemplo, um sistema fabril projetado para produzir sapatos, será eficaz se tão somente estiver produzindo os sapatos desejados. Entretanto, esse mesmo sistema pode estar deixando a desejar sob outro ponto de vista, que é o da eficiência, isto é, a forma com que estão sendo utilizados os recursos produtivos. A questão, nesse sentido, é o quanto está sendo gasto ou consumido para chegar àquela produção.

Um administrador deve permanecer atento aos sistemas em que está inserido, ou pelos quais é responsável, a fim de avaliar continuamente a sua eficiência e a sua eficácia, interferindo em todos os aspectos que possam ser melhorados. Esse é um trabalho interminável, visto que as condições ambientais sofrem frequentes mudanças, especialmente da parte dos concorrentes, que sempre desejam uma fatia maior do mercado, e da parte dos consumidores cada dia mais exigentes, principalmente em decorrência da diversidade de opções ao seu dispor. O governo também exerce influências ao estabelecer novas regulamentações e taxações sobre as atividades das organizações.

RESUMO

De uma forma simplificada, pode-se entender sistema como um conjunto de partes interagentes e interdependentes, com determinado objetivo. Todo sistema é composto por vários subsistemas, ao mesmo tempo que faz parte de um sistema maior (suprasistema), com o qual interage, sendo, portanto, considerado um sistema aberto; se não houver tal interação será um sistema fechado. Todo sistema tende à degeneração (entropia), sendo necessário o esforço de seus responsáveis para mantê-lo em equilíbrio (homeostase). As organizações devem ser enxergadas como sistemas, e administradas como tal, a fim de alcançar seus objetivos (eficácia) e utilizar da melhor forma possível os insumos disponíveis (eficiência).

ATIVIDADES DE APRENDIZAGEM

Após você ter realizado a leitura desta unidade, leia os enunciados com atenção e responda as questões.

1. O que é um sistema? Esquematize-o em sua forma mais genérica.
2. O que é entropia? E homeostase? Qual o seu papel diante desses conceitos?
3. O "efeito borboleta" significa que o batimento da asa de uma borboleta em Pequim pode provocar um leve sopro que, avançando gradativamente, dará nascimento a um furacão na Califórnia (Sorman, 1989). Qual a correlação entre o "efeito borboleta" e o ambiente atual em que as organizações estão inseridas? Comente.

SAIBA MAIS

Ludwig von Bertalanfy foi o primeiro autor a abordar a teoria dos sistemas, partindo de observações sobre a biologia. Uma de suas obras intitula-se "Teoria geral dos sistemas: aplicação à psicologia", fazendo parte do livro "Teoria dos sistemas. Rio de Janeiro: Fundação Getúlio Vargas, 1976. (Série Ciências Sociais)". Trata-se de uma obra muito interessante, que vale a pena ser lida em sua totalidade. Dela foram extraídas algumas citações sobre os itens abordados ao longo deste capítulo, apenas a título de exemplo, conforme se observa nos parágrafos a seguir. Diversos outros autores podem ser consultados sobre o mesmo tema.

"Um sistema se define como um complexo de elementos em interação, interação essa de natureza ordenada (não fortuita)" (Bertalanfy, 1976, p. 1).

"Restabelecimento de um equilíbrio rompido (homeostase)" (Bertalanfy, 1976, p. 2).

"Qualquer organismo é um sistema, isto é, uma ordem dinâmica de peças e processos que subsistem em interação mútua" (Bertalanfy, 1976, p. 4).

"Sistemas abertos e fechados: um organismo vivo é um sistema aberto, isto é, um sistema mantido em importação e exportação, em construção e destruição de componentes materiais, em contraste com os sistemas fechados da física convencional, sem intercâmbio de matéria com o meio" (Bertalanfy, 1976, p. 5).

Em relação ao conteúdo apresentado acima, reflita sobre a real necessidade de um administrador desenvolver a sua visão sistêmica, e sobre a dificuldade enfrentada pelos colaboradores de uma organização, quando os seus superiores não têm tal visão.

UNIDADE 06

O CARÁTER ESTRATÉGICO DAS INFORMAÇÕES

OBJETIVO

Após o estudo desta unidade, você será capaz de diferenciar dados, informações e conhecimentos, identificar os diferentes tipos de informações e a necessidade que as organizações têm das mesmas, e ainda descrever o papel do profissional que lida com as informações e com as tecnologias.

CONTEXTUALIZAÇÃO

É comum ouvir a afirmação de que as informações são importantes para a tomada de decisões, mas inúmeras organizações têm abundância de dados e poucas informações úteis. Além disso, é interessante saber quais outros usos podem ser dados às informações, e que efeito pode ser ocasionado no desempenho organizacional. Nesse sentido, as informações não somente são estratégicas, como devem ser muito bem administradas.

CONCEITUANDO DADO, INFORMAÇÃO E CONHECIMENTO

Quando se fala em informática, sistemas de informações e tecnologia de informação, é costume pensar logo nas novas tecnologias que vêm sendo lançadas todos os dias, tendo como maior expoente o computador. O mais importante, entretanto, aquilo que os nomes citados dão a entender que seja o ponto central, são as informações. Às informações devem-se aplicar os conceitos apresentados no capítulo anterior, pois elas serão de maior valia se forem vislumbradas e utilizadas de uma forma sistêmica.

A origem das informações está nos dados, que podem ser entendidos como o registro sistemático das ocorrências, objetos e pessoas, tais como o nome completo, endereço, cidade e estado natal, estado civil, grau de instrução, data do nascimento, data de admissão, número de filhos, salário, número de registro e muito mais. Quando esses dados são processados, seja no sentido cumulativo, comparativo ou qualquer outro, tornam-se mais relevantes para a tomada de decisão, passando a constituir uma informação. Por exemplo, pouco vale dispor dos dados de que às 17h32 do dia 10/05/2023 foi vendido um pacote de fraldas descartáveis em um determinado estabelecimento comercial. O acompanhamento das vendas, entretanto, aliado à informação sobre o nível dos estoques e o tempo que o fornecedor leva para entregar as mercadorias, torna-se essencial para a tomada de decisão no departamento de compras. Tais informações decorrem dos processamentos de todas as vendas individuais registradas.

A partir do momento em que as informações são lidas e assimiladas por uma pessoa, possibilitando que ela atue sobre uma realidade, passam então a se chamar conhecimentos. Para efeito deste estudo, entretanto, basta que se tenha a compreensão de que os dados processados geram as informações, que são necessárias à tomada de decisões e, conforme veremos adiante, podem ter outros usos muito relevantes para as organizações.

ORGANIZAÇÕES E O USO DAS INFORMAÇÕES

As organizações precisam de informações que possam ajudar a estabelecer as diretrizes para o seu funcionamento, e que sirvam de subsídio para cada decisão. Se observarmos bem, constataremos que as organizações se distinguem umas das outras não só pelo porte, área de atuação, estrutura ou localização geográfica, mas também pela forma como utilizam as informações. Lesca e Almeida (1994) têm uma visão muito interessante desse assunto. Segundo os autores, a informação pode e deve ser administrada de forma estratégica, sendo que as empresas que o fazem de maneira eficaz têm melhor desempenho e dominam a concorrência.

Existem, em compensação, organizações em que não se administram as informações, motivo pelo qual ocorre degradação do desempenho (lembre-se do princípio da entropia). Todos nós conhecemos organizações em que não se tem o costume ou a obrigatoriedade de registrar e organizar as informações, nem mesmo no papel, para conhecer melhor os resultados das operações e tomar decisões acertadas. Bons exemplos são encontrados entre as inúmeras pequenas empresas criadas em nosso país, que têm curtíssima duração. Normalmente os seus proprietários não conhecem bem o mercado consumidor e os concorrentes (esquecem de buscar informações a esse respeito), e é comum a inadequação dos preços em relação aos seus processos. Muitas outras, que conseguem sobreviver, não têm ideia de qual seja a sua verdadeira margem de lucro, ou quais sejam os seus produtos mais lucrativos e os que lhes dão prejuízo. Dentre os proprietários de padarias, por exemplo, muitos não sabem qual o custo efetivo da fabricação de cada um de seus pães, e estabelecem os preços tendo por base apenas a concorrência e o comportamento do consumidor. As organizações que não administram as informações, em geral, não percebem que vão se tornando presas fáceis para a concorrência. Esse é o caso, por exemplo, daquelas empresas em que o proprietário tem o costume de afirmar que sempre trabalhou daquela determinada forma e não tem, portanto, um bom motivo para mudar. A concorrência, atuando de forma dinâmica, sempre oferece bons motivos para analisar as informações e implementar mudanças.

A boa notícia, por outro lado, é que todas as organizações podem melhorar significativamente o próprio desempenho, a partir do momento em que começam a administrar as suas informações, especialmente se adotarem uma orientação estratégica, visando a obtenção de vantagens competitivas.

Podemos notar algumas expressões importantes no parágrafo anterior, quais sejam: "Administrar", "Orientação Estratégica" e "Vantagem Competitiva". Os três quadros a seguir visam proporcionar melhor compreensão das mesmas.

> Administração, na forma mais ensinada nos cursos de graduação, pode ser representada pela sigla "**POC3**", que significa Planejamento, Organização, Coordenação, Comando e Controle. Nesse sentido, administrar as informações significa: planejá-las, para que se saiba quais informações terão que ser buscadas, geradas e armazenadas para uso futuro; organizá-las, para que não haja repetições desnecessárias ou falta das mesmas, e a fim de que se saiba onde encontrá-las quando for necessário; coordenar o seu uso, uma vez que diversas pessoas dentro da organização enfrentarão eventuais necessidades de lidar com as mesmas informações simultaneamente; exercer a autoridade, a fim de que todos saibam quem é responsável por quais funções, e quem está no comando da operação ou da organização inteira; e controlar as informações, o que corresponde a verificar se as informações são confiáveis, se estão chegando no momento certo a quem vai tomar decisões, se estão completas e no nível requerido de detalhamento.

A expressão "Orientação Estratégica" pode ser mais bem compreendida quando contraposta às palavras "tática" e "operacional". Estratégico é tudo o que diz respeito ao longo prazo, envolvendo o planejamento para atingir os grandes objetivos organizacionais. Tática é a orientação voltada para o médio prazo, levando sempre em conta as metas que se deve alcançar para que no longo prazo seja atingido o objetivo maior. Operacional é tudo o que diz respeito ao dia a dia da organização, correspondendo à execução daquilo que foi planejado. Normalmente, em um sistema burocrático, encontra-se a cúpula da organização planejando o longo prazo, traçando as grandes estratégias para a organização com vistas às próximas décadas, ao passo que os gerentes planejam as atividades de seus setores em conformidade com as diretrizes que vêm dos escalões superiores, visando os próximos meses ou até um ano, e por fim os demais colaboradores executam todos os dias o que lhes é determinado, compondo o operacional. Estratégico não é só o que diz respeito ao longo prazo, mas também o que é de suma importância para alcançar a vitória em uma competição.

A expressão "Vantagem Competitiva" remete diretamente a um contexto em que haja competição, o que ocorre sempre no mercado de trabalho, ou entre organizações que tentam conquistar maiores percentuais de participação nas vendas ao mercado consumidor. A competição torna-se desigual na medida em que um dos competidores passa a ter algum diferencial que lhe proporcione vantagem. É nesse sentido que as organizações devem pensar em utilizar suas informações ou buscar informações adicionais junto aos consumidores. Cada informação deve auxiliar a diferenciar a organização em relação aos seus concorrentes, seja criando produtos que atendam melhor as novas necessidades dos clientes, ou antecipando algum passo dos concorrentes, ou mesmo percebendo o que precisa ser melhorado no atendimento ao público, no estabelecimento de preços ou no acabamento de algum item, auxiliando na busca de vantagens nessa competição.

A informação ganha maior importância, podendo chegar a assumir um caráter estratégico, quando apoia as decisões, reduzindo incertezas. Essa é a forma mais conhecida e adotada nas empresas em geral. Entretanto, a informação vai muito além dessa função, uma vez que agrega valor aos produtos e serviços, constituindo um importante fator de produção. Imagine, por exemplo, quantas informações foram agregadas à produção do papel, desde o seu surgimento há alguns milhares de anos (papiro), aumentando a sua importância e facilitando o seu manuseio e armazenagem pelo ser humano. A informação também aumenta a sinergia nos esforços organizacionais, facilitando a compreensão das funções e dos objetivos organizacionais por parte de todos os colaboradores. Quando todos sabem qual é a própria função e a de seus colegas, e a importância da boa interação, certamente conseguem trabalhar como uma verdadeira equipe, com muita sinergia. Por fim, a informação pode assumir um caráter estratégico por constituir um fator determinante de comportamento, o que se observa com facilidade nas campanhas publicitárias, em que um ator apresenta um produto ou serviço como sendo o mais aconselhável, e grande parte dos consumidores segue tais recomendações. O efeito das propagandas sobre os consumidores é incontestável, motivo pelo qual os valores cobrados pelas emissoras para a sua veiculação é assustadoramente alto, sem, entretanto, deixar de proporcionar retorno para as empresas que as contratam.

OS TIPOS DE INFORMAÇÕES

Além de compreender os motivos pelos quais as informações são tão importantes para as organizações atuais, pode-se pensar em formas diferentes de classificá-las e utilizá-las, com base em sua origem e destino, e com base no tipo de contribuição para os processos organizacionais. Nesse sentido, Lesca e Almeida (1994) apresentam a seguinte classificação:

a. Informação de convívio produzida pela empresa para uso interno: tem a função de dar sentido à existência do trabalho, fazendo com que se saiba para que serve o que está sendo feito, e como cada indivíduo está situado em relação aos demais membros da organização. Dessa forma, essa informação influencia o comportamento e facilita a sinergia dos esforços individuais. Esse tipo de informação relaciona-se diretamente com a própria existência da empresa, e por esse motivo a sua administração é altamente relevante. Os murais, jornais e boletins internos são exemplos desse tipo de informação, uma vez que contribuem para o bom andamento das atividades, fazem com que se crie maior integração entre os colaboradores, mas não são imprescindíveis ao seu funcionamento, tanto que a maioria das pequenas organizações não adota esse tipo de instrumento.
b. Informação de atividade produzida pela empresa para uso interno: tem a função de possibilitar o início, a realização e o controle das operações relacionadas ao funcionamento da empresa. Pode ser mal utilizada se os órgãos responsáveis pela sua geração acabarem tornando-se muito ciumentos, e se compartilharem o mínimo possível com o restante da empresa (tornando-se seus proprietários). Conforme aumenta a complexidade nas estruturas e operações organizacionais, vai se tornando mais difícil observar organizações em que alguém tenha uma visão de conjunto, referente a esse tipo de informação. Um exemplo da mesma seria a tabela de preços de produtos em um comércio (os preços são

estabelecidos pela empresa para que ela própria utilize, e sem eles não é possível efetuar as vendas).

c. Informação de convívio orientada para fora da empresa: tem a finalidade de melhorar os relacionamentos da empresa com os atores externos (tais como clientes, fornecedores, bancos e acionistas), tentando influenciar seus comportamentos em conformidade com os interesses organizacionais. É essencial que a sua administração seja cuidadosa, pois o papel dos atores externos tem influenciado cada vez mais os resultados dos esforços empreendidos internamente. Exemplo desse tipo de informação são as campanhas publicitárias.

d. Informação de atividade orientada para fora da empresa: corresponde àquela essencial a todas as transações realizadas em conjunto com os atores externos. É observada em pedidos de compras, notas fiscais de vendas, faturas, e outros documentos utilizados com regularidade.

e. Informação de convívio coletada externamente à empresa: tem a função de manter a organização informada a respeito dos atores externos, no que diz respeito às ações empreendidas e mesmo às possibilidades futuras, a fim de não ser surpreendida pelos concorrentes, e para aproveitar todas as oportunidades que surjam. As informações coletadas por uma central de atendimento ao consumidor enquadram-se nesta categoria.

f. Informação de atividade originada externamente à empresa: é semelhante à que foi apresentada no item "d)", diferindo apenas na origem e destino. Também podem ter como exemplo as notas fiscais, pedidos de compras e outros documentos utilizados obrigatoriamente pelas empresas.

Percebe-se, pelas categorias apresentadas acima, que as informações de atividade são aquelas necessárias e obrigatórias às organizações, ao passo que as informações de convívio não são obrigatórias, mas melhoram o seu desempenho.

OBTENÇÃO DE VANTAGEM COMPETITIVA

A partir do momento em que se reconhece que as informações podem ter importância estratégica para as organizações, em função da sua utilização, e que devem ser administradas criteriosamente e em conformidade com a sua caracterização (origem, destino e utilização), cabe aos gestores avaliar as ações empreendidas por eles e por seus colaboradores no manuseio delas.

Como resultado da administração estratégica das informações, organizações que adotam uma estratégia global de dominação em custos ou em qualidade, isto é, aquelas que se diferenciam dos concorrentes por ter os menores custos e por conseguir oferecer seus produtos pelos melhores preços, ou por oferecer os produtos e serviços de melhor qualidade do mercado (ou ambos), conseguirão melhorar o desempenho ao eliminar etapas desnecessárias de produção, ao adotarem novas matérias primas mais baratas e/ou de melhor qualidade, ao utilizarem novos maquinários ou serviços administrativos, agregando assim valor ao produto final e/ou reduzindo custos; as organizações que adotam a estratégia de reação, ou seja, aquelas que não têm o melhor preço nem a melhor qualidade, mas seguem os passos da empresa líder, serão beneficiadas com a maior agilidade na tomada de decisões, frente às novas necessidades de mercado e produtos lançados pelos concorrentes; por último, as organizações que adotam a estratégia de dominação através da inovação, ou seja, aquelas que criam produtos e serviços totalmente novos e desfrutam de exclusividade no mercado até que os concorrentes ofereçam algo semelhante, poderão ser beneficiadas pela mais fácil percepção de oportunidades emergentes no mercado.

A busca por informações deve desenvolver-se criteriosamente, não só pelo fato de proporcionar diferenciais competitivos, mas pela facilidade com que se localizam grandes quantidades de informações na internet, e pelas grandes perdas de tempo na seleção daquelas que são úteis. Para que não seja gasto muito tempo, é recomendável que se "saiba que tipo de informações deve procurar antes de começar a 'surfar'. Isto lhe fará ganhar tempo" (Karsaklian, 2001, p. 30). Por outro lado, a facilidade de disponibilizar todo tipo de conteúdo não sujeito a confirmações em *sites*, requer que se verifiquem as informações obtidas, por meio de visitas a outros *sites* e consulta a conteúdos em outras mídias, inclusive impressas.

Mais uma recomendação que diz respeito à busca por informações, é no sentido de que não se estabeleça relação direta obrigatória entre o custo da informação e o valor da mesma. Muitas informações que na internet são gratuitas, podem ter grande importância para uma organização. Por outro lado, pode haver informações pelas quais se pague um alto preço, e que não sejam efetivamente importantes para a organização.

O PROFISSIONAL DA INFORMAÇÃO

Em conformidade com as ideias apresentadas ao longo desta unidade, muitas organizações têm contratado ou formado um profissional para ficar responsável pelas informações dentro da organização, monitorando juntamente a tecnologia adotada, a fim de que ela seja tratada de modo compatível com o seu caráter estratégico. Aquele que antigamente era denominado diretor de informática, tem sido chamado de CIO (*Chief Information Officer*), e responsabiliza-se pela solução de problemas estruturais e operacionais. O aspecto mais interessante é a função que esse cargo envolve, no sentido da busca de apoio político da parte de todos os executivos da organização, a fim de padronizar os sistemas e equipamentos, bem como estabelecer claramente os padrões de qualidade a serem atingidos no atendimento a todos os clientes internos e externos. Trata-se do cargo mais elevado em termos de informações dentro da organização, atingindo normalmente o status de diretoria, e nesse sentido é muito bem remunerado. A responsabilidade e os desafios associados, entretanto, são muito grandes e requerem maturidade aliada a uma sólida formação acadêmica. Essa formação deve contemplar a compreensão do funcionamento e estruturação de organizações de todos os tipos, bem como o domínio das tecnologias utilizadas em captura, processamento, armazenagem e disseminação de dados e informações.

Todo esse cabedal de conhecimentos é necessário para alcançar o sucesso na implantação de um sistema de informações organizacional que permita o fluxo constante, padronizado, seguro, eficaz e controlável das informações, "permitindo que os dados cheguem à pessoa certa, no momento oportuno e com as características ideais que uma informação deve possuir" (Cautela; Polloni, 1986, p. 27).

Nesse sentido, as principais características da informação, para que possa ser efetivamente útil, principalmente ao processo decisório, são a clareza na apresentação dos fatos, a precisão (evitando expressões como 'por volta de', 'cerca de', ou 'mais ou menos'), a rapidez, chegando ao tomador de decisão em tempo para que surta efeito (se chegar atrasada em relação ao momento da decisão, já perdeu sua razão de ser), e dirigida a quem tenha real necessidade dela. Segundo Charbaji e Mikdashi (2003), nunca antes tantos dados e informações precisos e oportunos estiveram tão prontamente disponíveis para as pessoas, a partir de tantas fontes, mas elas ainda devem ser administradas (POC3) e avaliadas pelo CIO, em conformidade com os grandes objetivos e metas traçados, considerando as necessidades atuais e futuras de cada setor, a fim de que a organização seja eficiente e eficaz no alcance de diferenciais estratégicos de competitividade.

RESUMO

As informações são constituídas a partir do processamento dos dados organizacionais, sendo importantes para a tomada de decisões, para agregar valor a produtos e serviços, para promover a sinergia dentro das organizações e para influenciar comportamentos. As informações podem ser de convívio, e neste caso não são obrigatórias ao funcionamento da organização, mas se existirem melhoram o seu desempenho, ou podem ser de atividade, sendo obrigatórias para que a empresa opere. Também é possível diferenciar as informações (as de convívio e as de atividade) quanto a sua origem e destino, podendo ser coletadas fora da empresa visando o uso interno, ou geradas internamente, visando o uso interno ou a sua disseminação entre os atores externos. Deve-se administrar (POC3) as informações em conformidade com a estratégia de negócios da organização, visando obter vantagem competitiva, inclusive no longo prazo. Muitas organizações contratam profissionais com essa finalidade (CIO), atribuindo-lhes também a incumbência de administrar os aparatos tecnológicos associados a coleta, armazenamento, processamento e disseminação das informações.

ATIVIDADES DE APRENDIZAGEM

Após você ter realizado a leitura desta unidade, leia os enunciados com atenção e responda as questões.

1. Por que a informação pode ter um caráter estratégico nas organizações, e como podem ser classificadas?
2. Que tipo de vantagem competitiva pode resultar da administração estratégica das informações, e quem é o responsável por administrá-las?
3. Faça um diagnóstico de uma pequena organização, ou de apenas um setor de uma grande organização, procurando identificar o tipo de informação com que trabalha, se efetivamente administra tais informações, se leva em consideração as necessidades de longo prazo e a estratégia de negócios, e se existe um profissional com o perfil de um CIO.

SAIBA MAIS

A função de CIO tem sido muito valorizada no meio organizacional, tanto que algumas publicações oferecem artigos relacionados a sua função, formação e perspectivas de carreira. Leituras muito interessantes nesse sentido, são oferecidas em revistas como Exame, da Editora Abril, no seu setor de Tecnologia, ou em outras relacionadas à Administração de Recursos Humanos. Por exemplo, dê uma olhada no conteúdo disponibilizado em https://exame.com/bussola/sua-empresa-deve-incluir-o-cio-no-conselho-de-administracao/

Em relação ao conteúdo apresentado nesta unidade, reflita sobre as diferenças entre grandes e pequenas empresas, públicas e privadas, quanto a suas necessidades de informações e acesso a tecnologias.

UNIDADE 07

TIPOS DE SISTEMAS DE INFORMAÇÕES

OBJETIVO

Após o estudo desta unidade você será capaz de identificar os tipos de sistemas de informações que uma organização pode adotar, compreender as características dos diferentes tipos de sistemas de informações e selecionar os sistemas de informações a serem adotados por uma organização.

CONTEXTUALIZAÇÃO

Tendo abordado a visão sistêmica e o caráter estratégico das informações, é importante aprender como são os sistemas de informações computadorizados utilizados nas mais diversas organizações, tanto com a finalidade de identificá-los, quanto para conhecer as suas características. Com isso, você poderá selecionar adequadamente os sistemas a serem adotados pelos departamentos de uma organização.

TIPOS DE SISTEMAS DE INFORMAÇÕES E SUAS CARACTERÍSTICAS

Tendo por base as duas unidades anteriores, pode-se entender Sistema de Informação como um conjunto de elementos associados de forma lógica, com a finalidade de gerar as informações necessárias ao processo decisório, à sinergia organizacional, ao aumento do valor agregado a produtos e serviços, e à influência sobre comportamentos humanos em conformidade com os interesses da organização.

Conforme vimos na Unidade 01, os Sistemas de Informações (SI) são tradicionalmente conhecidos como *software*, nome atribuído em função de sua característica de maleabilidade, uma vez que podem ser alterados sempre que necessário, e executam diversas funções em máquinas de configuração relativamente estática, conhecidas como *hardware* (equipamentos tangíveis e mais facilmente visualizados, dos quais o mais famoso representante é o microcomputador). Para que se entenda mais claramente o que é um SI, pode-se imaginá-lo como uma grande sequência de comandos (ordens) que são executados por uma máquina na sequência em que se apresentam. Trata-se da parte lógica do processamento de dados.

Os SI podem ser classificados de diversas formas, conforme seu processo de desenvolvimento, usuários, níveis hierárquicos a serem atendidos, funções exercidas, tamanhos e valores. Uma primeira forma de classificação divide os SI entre *software* de suporte e *software* de aplicação (Cautela; Polloni, 1986).

a. *Software de Suporte*: são os sistemas que acompanham um computador ou qualquer equipamento periférico (impressora, *scanner* etc.) por ocasião de sua compra. São sistemas desenvolvidos pelos próprios fabricantes dos equipamentos, com a função de prover um perfeito funcionamento e máximo aproveitamento da capacidade do *hardware*. Antigamente esses sistemas eram instalados e colocados em funcionamento a partir do "Disco de Instalação" que acompanhava o equipamento adquirido, mas atualmente é comum a sua instalação a partir da Internet;

b. *Software de Aplicação (Aplicativo)*: são os sistemas desenvolvidos por profissionais e usuários das organizações, com a finalidade de atender a necessidades específicas de processamento de dados e informações, tais como folha de pagamento ou controle de vendas. Tais sistemas podem ainda ser classificados segundo o seu grau de padronização, em três categorias: os programas padronizados (mais conhecidos como "pacotes"), os programas por encomenda, e os programas adaptados ao cliente. Esta subdivisão é abordada em maior detalhamento na unidade que trata do Processo de Desenvolvimento de Sistemas de Informações. Classificam-se também como *Software de Aplicação* as linguagens de programação, que correspondem a sistemas utilizados para desenvolver outros sistemas aplicativos. Alguns exemplos desse tipo de sistema são o Cobol, o Fortran, o Delphi, o C++, Python e o Visual Basic.

Ao tratar de *software* de aplicação, constata-se que existem inúmeros deles sendo utilizados largamente nas organizações, diversificando-se e tornando-se cada dia mais complexos. Para classificá-los, mais com finalidade didática, Godfredsen e Deveau (1991) apresentaram subdivisões em função da hierarquia organizacional, em que a presidência da organização seria suprida pelo "Sistema de Administração Estratégica" (SAE), um módulo que apresenta todos os dados da organização consolidados e com flexibilidade de visualização, reunindo também dados externos. Em um nível mais baixo (diretoria) estaria o módulo chamado "Sistema de Informação para Executivos" (mais conhecido pela sigla EIS, derivada do nome em inglês: *Executive Information System*), proporcionando uma visão consolidada e com possibilidades de detalhamento do departamento sob sua administração. Abaixo desse nível, pode ser observado o "Sistema de Informação Gerencial" (SIG), propiciando recursos para o acompanhamento das atividades específicas que estão sob a supervisão do gerente. No nível hierárquico mais baixo está o "Sistema de Processamento de Transações" (*Online Transaction Processing* – OLTP), onde são registrados todos os dados para posterior processamento e análise, a fim de subsidiar os níveis superiores. Essa classificação foi questionada por autores como Machado (1996), segundo quem seria muito difícil visualizar tantas divisões, restando apenas dois níveis: o OLTP e o OLAP (*Online Analytical Processing*). As funções executadas pelo OLAP são basicamente as mesmas apresentadas anteriormente, referentes ao SIG, ao EIS e ao SAE.

Os sistemas também podem ser divididos horizontalmente na organização, conforme os departamentos ou setores que atendam. Nesse sentido, podem ser observados sistemas de informações financeiras, sistemas de vendas e marketing, sistemas de recursos humanos, sistemas de planejamento e controle da produção, sistemas de gerenciamento de materiais, sistemas de informações de serviços administrativos, e muitos outros, conforme a forma de classificação que se deseje adotar e as funções existentes na organização.

Historicamente, no que diz respeito ao processo de informatização das empresas, os esforços concentravam-se basicamente na automação das atividades operacionais (folha de pagamento, contabilidade, controle de estoques etc.), buscando-se substituir o trabalho manual pelo processamento eletrônico de dados, com muito maior rapidez e confiabilidade. Essas experiências iniciais foram desenvolvidas em estruturas centralizadas em mainframes (computadores de grande porte), restringindo-se a grandes empresas.

Não era possível, naqueles tempos (décadas de 50 e 60), extrair dos dados eletronicamente processados as diversas informações úteis ao processo decisório, conforme se observa hoje em dia nas organizações, simplesmente pela falta do refinamento tecnológico que agora existe, e que continua sendo desenvolvido.

Em decorrência da evolução das tecnologias de informação e comunicação, existe no mercado uma crescente variedade de sistemas de apoio às decisões, que se estenderam às empresas médias, com a consolidação da tecnologia cliente-servidor, às de pequeno porte com a disseminação dos microcomputadores ligados em rede, e às microempresas e aos profissionais liberais por meio de inúmeros dispositivos eletrônicos portáteis. A grande diversidade de siglas representativas de tais sistemas pode causar certa confusão, motivo pelo qual se apresenta a seguir uma breve descrição das principais siglas utilizadas:

a. <u>SAE – Sistema de Administração Estratégica</u>: tem o propósito de atender ao Presidente ou Chefe Executivo (*Chief Executive Officer* – CEO), na definição das estratégias básicas que visam atingir os objetivos e metas organizacionais. Ele supre os tomadores de decisão do mais alto escalão com as informações necessárias para julgarem a viabilidade de uma dada estratégia, e permite verificar se esta é eficiente em comparação com circunstâncias similares na história. Além das informações decorrentes de todas as operações da organização, agrega outras sobre clientes, fornecedores, concorrência e cenários.
b. <u>EIS – *Executive Information Systems*</u> (Sistemas de Informação para Executivos): são aplicações

computacionais que apresentam números e textos relacionados aos aspectos administrativos das organizações. As informações são de fácil manuseio, pois menus e gráficos especiais foram desenvolvidos para prover acesso fácil e imediato à informação gerencial. O EIS permite aos administradores ter acesso a informações estatísticas sem necessidade de serem especialistas em computação, facilitando o relato da rotina administrativa, projeções de balanços anuais, controles e revisão de projetos maiores, preparação de orçamentos, planejamento estratégico, e uma visão geral da economia. O termo Sistema de Informações para Executivos (EIS) foi concebido no *Massachusetts Institute of Technology* (MIT) no final da década de 70. Foi tratado como uma nova tecnologia e seu conceito difundiu-se gradativamente em inúmeras grandes corporações. Tradicionalmente o EIS foi desenvolvido para equipamentos de grande porte, com o objetivo de criar aplicações que remetessem às necessidades informacionais dos executivos seniores. Tipicamente o EIS não armazena todos os dados da organização, somente os dados necessários para dar suporte ao nível de decisão dos executivos. Atualmente os EIS são instalados em computadores pessoais vinculados a redes locais, e podem ser utilizados tanto pelo pessoal técnico para fazer melhores apresentações, quanto pela alta administração com os dados para a tomada de decisão, apresentando as seguintes vantagens e desvantagens:

Quadro 7.1: Vantagens e desvantagens do EIS.

VANTAGENS DO EIS	DESVANTAGENS DO EIS
• Uso simples para executivos de alto nível; • Operações não requerem experiência intensiva de uso do computador; • Proporciona entrega imediata da informação sumariada da organização; • Proporciona melhor compreensão da informação; • Filtra dados para melhor administração do tempo; • Apresenta dados seguros; • Proporciona sistema para melhorar o rastreamento da informação.	• Não possibilita cálculos complexos; • Dificuldade para quantificar os benefícios e justificar a implementação do EIS; • Sistema pode tornar-se muito amplo para operacionalizar; • Dificuldades para atualização dos dados correntes; • Muitas vezes subestimam-se os requerimentos de entradas de dados adicionais; • Custos excessivos na implementação para pequenas empresas.

c. DSS – *Decision Support System* (Sistema de Suporte à Decisão): corresponde a outro tipo de sistema de informação voltado ao apoio e aperfeiçoamento do processo decisório das organizações. Foi desenvolvido como ferramenta de suporte para os níveis gerenciais médio e inferior, assessores e analistas de sistemas, proporcionando informações bastante detalhadas para encarar problemas em uma seção/departamento da organização. Tem as seguintes vantagens e desvantagens:

Quadro 7.2: Vantagens e desvantagens do DSS.

VANTAGENS DO DSS	DESVANTAGENS DO DSS
• Fácil utilização pelos analistas e técnicos; • Proporciona melhor entendimento do negócio; • Faz melhor uso dos dados da organização; • Proporciona análise detalhada da situação; • Aprimora o controle e a comunicação.	• Requer tempo para preparação e análise para a obtenção das informações desejadas; • Difícil quantificação de seus benefícios. Não há como quantificar uma melhor decisão; • Dificuldade de manutenção da integridade do banco de dados.

d. SIG – Sistema de Informação Gerencial: tem por objetivo a interação dos três níveis gerenciais: estratégico, *staff* e linha. O fluxo de informação ocorre em dois sentidos, sendo que as diretrizes quanto ao que deve ser feito, tanto em curto como em longo alcance, parte do mais alto nível gerencial, passando pelo médio e chegando ao mais baixo; por outro lado, as informações sobre os resultados de operações correntes devem alcançar os tomadores de decisão do nível mais alto, numa base contínua. Uma das necessidades do SIG é identificar todas as unidades funcionais que produzem resultados imediatos reconhecíveis, verificando as informações necessárias, bem como as geradas nas diferentes atividades.

Tanto o SIG quanto o DSS e o EIS têm particularidades em função das áreas e funções organizacionais a que atendem, compondo os seguintes módulos:

a. SIF – Sistema de Informações Financeiras: dá suporte aos tomadores de decisões financeiras ou aos responsáveis pela área fiscal. No nível operacional, o sistema coleta, organiza, armazena e dissemina dados financeiros, que são utilizados pelo SIF para analisar os resultados das operações organizacionais, e para criar modelos que mostrem o que pode ser esperado se certas condições ocorrerem no futuro. Uma das características de um SIF bem desenvolvido é a capacidade de fazer análises de sensibilidade. A inserção de dados deve ser automática, a partir das operações realizadas pela empresa.

b. SVM – Sistema de Vendas e de Marketing: trabalha com os dados dos processos que estão sob o controle dos gerentes de vendas, bem como variáveis que afetam o desempenho dos vendedores e todos os registros das vendas realizadas. A compilação, sistematização e recuperação desses dados e informações, pode ser usada para aumentar a eficácia de projetos de Marketing e dos esforços de vendas.

c. SRH – Sistema de Recursos Humanos: possibilita a avaliação contínua do desempenho e da compensação pessoal, bem como dos valores de mercado, sem perder de vista os objetivos da organização. Pode compreender também o planejamento de todo o treinamento a ser realizado na organização, e ainda ser alimentado com dados das vendas e prestações de serviços, com a finalidade de calcular as comissões a serem pagas.

d. SPCP – Sistema de Planejamento e Controle da Produção: seu objetivo básico é assegurar o fluxo produtivo, mantendo a qualidade e quantidade dos produtos ou serviços, de acordo com os critérios e solicitações requeridos pelo mercado consumidor, o que será alcançado através de controle de qualidade e disponibilidade de matérias primas e de informações sobre o controle do processo padrão, em comparação com os pedidos realizados. Tais informações devem ser precisas, representativas e fornecidas no momento certo. Esse sistema é imprescindível em organizações com alto nível de complexidade, tais como as montadoras de automóveis, que precisam coordenar informações sobre os modelos a serem produzidos, com seus respectivos itens opcionais, considerando ainda o momento certo em que cada componente deve chegar à linha de produção.

e. SGM – Sistema de Gerenciamento de Materiais: possibilita o ajuste entre as decisões referentes a quantidades e especificações dos materiais que devem ser comprados, produzidos e armazenados, compatibilizando com a disponibilidade de espaços, prazos de entregas dos fornecedores e disponibilidade de caixa (normalmente procura-se minimizar os investimentos em estoques, fazendo com que o giro de mercadorias seja o maior possível). Ao mesmo tempo, é necessário cuidar para que nada falte ao processo produtivo.

f. SISA – Sistema de Informação de Serviços Administrativos: visa fornecer apoio administrativo às várias unidades funcionais, bem como integrá-las através de um fluxo de informações. Normalmente concretiza-se por meio de uma rede de microcomputadores ou sistema cliente servidor, adotando também a intranet (padrão WEB) como forma de apresentação em muitas organizações, com a finalidade de facilitar a comunicação entre os diversos setores organizacionais. Sistemas de *workflow* também são muito utilizados no sentido de estabelecer a sequência de atividades associadas aos processos organizacionais. E-mails e redes sociais complementam as comunicações ligadas a esse tipo de sistema.

UMA VISÃO SIMPLIFICADA DOS SISTEMAS DE INFORMAÇÕES

O primeiro computador foi lançado na década de 1940, tendo por característica a dificuldade em sua programação, uma vez que esta se dava em nível de máquina. Ao mesmo tempo que as linguagens de programação foram sendo desenvolvidas, as organizações começaram a enxergar a possibilidade de colocar um computador para executar funções anteriormente realizadas em atividades manuais. Dessa forma, departamento por departamento, as empresas viram seus processos serem informatizados, inicialmente por meio de programas isolados, e depois por sistemas cada vez mais integrados (trocando informações entre si). Quanto mais integrados os sistemas, menores os esforços humanos necessários ao suprimento de dados para processamento e, consequentemente, mais rápida a obtenção dos relatórios e consultas em telas. Em muitos casos existe um único sistema corporativo para toda a organização, mas este é visualizado de diferentes formas por seus usuários, conforme o acesso que têm às informações que lhes são pertinentes. Assim, um colaborador do setor de recursos humanos, por exemplo, terá acesso somente à parte (ou módulo) do sistema que o ajuda na execução de suas atividades, e essa restrição é feita por meio do Login e Senha que ele deve utilizar para conseguir o acesso.

Independentemente de ser um único sistema corporativo (ERP - *Enterprise Resource Planning*), ou uma porção de módulos integrados a executar o processamento dos dados organizacionais, a forma de enxergá-los é a mesma. Os administradores de alto escalão têm acesso a todas as informações de seu departamento ou mesmo da organização inteira, ao passo que os níveis mais baixos da hierarquia acessam somente os módulos que lhes dizem respeito. A figura 7.1 apresenta três formas diferentes de classificar os sistemas de informações em função dos níveis hierárquicos atendidos, seguindo um padrão comum de representação da organização por meio do desenho de uma pirâmide, cuja base seria o nível operacional, onde são capturados os dados, e cujo ápice corresponde ao nível hierárquico mais alto, onde são tomadas as decisões táticas e estratégicas.

Os mesmos desenhos podem ainda ser subdivididos em conformidade com os departamentos ou áreas funcionais existentes nas organizações, que são atendidos por módulos dos sistemas informatizados. Em todos os casos, igualmente os dados são capturados no nível operacional da área, para posterior processamento e repasse de informações aos níveis tomadores de decisões, sendo que o nível mais alto tem acesso às informações de todos os departamentos, conforme a figura 7.2.

Figura 7.1: Classificações de sistemas de informações em função dos níveis hierárquicos.

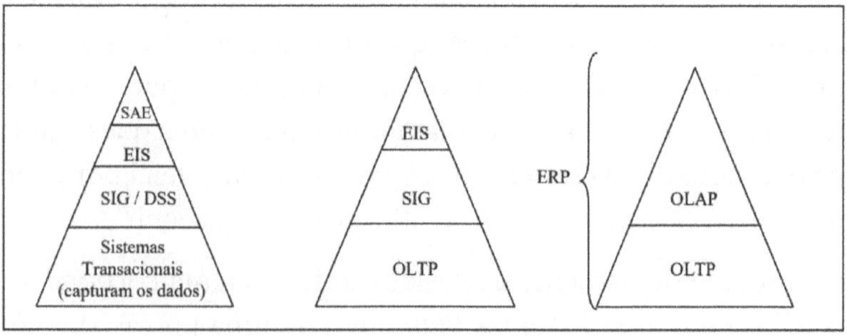

Fonte: Elaborado pelo autor

Figura 7.2: Classificação de sistemas de informações em função dos níveis hierárquicos e áreas funcionais.

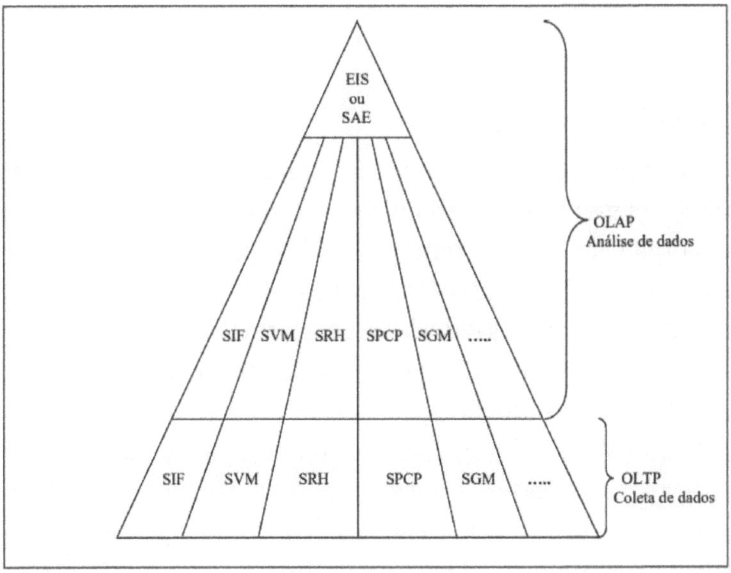

Fonte: Elaborado pelo autor

Essa representação tanto é válida para organizações de grande porte, quanto para pequenas ou microempresas, apenas com dimensões e níveis de complexidade diferentes. Por exemplo, por menores que sejam, as farmácias têm microcomputadores com sistemas de controle de estoques e vendas, que naturalmente fornecem dados para um módulo de controle financeiro e podem até repassar dados de comissões dos vendedores para um módulo de recursos humanos, se a empresa trabalhar com esse tipo de remuneração. Se for uma farmácia de manipulação, poderá contar ainda com um módulo de planejamento e controle da produção. A grande diferença para um sistema ERP utilizado em uma grande organização, está na quantidade de dados com que se trabalha, na complexidade das operações que precisam ser realizadas, requerendo normalmente módulos adicionais, e na quantidade de equipamentos necessários para que todos os colaboradores façam uso do sistema, tanto inserindo quanto tendo acesso a dados e informações.

RESUMO

Sistemas de informações são conjuntos de elementos que interagem visando o fornecimento das informações necessárias a uma organização. Os sistemas de aplicação, necessários à realização das operações diárias das organizações e ao seu gerenciamento, podem ser divididos de diferentes formas, conforme os níveis hierárquicos que os utilizam, os setores ou departamentos a que se destinam, e as funções que exercem. Normalmente, Sistemas de Administração Estratégica são voltados para o mais alto nível executivo, Sistemas de Informações para Executivos destinam-se ao nível de diretoria, Sistemas de Informações Gerenciais e Sistemas de Suporte a Decisões destinam-se ao nível gerencial médio, e os Sistemas Transacionais destinam-se ao nível operacional. Em cada um desses níveis, existem distinções em função dos setores que trabalham com eles, para que cada um dos colaboradores tenha acesso somente aos dados e informações que lhe são pertinentes. Nesse sentido, observam-se módulos destinados aos setores financeiro, de recursos humanos, de produção, de materiais, de marketing e vendas, e outros.

ATIVIDADES DE APRENDIZAGEM

Após você ter realizado a leitura desta unidade, leia os enunciados com atenção e responda as questões.

1. O que é um sistema de informações?

2. De que formas podem ser classificados os sistemas de informações corporativos?

3. Tendo por base a figura 7.2, faça um levantamento dos módulos de sistemas de informações existentes em uma pequena organização, descrevendo a seguir a finalidade de cada um e identificando os seus usuários.

SAIBA MAIS

Existem no Brasil várias empresas que produzem sistemas corporativos bastante completos e complexos, adotados por grandes organizações. Dentre elas, pode-se salientar a TOTVS (http://www.totvs.com/), empresa que tem crescido muito e dominado esse mercado, inclusive por meio de aquisições de organizações como a Datasul (de Joinville-SC), a RM Sistemas e a Microsiga. Também existem diversas empresas que representam fabricantes de sistemas corporativos de vários outros países, e que os adaptam à realidade das organizações brasileiras. Cada uma dessas empresas faz a divulgação de seus produtos de diversas formas, adotando especialmente a Internet.

Muitos outros sistemas podem ser voltados a segmentos específicos de mercado, tais como o de pequenas empresas de comércio, ou escritórios de contabilidade. Exemplos de fabricantes de sistemas nessa área podem ser observados ao visitar os *sites* www.compufour.com.br, www.prosoft.com.br, ou diversos outros que podem facilmente ser localizados em uma pesquisa na Internet.

Em relação ao conteúdo apresentado acima, reflita sobre o conhecimento que pode ser adquirido sobre a complexidade das operações das organizações atuais, ao visitar *sites* de fabricantes de sistemas corporativos e identificar as dezenas de módulos que os seus produtos possuem.

UNIDADE 08

CRM E FUNIL DE VENDAS

OBJETIVO

Após o estudo desta unidade você será capaz de identificar as ferramentas de CRM e Funil de Vendas em uso nas organizações, entender a importância e a forma de utilizar esses aplicativos, e até propor ajustes na forma de lidar com a clientela de sua empresa, se esta ainda não utilizar CRM e Funil de Vendas.

CONTEXTUALIZAÇÃO

Foi-se o tempo em que era possível a um comerciante, sem o uso de sistemas computacionais, conhecer cada um de seus clientes, seus hábitos de compras, os meios com que fizeram seus pagamentos e até as pendências financeiras. Os sistemas administrativos têm sido aprimorados continuamente, não só para acompanhar as operações realizadas com os atuais clientes, mas também para monitorar e automatizar os processos de busca por novos possíveis consumidores. É esse o propósito dos sistemas de CRM (*Customer Relationship Management*) e dos Funis de Vendas, conforme apresentado ao longo desta unidade.

O QUE É CRM

CRM (*Customer Relationship Management*) é a sigla que representa os sistemas de Gestão do Relacionamento com os Clientes. É um *software* que armazena informações de clientes atuais e potenciais, tais como nome, endereço, e-mail e número de telefone, bem como as suas atividades e pontos de contato com a empresa. Ele reúne e integra dados valiosos para preparar e atualizar suas equipes com informações pessoais dos clientes, hábitos de consumo e preferências pessoais.

Nesse sentido, mesmo que a sua empresa tenha milhares de clientes, consegue acompanhar e tratar cada um deles como se fosse único, dando um toque humanizado. O foco deve estar totalmente no cliente.

Como um primeiro passo do CRM, toda pessoa ou organização que entra em contato com a sua empresa deve ter seus dados anotados. Algumas empresas, quando recebem uma ligação de alguém que ainda não é cliente, pedindo informações, solicitam que a pessoa deixe seu nome, número de telefone e assunto (ou produto) sobre o qual deseja falar, para que o atendente correto (mais qualificado) entre em contato assim que estiver liberado. Essa é uma estratégia para obter os dados mais elementares para acompanhamento de um possível futuro cliente (*lead* ou *prospect*).

Um indivíduo (ou empresa) que demonstra um interesse inicial no seu produto ou serviço, mas que você ainda não sabe se tem perfil de comprador ou real interesse e capacidade para realizar o investimento, é chamado de *lead*. O *prospect*, por sua vez, é um cliente em potencial, alguém que entende o valor da sua solução e atende aos critérios de prospecção da sua empresa. Desse modo, cada oportunidade é aproveitada para coletar dados e informações, a fim de traçar o perfil e conhecer as necessidades e preferências de cada *lead* ou *prospect*, e dar os devidos direcionamentos para as ações da equipe de marketing. Cada novo contato será feito com o conhecimento da situação em que esse futuro cliente se encontra.

Para que todo esse processo funcione adequadamente, é necessário que todos os contatos sejam devidamente registrados no sistema.

Diferentes equipes são envolvidas, no processo, com divulgações para atrair interessados, contatos para qualificação dos *leads*, negociações e contornos de objeções de *prospects*, fechamento de vendas e suporte aos clientes efetivos (veja a Figura 8.1).

Figura 8.1: Áreas envolvidas no CRM.

Fonte: https://ligou.me/blog/o-que-e-crm-e-quais-sao-beneficios-para-as-empresas

São atribuídas funções para diferentes colaboradores, conforme o andamento do cliente na jornada de compra, estabelecendo prazos e atividades a serem realizadas. Isso envolve envio de mensagens, ligações telefônicas, reuniões e envio de propaganda de novos produtos ou serviços. Tudo deve ser registrado no sistema, a fim de que nenhum *lead*, *prospect* ou cliente seja perdido por simples esquecimento.

Observe que o trabalho não termina ao fechar uma venda. A satisfação do cliente deve ser buscada de modo a fechar novas vendas no futuro. Esse é um ciclo que não acaba mais, afinal a empresa depende de continuar vendendo, para se manter no mercado. Se o cliente sente que tem um bom relacionamento com a sua empresa, dificilmente pensará em buscar as soluções de algum de seus concorrentes.

O QUE É UM FUNIL DE VENDAS?

Para iniciar a abordagem sobre Funil de Vendas, cabe explicar que a publicidade tradicional tem como essência empurrar os produtos e serviços para o público, por meio de anúncios de massificação, o que é chamado de *outbound marketing*. Por sua vez, uma forte tendência atual é o *inbound marketing*, que baseia suas táticas e processos em ganhar o interesse dos clientes-chave para a sua empresa, ou seja, pessoas ou empresas com o perfil de quem fechará negócio.

O Funil de Vendas é uma representação gráfica para o processo de Atrair, Converter, Relacionar e Vender, conforme se observa na Figura 8.2.

Figura 8.2: Funil de Vendas.

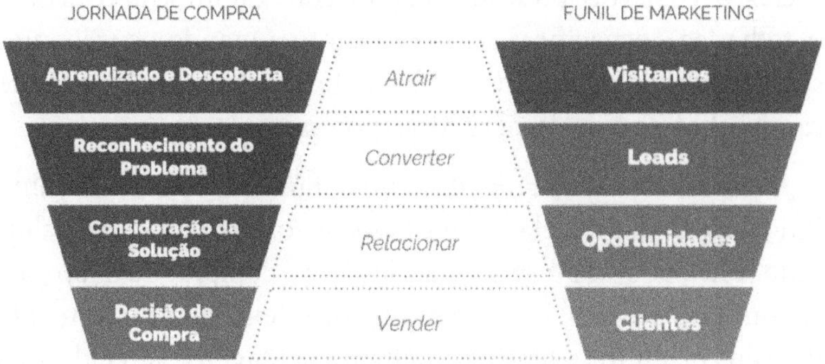

Fonte: https://marketingconteudo.com/funil-de-vendas/

A primeira etapa do Funil de Vendas é o topo, a etapa de atração, é quando o cliente toma conhecimento da sua marca, podendo demonstrar algum interesse (ou não), dependendo das dores (necessidades) que foram apresentadas na divulgação. É o momento em que o *lead* responde à instrução de seguir o perfil na rede social, visitar o *site* ou solicitar mais informações sobre o item em questão. É no topo do funil que você atrai uma grande quantidade de pessoas, despertando o interesse e fazendo com que elas saibam que você pode oferecer o serviço ou produto que elas estavam procurando, convencendo-as que sua marca é autoridade no assunto ou segmento. Essa etapa é importantíssima, pois provocará a primeira impressão no seu futuro cliente, e ele só comprará de você se essa impressão for muito boa.

A próxima etapa já faz parte do meio do Funil de Vendas, é a etapa de conversão, em que os seus visitantes se convertem em *leads*. Nesse momento o indivíduo reconhece que tem (ele ou a empresa) um problema, e que a sua empresa pode solucioná-lo. Você precisa fornecer mais informações, que demonstrem a sua autoridade sobre o assunto, solicitando em troca mais informações do seu *lead*, para que você consiga conduzi-lo em sua jornada de compra. *E-books* e vídeos estão entre os materiais exclusivos que você pode utilizar para entregar informações mais detalhadas e específicas sobre o assunto. Quando os visitantes são convertidos em *leads*, é a hora de se relacionar através de campanhas de e-mail marketing, por exemplo.

A última etapa do Funil de Vendas, também conhecida como fundo do funil, é aquela em que o *lead* já foi devidamente qualificado (tornando-se *prospect*) e decide se vai comprar ou não, o seu produto ou serviço. Nesse estágio você deve falar diretamente dos seus produtos e serviços, além das vantagens oferecidas aos consumidores. Vídeos que apresentem a sua equipe, depoimentos de clientes satisfeitos e o funcionamento dos produtos ou serviços constituem boas alternativas para trabalhar o fechamento de vendas. *Lives* e *master classes* também têm sido muito utilizadas para demonstrar a qualidade do conteúdo oferecido e o quanto o cliente ganhará ao fechar a compra naquele momento.

Todas as comunicações com o público-alvo devem ser planejadas de forma a acarretar alguma ação, devem ter uma *call to action* (CTA). No primeiro contato, no topo do funil, deve ser no sentido de buscar mais informações sobre o problema que ele (o possível cliente) tem, a sua "dor". No meio do funil, a CTA deve ser no sentido de conseguir um engajamento, fornecer dados de contato e associar a sua empresa à solução do problema do cliente. No fundo do funil, a CTA deve ser para aquisição do produto ou serviço que você (ou sua empresa) oferece. O formato do funil é bem representativo daquilo que efetivamente acontece. Nem todos que têm contato com a sua empresa se interessam por ela ou vão buscar mais informações. Daqueles que buscam mais informações, nem todos se engajam ou se interessam pela solução que a sua empresa oferece. Daqueles que se interessam pela solução e se engajam, nem todos fazem a compra.

INTERAÇÃO ENTRE CRM E FUNIL DE VENDAS

Conforme conversamos anteriormente, o Funil de Vendas é uma representação gráfica daquilo que efetivamente acontece no relacionamento de uma empresa com o seu público-alvo. Observe na figura 8.3 um *software* de CRM com as etapas da jornada de compra, da esquerda para a direita. Há mais interessados do que pessoas em qualificação, e mais destes do que pessoas recebendo proposta. O número de pessoas em negociação é ainda menor, e neste momento não há ninguém em fechamento. A figura que se forma é de um funil deitado, com a boca para a esquerda e o fundo para a direita.

Figura 8.3: Visualize o Funil de Vendas no CRM.

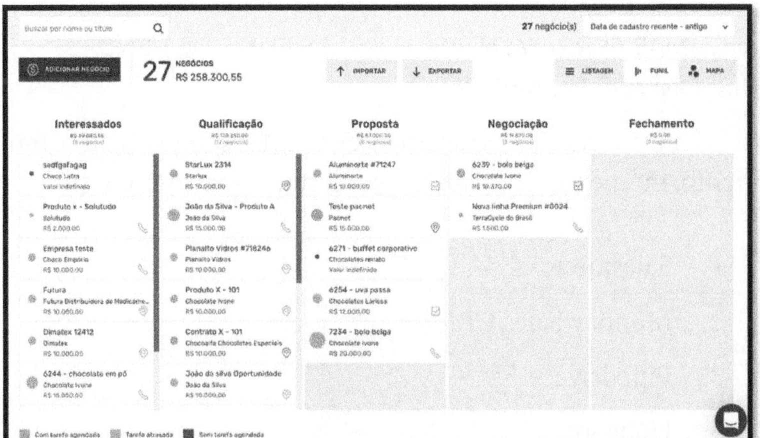

Fonte: https://www.agendor.com.br/blog/funil-de-vendas-crm/

Lembre-se de que a jornada de compra nem sempre é linear. Você não despreza aqueles que disseram "não" à sua proposta, pois pode ser que neste momento não disponham dos recursos financeiros necessários à compra, ou ainda não perceberam o real valor da solução que você oferece, ou podem estar passando por alguma outra situação que você nem imagina. O que você deve fazer com eles? Mantenha o relacionamento. Agende o encaminhamento de novas mensagens, apresentando alguma novidade ou simplesmente interagindo, pois estamos falando de relacionamento. Em algum momento esses *prospects* podem voltar a negociar e fechar negócios com você.

De igual modo, todos os clientes que lhe disseram "sim" devem permanecer em sua base de dados, recebendo acompanhamento e mantendo o relacionamento, pois você deve ter mais de um produto em sua esteira, sendo muito mais fácil você vender um item de valor mais alto para alguém que já comprou outros produtos ou serviços de você, e ficou satisfeito.

ALGUMAS FERRAMENTAS DE CRM E FUNIL DE VENDAS DISPONÍVEIS NO MERCADO

Dentre as muitas ferramentas de CRM disponíveis neste momento, no mercado brasileiro, eu destaco quatro nomes:

1. Salesforce;
2. Monday Sales CRM;
3. Pipedrive; e
4. Hubspot.

Qual dessas é a melhor? Depende da área de atuação da sua empresa, do número de clientes atendidos, da experiência e disposição que os seus colaboradores têm para aprender, da sua disponibilidade financeira e de diversos outros fatores que podem levar ao sucesso ou fracasso na implementação de tal ferramenta. Solicite sempre a apresentação do *software* em funcionamento, entre em contato com outras empresas que já o utilizam, avalie o nível de satisfação e os valores investidos, para finalmente decidir qual é a melhor solução para a sua empresa.

RESUMO

Nesta unidade você aprendeu sobre a importância de manter um verdadeiro relacionamento com os seus clientes, e como funciona um *software* de CRM (*Customer Relationship Management*). Você aprendeu sobre a jornada de compra, ou seja, o percurso que o seu público-alvo deve trilhar desde o momento em que conhece a sua empresa, até o fechamento de negócios com você. Aprendeu que o pós-venda é importantíssimo para garantir a satisfação do cliente e gerar novas vendas. Você viu que o Funil de Vendas é uma representação gráfica desse processo, que deve ser muito bem administrado, pois uma empresa que não venda continuamente, quebra. Existem diversos aplicativos para auxiliar a lidar com esses dados, cabendo a você a análise de qual é o melhor para a sua empresa.

ATIVIDADES DE APRENDIZAGEM

Após você ter realizado a leitura desta unidade, leia os enunciados com atenção e responda as questões.

1. Explique com suas palavras: O que é CRM? O que é o Funil de Vendas?
2. De que formas o CRM e o Funil de Vendas se relacionam?

3. Tendo por base o que você aprendeu neste capítulo, pense em uma organização que ainda tem uma forma antiquada de abordagem de vendas, e descreva a forma como você recomendaria a utilização de um CRM e Funil de Vendas.

SAIBA MAIS

Leia o livro "As armas da persuasão", de Robert B. Cialdini (2012), e procure estabelecer a relação de seu conteúdo com o que você aprendeu neste capítulo. Você se surpreenderá.

UNIDADE 09

BUSINESS INTELLIGENCE

OBJETIVO

Após o estudo desta unidade, você será capaz de identificar novas possibilidades de ferramentas para buscar informações valiosas, caracterizar *Business Intelligence*, *data warehouse*, *data mining* e *data mart*, e perceber que há diferentes formas de extrair informações importantes de um banco de dados.

CONTEXTUALIZAÇÃO

As tecnologias que têm sido desenvolvidas em todas as áreas, e muito especialmente para a manipulação e o uso das informações, têm propósitos específicos. Se não atenderem a esses propósitos, sua validade e utilidade começam a ser questionadas, o que ainda se observa em relação à tecnologia de informação e comunicação (TIC), visto que grande parte dos dados processados em organizações de todos os tipos e tamanhos, não chegam a constituir informações úteis à tomada de decisões.

Constata-se que muitas organizações ainda armazenam enormes quantidades de dados sobre as suas operações, sem, entretanto, chegar a dispor de cruzamentos desses dados que proporcionem resultados relevantes aos decisores. Com isso, elevados investimentos em equipamentos e desenvolvimento de sistemas, podem não gerar retorno à organização na mesma proporção, gerando frustrações e descrédito quanto à eficiência da informática, ou mesmo quanto à sua eficácia.

Novos conceitos e ferramentas surgiram para solucionar o problema da produtividade da tecnologia de informação e comunicação, e para auxiliar no processo de armazenagem e disseminação das informações que são geradas dentro das organizações, a fim de alavancar o processo decisório. Esse é o contexto em que se apresenta o *Business Intelligence* e o *data warehouse*, que passam a ser tratados mais detalhadamente a seguir.

O QUE É BUSINESS INTELLIGENCE?

O termo *Business Intelligence* (BI) foi criado nos anos 80 pelo Gartner Group, que é especializado em pesquisas de mercado na área de Tecnologia da Informação. Diversos autores procuram conceituar essa ferramenta, e nesse sentido BI pode ser entendido, numa das suas vertentes, como diretamente relacionado ao apoio e subsídio aos processos de tomada de decisão baseados em dados trabalhados especificamente para a busca de vantagens competitivas (Barbieri, 2002). Herschel e Jones (2005), por sua vez, apresentam BI como um conjunto de tecnologias que agrupam e analisam dados para melhorar a tomada de decisões. No BI, inteligência é entendida como a descoberta e explicação de contextos ocultos, inerentes e relevantes ao processo decisório, em grandes quantidades de dados relacionados a negócios e economia.

"*Business Intelligence*" pode ser traduzido como inteligência de negócios ou inteligência empresarial, e compõe-se de um conjunto de metodologias de gestão implementadas através de ferramentas de *software*, cuja função é proporcionar ganhos nos processos decisórios gerenciais e da alta administração nas organizações, com base na capacidade analítica das ferramentas que integram em um só lugar todas as informações necessárias. Nesse sentido, é formado por um mosaico de *data warehouse* (DW), *data mart* e ferramentas de *data mining*.

CONCEITO E CARACTERÍSTICAS DO DATA WAREHOUSE

Para que se possa analisar os recursos de uma ferramenta como o *data warehouse*, é imprescindível buscar uma definição, ou um conceito, que deixe claro o objeto de tal análise. Nesse sentido, diversos conceitos de *data warehouse* podem ser observados na literatura, sendo todos eles muito parecidos, ou de sentido semelhante. Segundo Oliveira (1998, p. 3), "um *data warehouse* (que pode ser traduzido como armazém de dados) é um banco de dados que armazena dados sobre as operações da empresa (vendas, compras etc.) extraídos de uma fonte única ou múltipla, oferecendo um enfoque histórico, para permitir um suporte efetivo à decisão". Dados anteriormente independentes podem ser integrados para compor informações relevantes, inclusive com múltiplas visões ou enfoques, em conformidade com as necessidades dos diferentes decisores.

Nesse mesmo sentido, "Bill Inmon, um dos pioneiros em *data warehouse* define um *data warehouse* como 'um conjunto de dados baseado em assuntos, integrado, não-volátil e variável em relação ao tempo, de apoio às decisões gerenciais'" (Harrison, 1998, p. 48). Talvez não seja tão relevante estabelecer o conceito definitivo de *data warehouse*, quanto é a compreensão de suas características e forma de funcionamento.

O armazém de dados (ou *data warehouse*), normalmente central, torna-se gigantesco ao receber os dados de toda a organização, devendo ser associado a ferramentas de análise e busca de informações, tais como os OLAPs (*Online Analytical Processing*) e os *data minings* (ferramentas de mineração de dados), a fim de que seja possível encontrar correlações e tendências anteriormente desconhecidas. É importante ainda que essas ferramentas privilegiem a flexibilidade ao usuário, para solicitar informações e relatórios pouco estruturados. As informações e os conhecimentos, integrados e disponíveis a todos os usuários da organização, passam a ser muito mais valorizados, superando a antiga visão compartilhada por muitos analistas e programadores, de que o *software* seria mais importante que as informações ou os processos, mesmo que tivesse sido desenvolvido de uma forma rígida e tendo por base as necessidades de informações de uma ocasião específica.

É nesse sentido que se caracteriza uma grande diferença entre os sistemas de informações convencionais e os *data warehouses* associados a suas ferramentas de busca, especialmente em relação à mudança no refinamento do processamento dos dados para obter informações relevantes e integradas, e que geram conhecimento do negócio. Grande parte do processamento de dados era feito (e ainda é, em grande número de organizações) apenas como um suporte às atividades operacionais, repassando somente ao nível gerencial, informações que pouco auxiliavam na efetiva tomada de decisões, visto que tratavam de dados isolados de uma só área da organização.

Os estudos de administração de empresas, em sua maioria, bem como a forma com que tal ciência é apresentada nos cursos superiores, também auxiliam na manutenção da visão fragmentada das atividades organizacionais. O *data warehouse* vem quebrar essa forma de trabalho, uma vez que reúne em um grande banco de dados todos os registros sobre as ocorrências da organização, a fim de fazer cruzamentos entre eles e buscar informações que antes seriam de difícil visualização. Com toda essa integração é possível ao dirigente desenvolver uma visão holística (ou sistêmica), contemplando a organização toda, suas relações com o ambiente externo, e sempre que necessário visualizando cada uma de suas partes, tomando decisões com maior nível de segurança.

O esforço envolvido nessa mudança de paradigma é recompensado. As decisões tomadas com base em informações e conhecimentos resultantes da implementação de um *data warehouse* podem redundar em um grande retorno financeiro sobre o investimento, ultrapassando os 400% dentro do prazo de um ano (Gurovitz, 1997). Entretanto, a implementação de tal sistema (*data warehouse* associado a suas ferramentas de busca) nem sempre ocorre com rapidez e facilidade, bem como o seu custo pode ser muito alto. "Enquanto os custos variam enormemente de acordo com a escala do esforço inicial, os passos envolvidos na construção de um *data warehouse*, a aquisição de ferramentas OLAP e a instalação de aplicativos representam, sem dúvida, um investimento significativo. O orçamento, incluindo *hardware*, *software* e recursos fica frequentemente entre 3 a 5 milhões de dólares para um sistema empresarial completo" (Harrison, 1998, p. 17).

Uma característica do *data warehouse* é armazenar os dados não processados como fatos individuais, associando-os a um período de tempo em que efetivamente ocorreram. Cria-se um histórico do desempenho organizacional, que pode ser utilizado para compreender o passado e predizer comportamentos futuros, especialmente em se tratando dos clientes de uma organização ou dos consumidores de um produto.

A confiabilidade do armazém de dados é imprescindível, e a resposta a uma pergunta como: "Qual foi o total de vendas do produto X na região Y no ano de 2015?" deve ser a mesma, seja qual for a ocasião em que se faça tal questionamento, ou quem o faça. Os dados históricos não mudam.

De igual modo, o *data warehouse* não pode ser implementado à revelia da organização. Ele deve estar diretamente ligado ao estabelecimento da missão e dos objetivos corporativos, até mesmo para que se saiba se a ferramenta está sendo bem-sucedida. Todo o processo decisório deve ser contemplado, tanto no nível estratégico como no tático e no operacional, verificando os tipos de perguntas que poderão aparecer, se estarão relacionados a produtos ou serviços, quais suas características, e as informações que serão necessárias aos tomadores de decisões.

Não se pode esquecer das mudanças que todo esse processo ocasiona nas estruturas organizacionais. O desenvolvimento do *software*, a preparação e o envolvimento dos futuros usuários, bem como o redesenho da estrutura organizacional devem constituir um processo simultâneo, sempre visando a atividade fim que figura na missão e nos objetivos da empresa. A participação das pessoas que atuam na organização é imprescindível, uma vez que elas já têm incorporado o conhecimento sobre seu funcionamento e suas operações, e normalmente conhecem os melhores meios para atingir os objetivos.

Da mesma forma que se prepara a organização para a implementação do *data warehouse*, deve-se prever também a possibilidade de crescimento exponencial do número de usuários. Nem todos utilizam o armazém de dados quando é posto em operação. Muitos possíveis usuários somente vislumbram as vantagens de utilizá-lo, depois que seus colegas já começaram a obter respostas antes inimagináveis, juntamente com as vantagens e retornos políticos e financeiros a elas associadas.

Chega a ser impressionante o desempenho do *data warehouse*, especialmente porque algumas respostas que levavam dias ou semanas para serem obtidas, e ainda assim figuravam de forma estática, passam a ser visualizadas em poucos minutos.

Para o usuário "o desempenho de consulta tem o maior impacto dependendo da facilidade de utilização e efetividade de um *data warehouse*. Os tempos de resposta devem ser rápidos (próximos do tempo real) para sustentar um processo de 'descoberta' interativo. À medida que os analistas ou gerentes progridem no processo de 'descoberta', eles exploram os aspectos qualitativos específicos dos negócios" (Harrison, 1998, p. 143). Os conhecimentos adquiridos suscitam novos questionamentos e dúvidas.

A partir da exploração das informações com o auxílio das ferramentas de busca e do *data warehouse*, os resultados do processo decisório passam a ser altamente vantajosos para a empresa, mas para chegar até esse ponto há que se trabalhar o insumo básico, isto é, a própria informação.

O DATA WAREHOUSE E A BUSCA POR INFORMAÇÕES

Por envolver elevadas somas monetárias e constituir um esforço organizacional com repercussões a longo prazo, a seriedade deve permear todas as etapas da construção e implementação do *data warehouse*. Por exemplo, é essencial a estruturação das informações a serem alcançadas, estabelecendo fontes confiáveis para a obtenção dos dados a serem trabalhados, para que não haja redundâncias ou inconsistências.

Muitas organizações armazenavam (ou ainda armazenam) repetidamente os dados em vários sistemas isolados, buscando-os em fontes nem sempre confiáveis, armazenando-os e processando-os sem comparar com os resultados obtidos pelos demais setores, gerando inconsistências que podem aparecer, por exemplo, em reuniões de cúpula, quando são debatidos os desempenhos de cada departamento. O *data warehouse* é utilizado como uma solução para essa falta de cuidado no uso de dados e informações, uma vez que constitui um grande depósito de dados central, aberto ao acesso por múltiplos aplicativos que compartilham seu conteúdo.

O tamanho do banco de dados deve receber atenção especial de quem implanta um *data warehouse*. Para armazenar os dados de toda a organização, referentes a um período de vários anos, e com a finalidade de atender a um número variável de usuários com crescente complexidade nas necessidades de análises, deve-se pensar na escalabilidade do banco de dados, isto é, sua capacidade de ampliação em tamanho, sem diminuição do desempenho e da confiabilidade. De igual modo, deve-se pensar na granularidade das informações, ou seja, o nível de detalhamento em que serão requeridas, também gerando impacto sobre o tamanho da base de dados.

As informações procuradas a partir do banco de dados central podem demandar diferentes níveis e formas de análise dos dados armazenados. Nesse sentido, um recurso do *data warehouse* é a análise multidimensional, que permite aos usuários acessar o sistema "a partir de qualquer dimensão para iniciar a análise, navegando então para outras dimensões para analisar posteriormente as informações. Por exemplo, um usuário pode iniciar a análise sob a perspectiva do produto, repetindo então a análise em cada segmento de mercado" (Harrison, 1998, p. 11). Se essa flexibilidade não fosse oferecida aos usuários, em pouco se poderia diferenciar o *data warehouse* (associado a suas ferramentas de busca) dos sistemas de apoio a decisões convencionais. As necessidades de informações são cada dia menos previsíveis, em função da agilidade do mercado consumidor e das iniciativas da concorrência, alavancadas pela globalização, demandando consultas normalmente menos estruturadas e quase sempre urgentes.

Para que os usuários mais exigentes sejam sempre atendidos satisfatoriamente, os dados usualmente são carregados e acessados em massa. Apesar de toda a evolução na capacidade de processamento dos computadores, a resposta a um simples questionamento que tenha por base um grande volume de dados, poderia ser muito demorada. Por esse motivo, as atualizações de dados só acontecem de tempos em tempos, normalmente ao final do dia, a fim de que as consultas sejam sempre rápidas, utilizando os totais e subtotais encontrados, ainda que tratando de todos os dados existentes até o final do dia anterior. Para o sucesso do *data warehouse*, não basta a disponibilidade, precisão e confiabilidade, pois o elemento tempo também é fundamental ao eficiente compartilhamento de informações e conhecimentos.

Aliado a todas essas características, está um valioso recurso, já mencionado, que tem sido incorporado aos *data warehouses*: as ferramentas de busca de informações, que fazem mais que totalizar e resumir as ocorrências, como se observa no caso do *data mining*.

DATA MINING

A disponibilidade de um grande banco de dados central na organização, em que são registradas absolutamente todas as ocorrências, fornece memória à empresa. Essa memória, entretanto, tem pouca relevância se não for utilizada com inteligência, observando modelos, estabelecendo mecanismos e tendo novas ideias para fazer previsões sobre o futuro (veja a Figura 9.1). Tudo isso já foi incorporado a uma ferramenta chamada *data mining*, e tem gerado resultados extraordinariamente positivos.

Figura 9.1: Processo de Mineração de Dados.

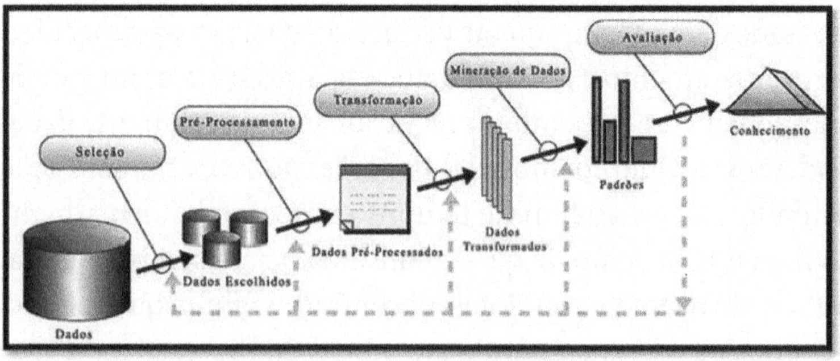

Fonte: https://www.ufsm.br/pet/sistemas-de-informacao/2018/08/21/introducao-a-mineracao-de-dados

Um forte exemplo do que acaba de ser mencionado, foi a constatação alcançada por uma rede varejista norte-americana, que se tornou célebre por relacionar as vendas de cerveja com as vendas de fraldas descartáveis (Gurovitz, 1997), característica que poucos poderiam imaginar, mas que era verídica, obtida através da análise dos dados operacionais, armazenados em um *data warehouse*, em que foram utilizadas ferramentas de mineração de dados (*data mining*). Isso é possível a partir de um grande volume de dados armazenados, em que se aplica inteligência artificial, conforme observado por Oliveira (1998, p. 8): "quando os armazéns de dados atingem um determinado porte, é possível usar neles as chamadas ferramentas de mineração, ou *data mining*. São *softwares* desenvolvidos com base em técnicas de inteligência artificial, que ficam vasculhando os dados em busca das informações que podem ser de interesse, de acordo com critérios predeterminados".

É um tipo complexo de função analítica (OLAP), que utiliza sofisticados modelos para o reconhecimento de padrões e algoritmos de aprendizado, identificando relações entre elementos de dados. "Enquanto a análise estatística é direcionada ao usuário no sentido de que este especifica as variáveis dependentes e independentes incluídas na análise, os aplicativos *data mining* atuam como agentes trabalhando em favor do usuário para descobrir detalhes ocultos que podem não ser reconhecidos por este" (Harrison, 1998, p. 12). Com tal finalidade, essa poderosa ferramenta projeta problemas não-lineares com grande número de variáveis, executa análise multiautomática e usa técnicas como algoritmos de árvores de decisões, redes neurais, lógica difusa e algoritmos genéticos.

De forma simplificada, pode-se dizer que o *data mining* é a exploração e análise de grandes quantidades de dados para descobrir modelos e regras significativas. Aplica-se bem a tarefas como classificação, estimativas, previsões, agrupamentos por afinidades, reunião e descrição, que são técnicas existentes há décadas, mas que somente nos últimos anos estão sendo exploradas com o uso da TI, principalmente em função do armazenamento de grandes volumes de dados digitais, do aumento da competitividade, e da enorme capacidade de processamento dos computadores, a um preço acessível.

Grande parte da exploração e análise dos dados e informações corporativos são feitos de forma pouco estruturada ou até inconsciente, pelas pessoas que lidam diariamente com eles, gerando conhecimento tácito, algo subjetivo e difícil de expressar. A atuação do *data mining* é semelhante aos processos cerebrais, mas ocorre de forma mais estruturada e consciente, proporcionando maior confiança quando se pretende tomar decisões.

Sofisticadas ferramentas de busca de informações, entretanto, não constituem o único recurso disponível para adequação dos *data warehouses* às necessidades organizacionais. Em muitos casos é preciso trabalhar apenas com uma parte dos dados que são gerados, correspondentes a um setor da empresa, ou fazer a implantação do *data warehouse* de forma fracionada, com um acompanhamento minucioso de cada parte implantada, até que se forme um sistema corporativo confiável. Nesse sentido, desenvolveu-se o conceito de *data mart*.

DATA MARTS

Enquanto um *data warehouse* oferece informações a toda a empresa, um *data mart* é desenvolvido para encontrar informações necessárias a uma unidade ou função específica de negócios (Oliveira, 1998). Ele pode constituir parte do desenvolvimento do *data warehouse*, quando a estratégia é começar pelos dados de uma área da organização antes de partir para as demais, o que ajuda na redução das possíveis resistências. Neste caso, o dirigente responsável pela área em que teve início o trabalho, passa a testar o sistema, e os resultados positivos são divulgados de modo a animar os colegas das demais áreas. Os bancos de dados assim subdivididos são chamados *data marts*, por serem especializados em fornecer informações para uma determinada área da organização, mas ainda assim utilizam os dados históricos e fazem cruzamentos com outros dados, para analisar as correlações e tendências, o que, na verdade, está disponível dentro dos dados da própria organização (veja a Figura 9.2).

Figura 9.2: Estrutura de Data Marts.

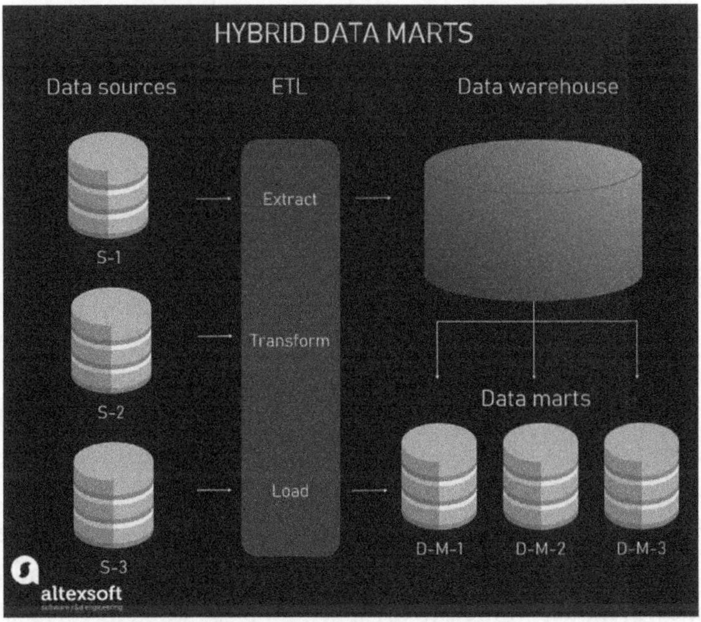

Fonte: https://www.altexsoft.com/blog/what-is-data-mart/

Os *data marts* requerem os mesmos processos utilizados nos *data warehouses* centralizados, no sentido de transformação de dados, validação, depuração e integração para garantir a integridade do banco de dados. Oferecem, entretanto, uma solução mais rápida às exigências do apoio a decisões, bem como envolvem um compromisso financeiro menor, adequando-se aos fluxos de caixa de organizações que não teriam como instalar o *data warehouse* completo, mas não abrem mão da qualidade das informações.

A construção do *data warehouse* também pode contar com estruturas alternativas, além do depósito central de dados, e dos *data marts*: Pode ser uma mescla de ambos, que corresponderia a um depósito central suprido por diversas fontes de dados (OLTPs - *Online Transaction Processing*) e repassando informações aos *data marts*, a partir dos quais seriam feitas as consultas para tomada de decisões. Nesse caso há redundâncias na armazenagem de dados, o que é compensado pela confiabilidade e rapidez da obtenção das informações nos departamentos, quando necessitam tomar decisões.

RESUMO

As organizações em geral têm investido valores muito elevados em tecnologia de informação, ao longo das últimas décadas, sem que necessariamente obtivessem um bom retorno sobre o investimento. A criação do *Business Intelligence* tenta solucionar esse problema, visto que proporciona maior credibilidade às informações organizacionais, justamente por ordenar os seus dados de origem em um grande banco de dados centralizado, o *Data warehouse*, onde são armazenados os dados históricos de todas as atividades da empresa nos últimos anos. Toda a organização passa a ter acesso aos mesmos dados, podendo formular perguntas e cruzamentos de dados interessantes com o uso de ferramentas OLAP flexíveis, além de poder usar uma ferramenta mais sofisticada chamada *data mining*, que busca informações de forma mais complexa, em meio ao grande armazém de dados. A sua implantação também pode ser gradativa, por meio dos *data marts*, que são bases de dados menores, especializadas em um setor da organização. Nesse sentido, depois da implantação de um *data mart*, quando este começa a dar retorno à organização, pode-se partir para a implantação de algo semelhante em outro setor, compondo gradativamente o *Data warehouse* completo.

ATIVIDADES DE APRENDIZAGEM

Após você ter realizado a leitura desta unidade, leia os enunciados com atenção e responda as questões.

1. O que leva uma organização a adotar um *Data warehouse*?
2. Quais as principais características de um *Data warehouse*?
3. Identifique em sua cidade uma organização que já tenha um *data warehouse* implantado, e entreviste o seu administrador, a fim de saber quanto tempo levou a implantação, quais dificuldades ocorreram, qual o montante investido, qual o nível de satisfação dos usuários, e se a organização está obtendo bom retorno sobre o investimento.

SAIBA MAIS

A apresentação feita nesta unidade proporciona apenas um vislumbre do potencial que está à disposição das organizações, sendo recomendável, entretanto, a consulta aos fabricantes de tais ferramentas, o que em parte pode ser obtido através dos *sites* relacionados a seguir. Esta recomendação fundamenta-se no fato da tecnologia estar em constante evolução, podendo, entretanto, ser acompanhada com muita facilidade na World Wide Web, onde são disponibilizadas informações sobre as ferramentas de *data warehouse*, *data mining* e *data mart*.

https://www.oracle.com/database/data-warehouse/index.html

https://www.ibm.com/topics/business-intelligence

https://powerbi.microsoft.com/pt-br/

Outros *sites* ainda oferecem informações adicionais, tais como:

https://tdwi.org/pages/upside.aspx

http://www.tdan.com

Em relação ao conteúdo apresentado acima, reflita sobre a importância de manter-se atualizado sobre os lançamentos de novas tecnologias de informação, mesmo que você não seja um profissional dessa área.

UNIDADE 10

IMPACTOS ORGANIZACIONAIS DO USO DAS TICS

OBJETIVO

Após o estudo desta unidade, você será capaz de descrever a forma como as organizações vêm sendo transformadas pelo uso das tecnologias de informação e comunicação, compreender o que é a virtualização das organizações e reconhecer as transformações que as TICs ocasionam no trabalho.

CONTEXTUALIZAÇÃO

Organizações transformam-se continuamente em decorrência da adoção de tecnologias de informação, não só acelerando as suas atividades, mas aproveitando-se de inúmeras oportunidades de novos negócios, bem como novas formas de fazer negócios. Uma pessoa que trabalhe há trinta anos em um banco, por exemplo, acompanhou as transformações das atividades quase totalmente manuais e com uso intensivo de papel, para o trabalho totalmente computadorizado, que nem mesmo requer a presença do cliente nas agências. A forma de administrar as organizações e de lidar com as informações mudou radicalmente, conforme veremos ao longo desta unidade.

REENGENHARIA OU ORGANIZAÇÃO & MÉTODOS

Há aproximadamente três décadas foi editado um livro intitulado "Reengenharia Revolucionando a Empresa", trazendo novas perspectivas para as organizações em termos de desempenho. Os autores apresentavam a ideia de rever todos os processos adotados pela organização, excluindo o que fosse supérfluo e adotando as novas tecnologias disponíveis que fossem pertinentes. Os resultados apresentados pareciam maravilhosos para os empresários, pois diversas empresas conseguiram reduzir drasticamente a folha de pagamento e ainda obter ganhos substanciais de desempenho.

Não demorou muito para aparecerem as respostas à proposição inicial, dizendo que a Reengenharia esquecia que havia pessoas dentro das organizações, e que estas não podiam simplesmente ser descartadas de um momento para outro, e ainda questionamentos quanto aos resultados, que eram negativos na maioria das organizações em que se tentava implantar a nova moda. Outras obras tentaram pegar uma carona nesses questionamentos, mas não prosperaram, tanto que já não se ouve falar desse termo.

Afinal de contas, o que esses modismos propunham, e que foi aproveitado por poucas empresas? A proposta era a utilização da convencional abordagem de Organização e Métodos, mas levando seriamente em consideração a utilização da tecnologia de informação e comunicação. Novos nomes foram criados somente como uma estratégia mercadológica, a fim de provocar maior impacto na opinião pública.

A velha disciplina de Organização e Métodos tem a finalidade de estudar os processos, os fluxos de informações, os formulários a serem adotados, os espaços físicos, a ergonomia, os tempos e movimentos, e a estrutura organizacional, a fim de buscar a maior racionalidade possível, tendo sempre em vista os objetivos organizacionais. Quando uma organização estabelece os seus processos e os correspondentes procedimentos, ficando posteriormente por alguns anos sem repensá-los com a finalidade de melhorá-los substancialmente, é natural que o desempenho deixe de evoluir em comparação com os concorrentes que o fizerem, e que adotarem de forma racional as novas tecnologias. Quando finalmente resolver se mover para recuperar o desempenho, perceberá que tem gente demais trabalhando, sem, entretanto, produzir os resultados compatíveis com a nova realidade, dando margem aos cortes de pessoal. Em circunstâncias desse tipo é que "funciona" a Reengenharia.

Imagine, por exemplo, se algum banco continuasse com os seus procedimentos nos mesmos moldes das décadas de 1970 e 1980, utilizando papéis intensivamente, com muitíssimos colaboradores tentando dar conta de atender multidões de clientes, e estes sempre esperando em filas quilométricas (nem mesmo se adotava o sistema de fila única preconizado pelos estudos de Pesquisa Operacional). Neste início de milênio um banco com esse perfil fecharia suas portas muito rapidamente, por falta de clientes ou por falta de lucratividade.

Pode-se observar o movimento por que passou esse tipo de organização. Em geral, os bancos não demitiram de uma vez 50% de seus colaboradores. Certamente fizeram demissões nesse período, mas em grande medida eles deixaram de fazer novas contratações, enquanto investiam em tecnologia que alavancasse o seu desempenho. Conforme os colaboradores pedissem demissão ou se aposentassem, eram feitos novos ajustes nos processos, redistribuindo os serviços, até chegar ao ponto em que se encontram hoje, com menos de 40% dos colaboradores que tinham há trinta anos, e atendendo muitíssimos clientes a mais. Associado a esse novo perfil, observa-se o desempenho dos bancos em termos de lucratividade, que tem sido realmente invejável.

Da mesma forma que os processos mudam, as estruturas e mesmo a forma de pensar na organização vão se modificando. Houve um tempo em que a estrutura hierárquica e a estrutura funcional de uma organização eram colocadas em um papel, representadas por retângulos. Quando a representação estava pronta, não raro era exposta em uma parede, a fim de que um dirigente orgulhoso pudesse dizer: "esta é a minha organização".

A necessidade de rapidez e flexibilidade está levando essa prática à extinção, ao mesmo tempo que novas estruturas são criadas, compostas por equipes, orientadas por objetivos (projetos), inspirando-se na natureza, e assim por diante. Hoje trabalha-se com a possibilidade de aprendizagem organizacional, com o compartilhamento dos conhecimentos individuais, transformando-os de tácito para explícito (veremos isto na unidade intitulada Gestão do Conhecimento), e utilizando novas ferramentas para alcançar a sua disseminação e perpetuação dentro da organização.

As modificações de gestão nas empresas levaram as pessoas do topo a tomar mais decisões, ao mesmo tempo que a gerência intermediária foi reduzida em tamanho, pois há menos degraus hierárquicos nas organizações. Simultaneamente, colaboradores que antes se limitavam a obedecer, passam a ser solicitados a externar opiniões e dar sugestões de mudanças. Há ampla divisão de responsabilidades e os executivos principais querem obter informações mais detalhadas e não apenas os grandes números da empresa. Tais informações são originárias das operações, muitas delas informatizadas, às quais foram incorporadas grande parte das decisões anteriormente tomadas por gerentes. Atualmente um correntista pode solicitar um empréstimo pessoal diretamente ao sistema de informações do banco em que tem conta, ou ao colaborador do atendimento, que não precisa recorrer aos seus superiores. Em alguns bancos é impresso no final do extrato o limite de crédito aprovado antecipadamente, para o caso do correntista decidir solicitar um empréstimo.

Todas essas transformações remetem a uma nova forma de organização, altamente alavancada pela tecnologia da informação. Trata-se da organização virtual, que muito difere das estruturas tradicionais, especialmente na sua forma de operar.

ORGANIZAÇÕES VIRTUAIS

A origem da palavra "virtual" encontra-se no latim, na palavra "*virtualis*", proveniente de "*virtus*", que pode ser entendido como força ou potência (Lévy, 1996). É algo que tem tudo para ocorrer. Nesse sentido, é interessante compreender e contrapor as palavras "Real", "Possível" e "Atual".

"Real" é aquilo que existe, que tem limites claros, que pode ser enxergado, tocado, transportado, destruído ou modificado. A contraposição à palavra "real", entretanto, não é o "virtual", mas sim o "possível", uma vez que é algo totalmente constituído, mas que permanece na esfera mental ou das possibilidades imaginadas, faltando-lhe a existência. Em alguma ocasião uma configuração que havia sido idealizada pode vir a se tornar real, e por conta disso denomina-se "possível". Para exemplificar, um estudante universitário do quarto semestre pode imaginar-se em uma cerimônia de colação de grau, recebendo o seu diploma. A imagem idealizada é o "possível", que depois de alguns semestres pode tornar-se "real", se ele for perseverante e estudar bastante. De igual modo, uma tela, alguns pincéis e tintas são objetos reais, ao passo que a valiosa obra de arte encontra-se na esfera das possibilidades, enquanto estiver na cabeça do pintor, podendo tornar-se real no momento em que ele se utilizar dos objetos mencionados e for bem-sucedido na conclusão da pintura.

A palavra "virtual" corresponde a toda uma configuração que tem a tendência a se concretizar ou se tornar "atual", isto é, a concretização da configuração para aquele momento. A semente de uma árvore tem toda a configuração de uma árvore completa, e conspira com os elementos da natureza, na direção de uma concretização, que parte do brotamento até a constituição de uma árvore adulta. O "atual" da semente depois de um ano, pode ser uma árvore de 1,50m de altura, ou depois de dois anos pode ser a mesma árvore, agora com o dobro da altura anterior.

De igual modo, uma organização pode receber uma série de configurações, com a finalidade de tornar-se bem-sucedida na produção e comercialização de determinados produtos, ou na prestação de alguns serviços. Um empreendedor enxerga em sua mente vários cenários, chega a vislumbrar a forma que teria a empresa depois de dez anos de atuação, mas isto é apenas uma possibilidade, que precisará de muito esforço para que se torne real.

Algumas das características da virtualidade podem ser apropriadas por organizações, a saber:

- Não estar presente: Com muita frequência o virtual não está presente. Por exemplo, onde se dá a conversação telefônica? Onde está o texto que é lido por meio da internet? Onde atua a Amazon? É na sua sede, ou no computador de cada um de seus clientes? O importante, para toda organização, deve ser a localização de um bom espaço para ser visualizada por seus clientes e atendê-los bem, mesmo que para tanto não seja necessário ou sequer possível construir uma confortável instalação física.
- Diminuir as distâncias: A tecnologia virtualiza (ou potencializa) a diminuição de distâncias, visto que pode ser muito mais rápido percorrer a distância entre

> Florianópolis e São Paulo (700km) de avião, do que entre Florianópolis e Joinville (200km) de carro. Nesse sentido, as estradas de rodagem, as estradas de ferro e as linhas aéreas virtualmente aproximaram várias cidades, tornando outras comparativamente mais distantes, isso se considerarmos os deslocamentos físicos. Com a transmissão de informações, a virtualização foi muito mais radical: simplesmente eliminou as distâncias, já que é possível falar com alguém por telefone, transmitir dados ou ver imagens, a partir de qualquer ponto do planeta, chegando a qualquer outro ponto do planeta, às vezes apenas com um diferencial qualitativo, mas sempre instantaneamente. Para que duas pessoas conversem sem estar no mesmo lugar, basta que utilizem simultaneamente um aparelho (a sincronização substitui a unidade de lugar). Se não quiserem conversar simultaneamente, basta que estejam interconectadas, o que é possibilitado pela internet (a interconexão substitui também a unidade de tempo).

Muitas organizações estabelecem o foco de atuação na virtualização de objetos, ou mesmo do corpo humano. Nesse sentido, há vários instrumentos e próteses que potencializam a reconstrução do corpo humano, criando novas possibilidades corporais. Outras organizações atuam na ampliação das percepções humanas, disponibilizando gravadores, computadores, televisores, telefones, vídeos e outros instrumentos que ajudam a alterar o que o indivíduo percebe. No mesmo sentido, amplia-se também a influência dos indivíduos e organizações nas projeções que fazem, provocando as percepções em outras pessoas.

Novas tecnologias possibilitam alterações na forma de lidar fisicamente com o ser humano, enxergando-o por dentro sem que ele precise ser cortado (radiografia e ultrassonografia, por exemplo), ou diminuindo radicalmente o tamanho das incisões por ocasião de cirurgias (videolaparoscopia). As intensificações das capacidades humanas também são objetivo de diversas tecnologias (e área de atuação de muitas organizações), permitindo que o homem nade com fôlego de algumas horas, como se fosse um peixe, ou escale facilmente uma montanha, indo aonde nem mesmo as cabras se aventuram, ou voe com a liberdade e destreza de um pássaro. Tudo isso é virtualização, isto é, alavancagem ou "elevação a uma determinada potência", de uma entidade considerada, a partir de uma situação observada; é o que se faz com as organizações de hoje (Lévy, 1996).

Da mesma forma que jamais se pôde observar uma organização burocrática pura, na mais perfeita concepção weberiana, não é possível observar uma organização totalmente virtual, em sua forma mais pura. Aliás, a corporação virtual é muito mais compreensível como um aglomerado continuamente variável de atividades que se desenvolvem em meio a um conjunto de relacionamentos. Algumas empresas como a Nike e a Bennetton desenvolvem uma marca e vários modelos de produtos, que por sua vez são fabricados por diversas empresas terceirizadas, e distribuídos por inúmeras outras.

As organizações que estão passando pelo processo de virtualização, também tendem a virtualizar (ou potencializar) as atividades de seus colaboradores. Eles não precisam mais ficar confinados entre quatro paredes, trabalhando sob a supervisão de seu chefe, durante oito horas por dia. É disso que trata a próxima seção.

TELETRABALHO

Teletrabalho pode ser entendido como o trabalho realizado à distância, em função da utilização de computadores e telecomunicações, alterando os deslocamentos tradicionalmente aceitos. Antes da Revolução Industrial, os homens trabalhavam em suas próprias residências, produzindo grande parte do que era necessário para a sua subsistência, e algum excedente que pudesse ser comercializado. Com o advento dos grandes maquinários movidos a vapor, foi necessário que os trabalhadores se deslocassem para os galpões onde estes eram instalados, a fim de que trabalhassem ali mesmo, sob a supervisão de quem os contratasse. O que se observa hoje em dia é a compactação de muitos dos equipamentos que servem como ferramenta de trabalho, bem como o grande desenvolvimento das comunicações à distância, permitindo que o trabalhador volte a atuar em seu próprio domicílio.

Quando o trabalhador é um colaborador contratado por uma empresa, pode-se fazer com que ele deixe de comparecer ao ambiente organizacional uma ou mais vezes por semana, caracterizando a telecomutação. Trata-se do deslocamento do trabalho para o trabalhador, a fim de não mover o trabalhador para o escritório. Ao invés da casa do trabalhador, uma alternativa encontrada por grandes corporações em centros urbanos que apresentam dificuldades de deslocamentos, é a utilização de centros de teletrabalho, que podem ser escritórios genéricos (alugados para profissionais liberais ou colaboradores em trânsito) com toda a infraestrutura, reduzindo os deslocamentos diários e o consequente estresse.

Ao mesmo tempo que o teletrabalho apresenta muitas vantagens, pode apresentar inúmeras desvantagens. Muitas pessoas não se adaptam ao trabalho em casa, seja pela necessidade psicológica de contato com os colegas, ou porque o ambiente em casa não é o mais apropriado em função de interrupções impostas pelo serviço doméstico ou pelo cuidado dos filhos. Não se deve esquecer também que as contas de energia elétrica, internet e telefone (anteriormente sob a responsabilidade do empregador) podem sofrer um aumento considerável na residência do trabalhador, o que deve ser ponderado antes de aceitar esse tipo de trabalho.

Algumas vontades pessoais também podem conspirar para a baixa produtividade no trabalho em casa. Dentre elas destaca-se a possibilidade de assistir televisão no horário usual de trabalho, sem que o chefe faça questionamentos. Podem ocorrer eventuais assaltos à geladeira e até uma enorme vontade de tirar um cochilo depois do almoço. Para contrabalançar, o indivíduo pode sentir-se tentado a trabalhar durante a noite, modificando totalmente os seus hábitos e até comprometendo a saúde.

O teletrabalho também requer um espaço apropriado na residência, de preferência um escritório com exclusividade, o que vem se tornando cada dia mais difícil diante da redução nos tamanhos dos novos imóveis. O compartilhamento do ambiente de trabalho com outras atividades pode provocar conflitos familiares ou diminuir o desempenho. Não é incomum entre os teletrabalhadores, o aumento na incidência de brigas conjugais, pois marido e mulher passam muito tempo juntos, mais do que alguns deles estavam acostumados anteriormente.

A remuneração de um teletrabalhador também pode variar muito, uma vez que o seu desempenho não é medido por horas trabalhadas, mas por serviço realizado. Se a renda for variável, corre-se ainda o risco de alguns teletrabalhadores colocarem parte da família para ajudar, com o intuito de aumentá-la. O sistema de promoções da organização também precisa ser adaptado para beneficiar quem tem bom desempenho, e não quem está presente.

Quem trabalha à distância precisa ser bem organizado, flexível, confiável e autoconfiante, além de saber administrar a própria agenda. Ao contrário do que muitos imaginam, os introvertidos, apesar de preferirem ficar sozinhos, não são necessariamente bons para o trabalho à distância, pois este exige interação contínua com um escritório, e serão bem-sucedidos os bons comunicadores, que saibam trabalhar em grupo (ainda que à distância). Nesse sentido, muitas ferramentas têm se apresentado como soluções boas e baratas, como é o caso do *chat* e da videoconferência (que permite a transmissão de som e imagem).

Muitos outros itens devem ser considerados a respeito do teletrabalho, tais como a responsabilidade pela compra e manutenção dos equipamentos, os investimentos para adaptação da residência a fim de receber um pequeno escritório e o uso dos recursos pessoais de comunicação (telefonia e internet) para o trabalho. Neste momento, a intenção é de apresentar essa possibilidade de atenuação para os problemas de deslocamentos dos grandes centros urbanos e melhoria da qualidade de vida dos trabalhadores, mas também esclarecer que não se trata da oitava maravilha do mundo. De forma semelhante ao processo de virtualização das organizações, o teletrabalho deve ser bem administrado para que dê certo.

RESUMO

A adoção de tecnologias de informação vem transformando as estruturas organizacionais, bem como as suas formas de atuar e até mesmo as estratégias de negócios. Com muito menos colaboradores, a produtividade tem aumentado consideravelmente ao longo das últimas décadas. As estruturas organizacionais, além de mais enxutas, têm se tornado continuamente mais achatadas (menos níveis hierárquicos) e mais flexíveis, com muito maior delegação de autoridade e responsabilidades. As organizações também estão sendo virtualizadas, no sentido de que suas possibilidades de atuação são potencializadas com a adoção de tecnologias de informação e comunicação. Pode-se facilmente fazer negócios com parceiros, clientes e fornecedores ao redor do mundo em questão de segundos. O trabalho também vem sendo transformado, evitando que o trabalhador tenha que se deslocar todos os dias até a empresa, uma vez que o trabalho pode se deslocar até a residência dele. Todo esse processo, entretanto, tem pontos positivos e negativos, devendo ser bem administrado.

ATIVIDADES DE APRENDIZAGEM

Após você ter realizado a leitura desta unidade, leia os enunciados com atenção e responda as questões.

1. De que forma as estruturas organizacionais vêm sendo afetadas pela tecnologia de informação?
2. O que caracteriza uma organização virtual?
3. Com base neste capítulo e na sua experiência durante o período de pandemia, explique, de forma resumida, o que é teletrabalho e quais os seus pontos positivos e negativos.

SAIBA MAIS

Um autor de grande renome internacional, que apresenta muito bem os conceitos relacionados à virtualização e aos diversos impactos ocasionados pelo uso da tecnologia de informação, é Pierre Lévy (obras datadas de 1993, 1996 e 1999). A leitura de suas obras trará grande contribuição a quem desejar aprofundar-se no tema desta unidade. Também pode ser recomendada a leitura da obra de Davidow e Malone (1993), sendo que todas elas constam nas referências.

Em relação ao conteúdo apresentado acima, reflita sobre o desenvolvimento do hábito da leitura, e sobre o tempo dedicado por você a essa atividade, comparando com outras que talvez contribuam menos para a sua formação, tais como as redes sociais.

UNIDADE 11

E-BUSINESS

OBJETIVOS

Após o estudo desta unidade, você será capaz de reconhecer novas formas de fazer negócios, utilizando a tecnologia de informação e comunicação, além de perceber diversos dos cuidados administrativos necessários ao sucesso do *e-business*.

CONTEXTUALIZAÇÃO

Busca-se, nesta unidade, compreender a forma como as organizações vêm adotando as tecnologias de informação e comunicação, considerando-se as mais recentes formas de realização de negócios (*e-business*). Diversos ajustes devem ser feitos na forma de operar as organizações, a fim de que sejam bem-sucedidas ao promover suas atividades por meio da internet.

E-BUSINESS

Pode-se definir *e-business* como toda forma de negócios intermediada pela tecnologia de informação e comunicação (TIC). Normalmente, são utilizados computadores conectados à rede mundial de computadores (a Internet), mas diversos outros dispositivos também podem viabilizar todos os tipos de transações. Por exemplo, terminais eletrônicos e os aplicativos bancários viabilizam a realização de operações financeiras sem a necessidade de ir a uma agência, urnas eletrônicas permitem que se evite a utilização de cédulas de papel e a contagem manual na realização de eleições, e inúmeros outros novos equipamentos são criados continuamente a fim de facilitar a coleta e transmissão de informações que permitem e concretizam o fechamento de negócios. Transações que há algumas décadas levavam horas, ou mesmo dias, atualmente são realizadas em questão de segundos (Charbaji; Mikdashi, 2003).

Muitas organizações, entretanto, não foram (e outras ainda não o são) bem-sucedidas ao tentar realizar *e-business*, devido a uma série de fatores administrativos. Não basta implantar uma tecnologia que mostra os seus produtos aos clientes e permitir que os pedidos sejam feitos pela internet. Toda uma infraestrutura é requerida para que o *e-business* seja satisfatório.

Nesse sentido, Evan Schwartz apresenta em vídeo (Schwartz, 2001) as sete estratégias inovadoras para obter bons resultados nos negócios pela internet. Sua apresentação inicia com a explicação sobre a expressão "Darwinismo Digital", que remete à ideia da internet como um ambiente em que as empresas devem evoluir e se adaptar, sob pena de morrer.

Segundo o autor, em 1995 a Netscape abriu seu capital, despertando o interesse do mundo todo, caracterizando o início da primeira fase da evolução deste novo contexto. Foram cinco anos de muita euforia e otimismo em relação às empresas "ponto.com". Na primavera de 2000 (outono para nós aqui no Brasil), entretanto, reverteu-se o quadro, e começou a dar a impressão de que tudo o que as "ponto.com" fizessem era errado.

Nos últimos séculos a economia estudou a escassez e a alocação dos recursos, mas na internet muda tudo, pois os recursos já não são escassos. Em vez de escassez de oferta, passamos a ter escassez de procura, ou de atenção às informações disponibilizadas. Essa característica passou para os outros setores, onde a tecnologia tem provocado capacidade ociosa. Mudamos também da mídia de massa para a mídia personalizada. As pessoas passaram a dar atenção especificamente às propagandas que lhes interessam. Por exemplo, quando surgiram os banners nos *sites*, 3% a 5% dos usuários clicavam neles até chegar ao *site* da empresa. Devido à concorrência, esse percentual caiu para menos de 0,5%. É por isso que não se deve investir demais unicamente nessa mídia com a finalidade de conscientização, mas sim para produzir resultados. A mídia tradicional é que deveria ajudar no processo de conscientização dos clientes.

Apesar de já estarmos no período de "sacudidura darwiniana", em que se separam as empresas que sobreviverão daquelas que morrerão, muito capital de risco continua sendo investido, e as empresas emergentes já não são ingênuas. Elas buscam o conhecimento para fazer *Business to Business* (B2B) e outras operações, mas surgem muitas empresas que não poderão sobreviver, e as estratégias de adaptação servem para proporcionar uma chance maior a quem lhes der atenção.

SETE ESTRATÉGIAS PARA O SUCESSO DO E-BUSINESS

Apresentam-se nesta seção as sete estratégias propostas por Evan Schwartz (2001).

Primeira Estratégia: Proporcionar soluções e diferenciar-se por meio delas, ao invés de investir demasiadamente em propaganda para tornar a empresa conhecida. Quem vai à Web não está necessariamente atrás de uma marca de tênis ou de carro, mas quer soluções agrupadas, tais como o financiamento do carro que escolher, a partir daquele mesmo *site*, bem como o seu seguro e os serviços de despachante, ou então a comodidade de não sair de casa para fazer as compras, tendo o pagamento por meio de cartão de crédito e a entrega em casa, com alta qualidade na escolha dos produtos solicitados.

Para colocar em funcionamento a primeira estratégia, tente responder às seguintes perguntas: Você usa uma ampla gama dos recursos interativos da internet para resolver os problemas que seus clientes enfrentam? Sua marca consegue ser sinônimo de baixo custo, inovação, flexibilidade, rapidez e qualidade? O que seu cliente pensa quando lembra de sua marca? Você está agindo ativamente para mudar o ambiente, ou vai sofrer as consequências das mudanças provocadas por outros? Estas perguntas não requerem apenas raciocínio e elaboração de respostas, mas ação sobre a realidade organizacional.

Segunda Estratégia: Integrar o comércio eletrônico a todas as áreas da empresa, de modo que não concorram entre si, mas que se complementem. Uma loja deve estimular seus clientes a entrar no *site* da empresa, e este deve estimular o cliente a retornar à loja (por exemplo, por meio da divulgação de eventos na mesma). Os canais de distribuição física também devem ser bem estruturados para dar suporte às vendas pela internet. Não menos importante, o sistema de comissionamento dos vendedores deve mudar, a fim de promover essa integração. Se a compra pela internet for mais barata devido ao fato dos vendedores não receberem comissão, eles começarão a boicotar esse serviço e escondê-lo dos clientes. Ao invés disso, é recomendável que ninguém sofra qualquer tipo de prejuízo com a nova alternativa.

Pense no seguinte: Seu negócio na internet é tocado por alguém totalmente separado de sua empresa? (evite isso). Como você pode evitar o conflito de canais? Como fazer com que todos na sua empresa embarquem na internet desde o início? Como você pode criar um "*loop* de *feedback*" entre seus diferentes canais de negócios? Você consegue pensar em como unir seus sistemas de bancos de dados com a tela de seu *site*? Como você unirá a Tecnologia de Informação e Comunicação (TIC) móvel com seus aplicativos e bancos de dados tradicionais?

Terceira Estratégia: Agregar valor a um produto ou serviço, deixando de ser um mero intermediário. As etapas da agregação de valor normalmente são:

a. Criação de uma bolsa B2B por uma "ponto.com", ameaçando as empresas tradicionais;
b. Reação das tradicionais, unindo-se para formar sua própria bolsa B2B;
c. Ocorre uma "sacudidura darwiniana" para ver quem sobrevive na disputa;
d. O governo intervém regulamentando os preços;
e. Agrega-se valor ao produto ou serviço; e
f. Os empregos mudam da velha economia para essas novas bolsas B2B.

No sentido de tornar-se um "infomediário", deve-se pensar nas seguintes questões: "Eu quero (a) vencer a concorrência, (b) aliar-me a ela, ou (c) sair do caminho?" Se a resposta for (a), que tal criar uma bolsa de negociação *online* neutra, onde compradores e vendedores pudessem se conectar? Você está descobrindo maneiras de agregar valor à experiência de compradores e vendedores? Você está gerenciando recursos extraempresa, a fim de encontrar meios para dinamizar a logística entre diferentes empresas de seu setor? Você está conectando diferentes sistemas de bancos de dados e aplicativos antes incompatíveis, e simplificando o processo? Se a resposta à primeira pergunta for (b), você está disposto a terceirizar parte de suas atividades, transferindo suas vendas ou a logística para um novo infomediário?

Se a resposta for (c), se você não se beneficiar das mudanças que estão ocorrendo, talvez seja bom vender sua empresa antes que seja muito tarde.

Quarta Estratégia: Adotar um sistema de precificação dinâmica, em que se permita a compradores e vendedores a livre negociação e mudanças de valores, como se estivessem lidando com *commodities*. Diversos tipos de produtos e serviços podem ter seus preços flexibilizados em função da variação do tempo ou da ocorrência de um evento específico. Por exemplo, os preços de brinquedos tendem a variar próximo ao natal e próximo ao dia das crianças. De igual modo, os preços de ingressos para espetáculos tendem a aumentar próximo ao horário de seu início, e perdem totalmente o valor depois do mesmo. Um computador ou produto tecnológico tende a ter seu valor reduzido, a fim de vender rapidamente, quando está para surgir uma nova versão do mesmo.

Para compreender melhor essa questão, é interessante responder as seguintes perguntas: Você tem algum produto que esteja próximo do fim de seu ciclo de vida, tornando-se obsoleto? Você tem produtos que precise vender por meio de uma casa de leilão *online*? Você precisa proteger sua estrutura de precificação? Você quer vender por meio de seu próprio *site*, talvez afetando sua estrutura de precificação, ou quer fazer parceria com uma casa de leilão *online* e vender por meio dela? Você quer participar desse mundo de precificação fluida, ou vai perder estoques por passar um prazo limite?

Quinta Estratégia: Construir uma rede de marketing, em que outros *sites* e usuários façam a divulgação do seu negócio, aproveitando o baixo custo dessa mídia para substituir os canais convencionais, ao menos parcialmente. Se eles lhe encaminham clientes, nada mais justo que pagar-lhes uma comissão, e esses afiliados estarão, ao mesmo tempo, atendendo melhor os seus próprios clientes (agregando valor).

Pense nas seguintes questões: Você está tendo retornos menores em seus canais de marketing tradicionais? Você identificou parceiros associados em seu setor, com os quais poderia trabalhar, e que criariam um fluxo de clientes a um preço mais baixo do que os canais de marketing tradicional? Você consegue espalhar seus métodos de marketing até os mais longínquos recantos do ciberespaço utilizando novos parceiros em sua rede afiliada? Quais são as comissões que você está preparado para pagar a um parceiro que lhe envie um cliente pagante?

Sexta Estratégia: Agrupar produtos e serviços e oferecê-los em um pacote com preço mais acessível (comparado com os valores que eles teriam separadamente), uma vez que a internet tem um custo muito baixo. Preferencialmente deve-se tentar vender assinaturas (ou compras programadas), talvez com prazo de um ano.

Para verificar a adequação desta estratégia ao seu negócio, pergunte a si mesmo: Posso cobrar por meu conteúdo e serviços? Criarei um agrupamento de valor atraente? O que poderia ser incluído em meu pacote de produtos e serviços? Tenho o pessoal e serviços para continuar desenvolvendo esse agrupamento? Quero que as pessoas renovem suas assinaturas anuais? Que outro produto de valor muito alto, eu poderia vender para a minha base de clientes já conquistados?

Sétima Estratégia: Vender um produto na internet e somente então fabricá-lo, sob medida para o cliente, sem a depreciação comum à fabricação em massa e espera pela venda. Esta estratégia é viabilizada mediante adoção de uma linha de produção flexível, que minimize o tempo entre o pedido de um produto personalizado e a conclusão da sua fabricação e entrega.

Veja se é possível adotar esta estratégia, respondendo as seguintes questões: Você está preparado para substituir seu estoque por informação? O que sua empresa faz melhor? É a fabricação? Se não for, você pode terceirizá-la para outra empresa que faça melhor do que você? Se você é o melhor nessa atividade, como pode agregar valor se fica mantendo tudo isso dentro da empresa? A melhor maneira de fazer isso é utilizar a produção em rede, com fabricação personalizada. Quando você utiliza isso, como mantém dados sobre as compras passadas dos seus clientes, para utilização futura com o intuito de fidelizá-los? Você é capaz de criar um sistema de pedidos fácil de usar, em que o cliente monte seu produto personalizado *online*? Como você utilizará a internet para integrar diversas empresas que atuam no seu sistema produtivo?

A resposta a todos os questionamentos propostos nas sete estratégias deve ajudá-lo a ter sucesso no *e-business*. Como se pode perceber, existe uma estreita relação entre a tecnologia que viabiliza o *e-business*, os ajustes na administração da organização, de modo a alinhá-la com a nova forma de fazer negócios, e o sucesso dessa mudança, seja qual for a sua área de atuação.

Outra recomendação feita por Evan Schwartz (2001) é que você fique atento a todas as novidades, pois os negócios *online* não são estáticos, e aquilo que atualmente é perfeitamente válido, daqui a um ano pode se tornar um grande fracasso. Esteja preparado para se adaptar rapidamente.

Segundo Franco Jr. (2001), o *e-business* pode assumir diferentes modalidades, sendo que a primeira delas, muito conhecida, é o *Business to Customer* (B2C), que trata das vendas de uma organização diretamente aos consumidores finais. Depois surgiu o *Business to Business* (B2B), em que organizações fazem negócios com outras organizações pela internet. Outro modelo é o *Customer to Customer* (C2C), em que consumidores anunciam produtos que desejam vender para outros consumidores (carro, por exemplo), sendo intermediados por um *site*. Por último, existe o *Business to Employee* (B2E), que corresponde ao uso da internet para que a organização se comunique com seus colaboradores. Outro modelo que vem se desenvolvendo muito é o *Business to Government* (B2G), pois diversas organizações prestam serviços ou são fornecedores de produtos para órgãos governamentais, estreitando suas relações por meio da Internet. De igual modo, o governo vem se relacionando cada dia mais com os cidadãos por meio da Internet, o que pode ser categorizado como *Government to Citizen* (G2C).

RESUMO

Da mesma forma que as organizações privadas têm sido informatizadas e fazem uso da internet para promover suas atividades, o governo e as organizações públicas vêm sendo transformados por essa tecnologia. Para que sejam bem-sucedidos, entretanto, devem cuidar para que haja alinhamento entre o oferecimento de produtos e serviços pela internet, com o restante da infraestrutura organizacional. Foram apresentadas diversas das modalidades em que ocorre o *e-business*, bem como sete estratégias para alcançar o sucesso nessa modalidade.

ATIVIDADES DE APRENDIZAGEM

Após você ter realizado a leitura desta unidade, leia os enunciados com atenção e responda as questões.

1. O que você entende por *e-business*?

2. A que correspondem as siglas B2B, B2C, C2C, B2E, B2G e G2C?

3. Procure *sites* de organizações que ofereçam ferramentas de *e-business*, e relacione-os juntamente com os nomes das organizações desenvolvedoras. Lembre-se de mencionar os tipos de negócios a que tais ferramentas dão suporte.

SAIBA MAIS

Carlos F. Franco Jr. é o autor do livro *e-Business: tecnologia de informação e negócios na internet*, onde apresenta os diversos componentes dessa modalidade de negócios que vem sendo adotada por todos os tipos de organizações. Sua leitura remete a conceitos de *e-commerce, e-supply-chain, e-erp, e-crm, e-procurement*, e-DSS, *e-auction, e-banking, e-directories, e-gambling, e-learning, e-trade, e-drugs* e e-saúde. O prefixo "e" indica que a palavra a seguir corresponde a um serviço que passou a ser oferecido por um meio eletrônico (no caso, a internet). Recomendo a leitura desse livro, a fim de conhecer mais sobre os diversos tipos de negócios pela internet.

Em relação ao conteúdo apresentado acima, reflita sobre a necessidade de leitura para manter-se atualizado quanto a possibilidades de negócios e de configurações para a organização em que você atua (ou virá a atuar).

UNIDADE 12

IMPACTOS SOCIAIS DO USO DAS TICS

OBJETIVO

Após o estudo desta unidade, você será capaz de refletir sobre as questões éticas que afetam a sociedade, em função da utilização das tecnologias de informação e comunicação, formar opinião própria sobre o desemprego ocasionado pela adoção de tecnologias, e ainda conhecer a forma como o uso da tecnologia de informação está afetando a saúde das pessoas.

CONTEXTUALIZAÇÃO

Ao mesmo tempo que as organizações são transformadas pela adoção de tecnologias de informação, a sociedade também sofre seus impactos, sendo alguns deles positivos e outros negativos. O uso de dados e informações sobre os indivíduos está sendo indiscriminado, requerendo que sejam estipulados padrões aceitáveis de comportamento nesse sentido. Não menos importante, a questão do desemprego e o tema da saúde têm relação direta com o uso das tecnologias de informação, requerendo atenção especial e administração dos aspectos relacionados, conforme se verá nesta unidade.

ÉTICA NO USO DA TECNOLOGIA DE INFORMAÇÃO

A adoção de tecnologias de informação dentro das organizações altera as suas estruturas e desempenhos, mas também afeta a sociedade, o que deve ser entendido do ponto de vista da ética. Laudon e Laudon (1999) apresentam ética como princípios de certo e errado que podem ser usados por indivíduos atuando como agentes livres e morais, para fazer escolhas e guiar seus comportamentos. Esses princípios são contextualizados conforme a sociedade e a época, de modo que, por exemplo, já foi considerado correto crucificar cristãos ou jogá-los para serem comidos por leões.

Se compararmos a sociedade a um calmo lago, em função de sua estabilidade, a tecnologia de informação poderia ser equiparada a uma pedra arremessada nesse mesmo lago, visto que provoca distúrbios a serem assimilados pelos indivíduos, por grupos sociais e na esfera política. Novas tecnologias levam à necessidade de mudanças na forma de pensar e agir, o que posteriormente deve ser aceito ou rejeitado pela sociedade, passando ainda pelo estágio da regulamentação na forma de leis. Essas três esferas podem ser comparadas aos círculos concêntricos que se formam na água, como resultado do impacto da pedra no lago. Enquanto o impacto não chega à esfera política, com as consequentes regulamentações, pode ser necessário que os indivíduos atuem, e nesse caso devem guiar-se por princípios éticos.

Algumas dimensões dos princípios éticos podem ser enumeradas, quais sejam:

Direitos e obrigações relacionados às informações: Tanto indivíduos quanto organizações possuem direitos sobre as informações a seu respeito, sendo que algumas podem ser protegidas, mas há obrigações relacionadas a outras. Por exemplo, a constituição assegura os sigilos bancário e telefônico, bem como a inviolabilidade das correspondências, a menos que haja fortes indícios de ocorrência de crimes, situação em que um juiz poderia requerer que fossem quebrados tais sigilos. Por outro lado, as Sociedades Anônimas têm a obrigação de divulgar informações a seu próprio respeito, tais como o balanço patrimonial e a demonstração de resultados do exercício.

Direitos de propriedade: A propriedade intelectual, tradicionalmente preservada no caso de livros e discos (de vinil, CDs, DVDs, Blue Ray etc.), foi seriamente ameaçada pelo processo de digitalização, que facilita a reprodução, disseminação e apropriação de conteúdos dos mais diversos tipos. Aquilo que já era difícil de controlar em função do uso de máquinas de reprografia, tornou-se ainda mais difícil com a democratização da internet. Como saber quem é o verdadeiro autor de uma obra apresentada, por exemplo, na forma de monografia de conclusão de curso em uma universidade? Que dizer então das cópias ilegais de sistemas de informações, tanto para uso próprio quanto para comercialização?

A pirataria de *software* está diretamente relacionada com a questão ética, visto que organizações empreendem grandes esforços no desenvolvimento de sistemas de informações, com a finalidade de vendê-los (ou licenciá-los) com lucro, e são privadas de seus ganhos por esse ato ilegal. O ato de copiar um *software* sem permissão é errado, mas vem sendo praticado por inúmeras organizações em diferentes países, sem que haja punição. Nesse sentido, a cultura de diferentes localidades é um forte fator de influência a favor ou contra a pirataria. O que é totalmente errado nos Estados Unidos é absolutamente legítimo em alguns países pobres onde seria impensável pagar os valores cobrados pelas empresas desenvolvedoras de *software*.

Cabe aqui um questionamento relacionado à enorme diferença que se observa entre os países ricos e pobres. Os primeiros construíram sua prosperidade às custas de muito trabalho e estudo, e em vários casos à custa da exploração desmedida sobre outras regiões, seja por meio de colonialismo ou por relações desiguais de comércio. A maioria das regiões ou nações que dessa forma foram exploradas, são hoje países pobres, que estão sempre buscando formas de diminuir a imensa desvantagem que têm para com as nações ricas. De que forma elas poderiam buscar seu próprio desenvolvimento, se tiverem que pagar os altos preços cobrados pelas tecnologias que poderiam impulsionar tal desenvolvimento? Muitos países têm reformulado suas leis de patentes, com a finalidade de inibir as cópias piratas, e fazem com que sejam pagas as centenas ou mesmo os milhares de dólares que se cobra por sistemas de informações pessoais ou corporativos, enquanto ainda tem gente passando fome nessa mesma localidade.

Não se deve, entretanto, pensar que as empresas que desenvolvem *software* são más e exploram os pobres. Elas fazem um trabalho legítimo, perfeitamente aceito pelas comunidades em que estão inseridas. Por outro lado, deve-se questionar o acesso que se pode ter aos sistemas de informações, uma vez que constituem importantes ferramentas para impulsionar a produtividade. Nesse sentido, a indústria do *software* poderia ajudar na diminuição da desigualdade mundial, por meio da adoção de preços mais baixos para as organizações ou usuários de países pobres. De igual modo, esses mesmos usuários e organizações de países pobres podem e devem buscar alternativas à ilegalidade, dentre as quais se destacam o desenvolvimento de seus próprios sistemas, e a utilização dos *softwares* gratuitos que estão disponíveis na internet, evitando com isso as sanções dos países ricos.

<u>Responsabilidade e controle</u>: É necessário buscar o estabelecimento de procedimentos confiáveis para registrar os acessos a sistemas computadorizados e todos os acontecimentos a eles

relacionados, de forma a encontrar os culpados por danos que venham a ser ocasionados às informações individuais e coletivas, ou aos direitos autorais, a fim de que paguem por eles. Alguns exemplos podem ser tomados das histórias de captura de *hackers*, que foram presos, multados ou condenados a realizar trabalhos de cunho social para compensar os danos que causaram a organizações ou a inúmeros usuários da rede mundial de computadores.

Qualidade do sistema: Devem ser estabelecidos padrões qualitativos para os sistemas de informações, a fim de assegurar a confiabilidade e a segurança das informações, bem como a proteção aos direitos individuais e sociais. Os bancos, por exemplo, devem ter seus sistemas totalmente confiáveis, a fim de assegurar aos correntistas o direito de acesso aos seus próprios recursos, que se apresentam mais na forma digital (dados e informações) do que física. Que aconteceria se os computadores de todos os bancos, hospitais, aeroportos ou agências governamentais repentinamente deixassem de funcionar ou fossem afetados por algum vírus muito destrutivo?

Preservação da cultura: Muitos valores locais ou regionais precisam ser protegidos da globalização, que vem sendo impulsionada pelo uso da tecnologia de informação. Exemplos podem ser encontrados na disseminação da moda, dos hábitos alimentares, das festividades, dos entretenimentos e de todo um estilo de vida. Inúmeros brasileiros já incorporaram aos seus hábitos o uso do jeans, o consumo de hamburguers e refrigerantes, os filmes de Hollywood, e, até mesmo, a comemoração do dia das bruxas (*halloween*). Será que o boi-de-mamão, que faz parte do folclore de Florianópolis (SC – Brasil), sobreviverá à globalização da cultura?

TECNOLOGIA DE INFORMAÇÃO E DESEMPREGO

Tendo em vista que o uso da tecnologia de informação aumenta a velocidade com que se processam, armazenam e disseminam dados e informações, a realização das atividades operacionais e de média gerência passa a ser mais rápida, liberando parte do tempo que antes era dedicado pelos trabalhadores às mesmas. Esse tempo pode ser utilizado para executar novas atividades, ou pode ser dedicado à realização de trabalho mental e criativo, que é chamado de "ócio criativo" por Domenico de Masi (2000), ou pode ainda proporcionar a simples economia na folha de pagamento, mediante dispensa da mão de obra ociosa. Por exemplo, se um setor de alguma organização necessita de dez trabalhadores para que todas as atividades sejam executadas, e um processo de informatização reduz em 20% o tempo de execução das mesmas, é possível disponibilizar dois trabalhadores para serem realocados para outros setores da organização que necessitem deles, ou pode-se simplesmente demiti-los, o que é feito por grande parte das organizações, ocasionando desemprego.

O desemprego, nesse caso, deve ser considerado no nível organizacional, pois em períodos de muitos lançamentos (e adoções) de novas tecnologias, novos setores da economia passam a requerer mão de obra, sendo possível que na sociedade como um todo, os índices de desemprego possam até se reduzir. Trata-se, nesse caso, de desemprego estrutural, situação em que muitos indivíduos poderão ficar sem atividade até se adaptarem às novas exigências do mercado de trabalho, muitas vezes a fim de atuarem em organizações totalmente diferentes daquelas em que trabalhavam antes.

Em períodos de intensa inovação tecnológica, tais como o que se observa desde meados do século passado (e que por sinal vem só se intensificando), é natural que haja uma necessidade de contínuo aprendizado por parte de cada trabalhador, a fim de adquirir competitividade em relação aos seus colegas, reduzindo as chances de ser dispensado quando for adquirida uma nova tecnologia, ou ao menos facilitando a sua recolocação em outra organização, em caso de dispensa. Seria muito interessante que as organizações agissem de forma proativa a esse respeito, estimulando os seus colaboradores a estudarem e promovendo cursos, a fim de minimizar o problema do desemprego.

A mão de obra do homem vem sendo substituída por máquinas há vários séculos. Quando foi criado o primeiro tear a vapor, cada indivíduo passou a ter a capacidade produtiva que antes somente seria alcançada por vários trabalhadores, cada um em seu tear. De igual modo, com o surgimento dos tratores, as fazendas puderam dispensar muitos de seus colaboradores. Na atualidade o trabalho está muito mais concentrado nas grandes cidades, tendo sido fortalecido o setor terciário (de prestação de serviços), que lida intensivamente com informações. As organizações desse setor são as que mais vêm substituindo os trabalhadores que processavam informações referentes a suas operações diárias.

Há alguns anos, um empresário afirmou em entrevista televisiva, que a classe empresarial era responsável pelo sustento de 100% da população, o que pode ser admitido conforme a seguinte ótica: empresários são aqueles que dispõem de recursos e iniciativa para criar uma organização, a fim de obter bom retorno sobre o seu investimento (seu próprio sustento). Por outro lado, aqueles que não dispõem de recursos e/ou iniciativa, acabam atuando como colaboradores nas organizações criadas pelos empresários, tirando dali o seu sustento e de sua família. Por esse motivo, a adoção de uma nova tecnologia por uma organização deve ser analisada por seus proprietários e administradores, não somente no que diz respeito ao aumento da produtividade, mas também quanto ao impacto que poderá causar sobre a sociedade, ao dispensar colaboradores, privando-os e às suas famílias do sustento.

TECNOLOGIA DE INFORMAÇÃO E SAÚDE

A adoção de tecnologia de informação também ocasiona impactos sobre a saúde das pessoas. Em primeiro lugar, é interessante notar a mudança nos hábitos, sendo que muita gente deixou de se movimentar, ficando por várias horas, todos os dias, sentada diante de um computador. A falta de movimento enfraquece os sistemas circulatório e respiratório, deixando o organismo mais vulnerável a doenças. Além disso, é um grande passo em direção à obesidade, que por sua vez acaba ocasionando uma série de outros problemas de saúde.

Um problema a que poucos chamam a atenção, é o fato de que os usuários de computadores normalmente ficam a menos de 45 centímetros da tela do computador, submetendo os seus olhos à irradiação dos monitores. Além do cansaço na vista, imagine que outros problemas podem surgir.

Existe uma área da engenharia que lida com a ergonomia, estudando o posicionamento das pessoas em relação a seus instrumentos de trabalho, e a forma com que lidam com quaisquer objetos. O computador, nesse sentido, ocasiona múltiplos problemas, principalmente se for um *notebook*. Bawa e Dubash (1998, p. 17) afirmavam que "os *notebooks* têm teclas muito próximas umas das outras e telas bem pequenas, condições que contribuem diretamente e de maneira acentuada para o surgimento de dores de cabeça, vista cansada e problemas constantes decorrentes da má postura. Você não consegue sentar-se numa posição adequada enquanto digita e olha para a tela, mas tende a se curvar sobre o *notebook*, de modo que as costas vão junto". Portanto, podem surgir também problemas na coluna e nas articulações de mãos e braços. Esse problema foi muito agravado pelo contínuo uso de *smartphones*, alterando a forma de digitar (apenas com os polegares), aumentando a proximidade em relação aos olhos, e ainda promovendo a inclinação da cabeça para a frente, afetando seriamente a coluna.

De acordo com os mesmos autores, "os pontos fracos do profissional que trabalha em casa são o pulso e as mãos, que podem apresentar constantes problemas de distensão; os olhos, que podem ficar inchados e vermelhos, causando irritação e dor de cabeça; e o pescoço e os colos dos ombros, que facilmente se tornam tensos, provocando fadiga, tensão e dor" (Bawa; Dubash, 1998, p. 82). Algumas lesões bastante sérias podem ser ocasionadas por hábitos de trabalho erroneamente estabelecidos. Lesão por Esforço Repetitivo (LER) era uma denominação associada a digitação ininterrupta por muitas horas diárias, ou outros tipos semelhantes de esforços repetitivos. A partir de meados da década de 1990, esses problemas passaram a ser denominados Distúrbios Osteomusculares Relacionados ao Trabalho (DORT), e estudos aprofundados têm demonstrado que tais distúrbios associam-se em grande medida às cargas psíquicas dos trabalhadores, tais como a pressão a que são submetidos na execução de suas atividades (Cruz, 2001).

Uma forma bastante simples, barata e eficiente de diminuir os problemas relacionados ao trabalho repetitivo com o computador é a prática de intervalos de descanso, fazendo pausas curtas, mas regulares. Pode-se fazer pausas breves, de 30 segundos, a cada 10 minutos de trabalho; é interessante fazer também, de uma em uma hora, uma pausa mais longa, de aproximadamente 10 minutos. Deve-se incluir ainda um intervalo maior, no mínimo de uma hora, próximo à metade do seu dia de trabalho. Faça em todos os intervalos exercícios simples de alongamento, desviando os olhos da tela, e até fique em pé e sente-se novamente.

Nos intervalos mais longos recomenda-se um breve passeio no jardim, ou algumas ligações telefônicas que o descontraiam. No intervalo maior é importante se afastar do ambiente de trabalho.

Muitos desses cuidados não serão adotados pelos trabalhadores, a menos que os seus superiores façam a recomendação (ou deem a ordem mesmo), sendo imprescindíveis do ponto de vista de valorização do ser humano, e importantes até mesmo se for observado o aspecto da produtividade, pois menos colaboradores terão problemas de saúde que ocasionem afastamento ou diminuição do ritmo de trabalho.

As TICs não trouxeram apenas problemas para a saúde. Bancos de dados sobre tratamentos e resultados são compartilhados por médicos ao redor do mundo. O conhecimento sobre saúde tem sido vastamente disseminado, e até mesmo complexos procedimentos cirúrgicos podem ser assistidos remotamente por especialistas, levando os níveis de excelência a todo o mundo, muito rapidamente.

RESUMO

Tendo em vista que os hábitos individuais são alterados com a adoção da tecnologia de informação, afetando as organizações e posteriormente a sociedade, cabe aos administradores pensar sobre cada um deles antes de modificar o ambiente de trabalho. Várias questões éticas devem ser encaradas ao utilizar as informações sobre pessoas e organizações, bem como deve-se dar atenção à ameaça de desemprego, que pode ocorrer como decorrência da adoção de novas tecnologias. Não menos importante, a saúde dos usuários de computadores deve ser preservada, por meio de intervalos regulares no trabalho, fazendo alongamentos e descontraindo.

ATIVIDADES DE APRENDIZAGEM

Após você ter realizado a leitura desta unidade, leia os enunciados com atenção e responda as questões.

1. O que ética tem a ver com o uso das informações na Internet?
2. De que forma a tecnologia afeta o nível de desemprego?
3. Consulte seus colegas e amigos, tanto da sua quanto de outras organizações, para verificar se têm conhecimento de pessoas que tiveram problemas de saúde decorrentes da utilização de tecnologia de informação. Relacione os fatos expostos por seus colegas.

SAIBA MAIS

Em relação ao impacto que a tecnologia de informação pode ocasionar sobre a saúde dos seus usuários, é recomendável a leitura da tese de doutorado de Roberto Moraes Cruz, do Programa de Pós-Graduação em Engenharia de Produção (PPGEP) da Universidade Federal de Santa Catarina, intitulada "Psicodiagnóstico de síndromes dolorosas crônicas relacionadas ao trabalho", na área de ergonomia, defendida em 2001.

Em relação ao conteúdo apresentado acima, reflita sobre a contribuição que estudos acadêmicos (teses de doutorado e dissertações de mestrado) podem dar à solução de problemas sociais brasileiros, e o quanto têm sido efetivamente aproveitados nesse sentido.

UNIDADE 13

INCLUSÃO DIGITAL

OBJETIVO

Após o estudo desta unidade, você será capaz de perceber quão importante é o problema do analfabetismo digital, e identificar ações que podem ser empreendidas para promover a inclusão digital.

CONTEXTUALIZAÇÃO

Muita gente, principalmente nas comunidades carentes, está em uma condição chamada de analfabetismo digital. Faz parte da responsabilidade social de organizações, bem como da cidadania dos indivíduos, pensar em formas de inserir tais pessoas na sociedade da informação, promovendo o acesso à tecnologia de informação e promovendo o seu aprendizado.

INCLUSÃO DIGITAL

Além dos impactos ocasionados à sociedade, mencionados na unidade anterior, especialmente sobre os indivíduos que aderiram ao uso da tecnologia de informação, é importante pensar na parcela da população que não tem acesso a esse recurso. O Brasil é um país de dimensões continentais, com grandes diferenças regionais, sendo que existem localidades que não desfrutam sequer dos benefícios da energia elétrica, e certamente levarão vários anos para terem acesso a computadores e linhas telefônicas para se conectarem ao mundo todo.

Mesmo nos estados mais desenvolvidos, até mesmo em suas capitais e grandes centros urbanos, há muitas pessoas que não têm o mínimo conhecimento sobre a utilização de computadores, sendo, portanto, chamados de analfabetos digitais. Por exemplo, o pessoal que é responsável pela limpeza das salas de aula de muitas universidades, dificilmente saberia utilizar um computador, apesar da proximidade física em relação a polos geradores de novos conhecimentos. Nestes casos, ao menos, existe a proximidade, e com isso a facilidade de acesso à tecnologia de informação, o que consiste em grande vantagem em relação aos moradores de locais geograficamente distantes dos grandes centros.

O esforço para eliminar o analfabetismo digital é chamado "inclusão digital", e para que a mesma ocorra é necessário propiciar acesso à tecnologia de informação e a algum tipo de infraestrutura de telecomunicações. Pode-se observar em dados estatísticos como os do IBGE, que ainda há um grande número de lares brasileiros que não têm energia elétrica nem telefone, e obviamente não teriam como instalar um computador. Isso ocorre em localidades muito pobres, mais concentradas nas regiões norte e nordeste do país. O primeiro passo para proporcionar o acesso à tecnologia de informação, portanto, diz respeito à infraestrutura que deve ser oferecida pelo governo, primeiramente apenas com energia elétrica e pontos de telefonia. A chegada dos computadores certamente não demoraria muito, inicialmente por iniciativa de organizações das referidas localidades (inclusive as prefeituras), expandindo-se posteriormente para as residências.

Uma vez que uma comunidade disponha da infraestrutura mínima necessária, é importante pensar na forma como as pessoas vão receber a capacitação, isto é, as aulas diretamente em contato com os computadores. Em Florianópolis, por exemplo, há comunidades carentes onde todos os moradores têm energia elétrica instalada, e podem até ter um ponto de telefonia na própria casa. O questionamento que surge a seguir é: o que pode ser feito para ensinar os moradores dessas comunidades a trabalhar com microcomputadores? O próximo passo, portanto, pode ser a instalação de um laboratório de informática na própria comunidade ou bem próximo a ela. Por exemplo, é comum a existência de um centro comunitário, com algumas salas que podem ser utilizadas para reuniões, cursos e outras atividades da comunidade. Alguém que pretenda montar um laboratório de informática para promover a inclusão digital nessa comunidade, pode sondar a possibilidade de utilizar uma sala que esteja ociosa, eliminando o custo relacionado ao espaço físico.

Depois de conseguir o espaço físico, é necessário providenciar as instalações, o que pode ser conseguido junto a organizações da região, que se interessam em ações de responsabilidade social, e que muitas vezes não sabem de que forma poderiam contribuir. Nesse sentido, pode-se buscar junto a empresas que fazem instalações elétricas e cabeamento (instalação de pontos de rede e dos cabos) ou Wi-fi, alguma que se disponha a fazer esse serviço gratuitamente, ou a um preço bem acessível (nesse caso, é necessário conseguir outras organizações ou indivíduos que se disponham a colaborar com recursos financeiros).

É possível conseguir que organizações façam doações de computadores que já são obsoletos para elas, mas que poderiam ser utilizados em aulas de informática. Por exemplo, um microcomputador com processador fabricado há poucos anos, é muito lento para rodar os aplicativos de uma empresa, mas pode funcionar a contento nas aulas, principalmente se for adotado o sistema operacional Linux, que é bem mais leve que o Windows, tendo um funcionamento semelhante e até mais confiável. Impressoras e outros periféricos também poderão ser conseguidos por meio de doações.

A manutenção dos equipamentos poderá ser buscada junto a empresas especializadas nessa atividade, dentre as quais certamente haverá uma ou mais, que se disponham a colaborar por meio da manutenção gratuita dos equipamentos. De igual modo, os suprimentos necessários (cartuchos reciclados, papel, unidades de armazenamento de dados) poderão ser oferecidos por empresas que trabalham com esse tipo de material. A energia elétrica pode ser paga pela prefeitura ou oferecida gratuitamente pela empresa de distribuição de energia da localidade, da mesma forma que o acesso à internet poderá ser cedido por uma das operadoras que atendem regularmente a cidade em questão, ou custeado por outras empresas. Para todas as organizações mencionadas, a colaboração não seria muito onerosa, tendo em vista que trabalham diariamente com essas atividades e conseguem os insumos necessários a preço de custo. Havendo acesso à internet, um roteador para conectar todos os computadores e uma impressora, é possível iniciar a instalação dos sistemas e montar as primeiras turmas para promover a inclusão digital em uma comunidade carente.

É possível conseguir que estudantes universitários ou de ensino médio se ofereçam para trabalhar como voluntários, ensinando os interessados. O trabalho voluntário não precisa ser feito todos os dias, durante muitas horas. Um estudante pode dispor-se a orientar uma turma em duas noites por semana, ao longo de um semestre, ou em fins de semana, e com isso estará prestando um serviço valioso à sociedade. Por outro lado, também é possível que uma grande organização pague uma bolsa de estágio a um estudante, a fim de que compareça cinco dias por semana, quatro horas por dia, para atuar como instrutor nas turmas de inclusão digital, conseguindo instrutores com maior facilidade, sem que fique muito oneroso para a organização.

Não se pode esquecer que, para ensinar informática, seria recomendável a adoção de algum material didático, preferencialmente na forma de apostilas que possam ser levadas para as residências dos alunos, e nas quais eles possam fazer anotações. O conteúdo de tais apostilas pode ser encontrado gratuitamente na internet, ou junto a alguma escola ou universidade da região, sendo que as cópias das mesmas poderiam ser providenciadas gratuitamente ou a um baixo valor, por empresas de reprografia.

Conforme se pode observar, a montagem de um laboratório em uma comunidade carente, com a finalidade de promover a inclusão digital, requer uma série de contatos e a coordenação de atividades de diferentes organizações. Algumas delas não poderão oferecer seus serviços gratuitamente, mas certamente concederão um desconto substancial. Outras organizações não terão um serviço ou produto para oferecer, que contribua diretamente na infraestrutura ou no funcionamento do laboratório, mas poderão contribuir com o dinheiro necessário à aquisição dos produtos e serviços que não forem gratuitos. É imprescindível que tal organização não tenha fins lucrativos, mas que busque os recursos necessários ao seu funcionamento, junto a organizações e indivíduos que atuarão como patrocinadores ou apoiadores.

A quem caberá a iniciativa de montar um laboratório desses, fazendo toda essa coordenação? Essa atividade poderá ser exercida por qualquer pessoa que tenha o mínimo de conhecimento e que sinta que pode colaborar com a sociedade. Um estudante universitário, por exemplo, tem plenas condições de fazer toda a negociação necessária. Outros estudantes talvez não queiram assumir tão grande responsabilidade, mas poderão atuar como instrutores voluntários. Cabe a cada um de nós, perguntar qual a forma como poderemos colaborar para ter uma sociedade melhor.

O valor necessário para montar um pequeno laboratório de informática, é irrisório para o governo federal ou estadual, e certamente não é exorbitante para grande parte das prefeituras. Entretanto, tanto o governo estadual quanto o federal, estão distantes da realidade da maioria das comunidades carentes, e mesmo as prefeituras já têm muitas incumbências e dificuldades naquilo que é básico, deixando a inclusão digital para segundo plano. Assim, caberá a organizações privadas e a indivíduos, a tarefa de contribuir para que o analfabetismo digital seja erradicado. Até mesmo a ideia de ensinar informática ao filho da empregada, ou ao jardineiro que trabalha em sua casa, ou seja qual for a participação que você possa ter, será benéfica para uma ou mais pessoas, e portanto fará muita diferença na sociedade.

A EXCLUSÃO DIGITAL NO BRASIL

A exclusão digital é reflexo e resultado de uma série de outras exclusões que são comuns em uma sociedade repleta de desigualdades, como é o caso da brasileira. Dados do IBGE apontam para a energia elétrica como o serviço público de maior alcance no país, chegando em 2022 a 99,8% dos domicílios[1]. Apesar desse percentual elevado transmitir uma impressão de que a população está bem, observemos o seu complemento, isto é, 0,2% dos domicílios brasileiros ainda não tinham acesso à energia elétrica

1 https://educa.ibge.gov.br/jovens/conheca-o-brasil/populacao/21130-domicilios-brasileiros.html#:~:text=Em%202022%2C%20quase%20que%20a,se%20dava%20em%20tempo%20integral. Acesso em 16/10/2023

em 2022, o que representa quase meio milhão de brasileiros desprovidos de energia elétrica há tão pouco tempo!

Se a energia elétrica ainda não é consumida por toda essa gente, vejamos quão complicada é a situação em relação a computadores, que não são itens de primeira necessidade. A tabela 1 apresenta os percentuais de domicílios brasileiros com microcomputadores, em final de 2018. Observe que mais da metade da população não tinha computador nem *tablet* na residência.

Tabela 1 – Moradores em domicílios particulares permanentes, por Grandes Regiões, segundo a existência de microcomputador e de *tablet* no domicílio – 4º trimestre de 2018

Existência de microcomputador e de *tablet* no domicílio	Moradores em domicílios particulares permanentes					
	Brasil	Grandes Regiões				
		Norte	Nordeste	Sudeste	Sul	Centro-Oeste
Valores relativos (%)						
Total	**100,0**	**100,0**	**100,0**	**100,0**	**100,0**	**100,0**
Com microcomputador ou *tablet*	46,7	29,3	31,7	56,2	56,0	50,8
Somente microcomputador	32,8	21,5	22,4	38,7	40,4	35,4
Somente *tablet*	2,8	2,5	2,6	3,0	2,6	3,2
Microcomputador e *tablet*	11,1	5,3	6,6	14,4	13,0	12,2
Sem microcomputador nem *tablet*	53,3	70,7	68,3	43,8	44,0	49,2

Fonte: IBGE, Diretoria de Pesquisas, Coordenação de Trabalho e Rendimento, Pesquisa Nacional por Amostra de Domicílios Contínua 2018.

Na tabela 2 pode-se ver que no final de 2018, mais de 20% da população não tinha acesso à Internet.

Tabela 2 – Domicílios particulares permanentes, por situação do domicílio e existência de utilização da Internet, segundo as Grandes Regiões – 4º trimestre 2018

Grandes Regiões	Domicílios particulares permanentes					
	Valores absolutos (1 000 domicílios)			Valores relativos (%)		
	Total	Existência de utilização da Internet		Total	Existência de utilização da Internet	
		Havia	Não havia		Havia	Não havia
Total						
Brasil	**71 738**	**56 747**	**14 991**	**100,0**	**79,1**	**20,9**
Norte	5 309	3 831	1 479	100,0	72,1	27,9
Nordeste	18 669	12 898	5 771	100,0	69,1	30,9
Sudeste	31 306	26 546	4 760	100,0	84,8	15,2
Sul	10 872	8 812	2 060	100,0	81,1	18,9
Centro-Oeste	5 582	4 661	921	100,0	83,5	16,5

Esses números só não são mais preocupantes em função da proliferação dos celulares com serviço de internet, que em final de 2018 atendiam a quase 90% da população, conforme se observa na tabela 3.

Tabela 3 – Domicílios particulares permanentes, por Grandes Regiões, segundo a situação do domicílio e o funcionamento de serviço de rede móvel celular para telefonia ou Internet no domicílio – 4º trimestre de 2018

Situação do domicílio e funcionamento de serviço de rede móvel celular para telefonia ou Internet no domicílio	Domicílios particulares permanentes					
	Brasil	Grandes Regiões				
		Norte	Nordeste	Sudeste	Sul	Centro-Oeste
Valores relativos (%)						
Total	**100,0**	**100,0**	**100,0**	**100,0**	**100,0**	**100,0**
Funcionava	89,2	84,0	83,7	92,6	90,3	91,4
Não funcionava	9,7	15,2	14,6	6,6	8,4	8,2
Não sabiam	1,1	0,8	1,7	0,8	1,4	0,3

Em 2007, 73,4% da população brasileira era desprovida de microcomputador em sua residência, e praticamente 80% da população não tinha acesso à Internet. Ainda que o percentual de domicílios brasileiros com microcomputadores e com acesso à internet tenha crescido substancialmente nos últimos anos, ainda é muito baixo. Esses números apresentam um quadro da exclusão digital existente no Brasil. A cada ano as estatísticas mostram dados mais favoráveis, principalmente em função do barateamento dos microcomputadores, associado a políticas de incentivo à aquisição dos mesmos. Entretanto, ainda é longo o caminho a ser percorrido em direção à inclusão digital de toda a população.

RESUMO

Devemos pensar em incluir na sociedade digital as pessoas que têm tido maiores dificuldades, podendo coordenar a montagem de laboratórios de informática em comunidades carentes, com a participação de organizações locais e de estudantes, ou atuando como voluntários em alguma iniciativa desse tipo.

ATIVIDADES DE APRENDIZAGEM

Após você ter realizado a leitura desta unidade, leia os enunciados com atenção e responda as questões.

1. O que é analfabetismo digital?
2. O que é necessário para montar um laboratório de informática, a fim de promover a inclusão digital?

SAIBA MAIS

O livro "A sociedade em rede", de autoria de Manuel Castells (1999), mostra a forma como as sociedades têm sido afetadas pela tecnologia de informação, consistindo então em uma excelente recomendação de leitura para quem desejar aprofundar-se no assunto.

Em relação ao conteúdo apresentado acima, reflita sobre a busca de conhecimentos que ajudem a compreender e a atuar na transformação da sociedade.

UNIDADE 14

GOVERNO VIRTUAL

OBJETIVO

Após o estudo desta unidade, você será capaz de descrever a forma como o governo e as organizações públicas são transformadas pelo uso de novas tecnologias, identificar os serviços e documentos disponibilizados pelo governo, por meio da Internet, pensar em outros documentos e serviços do governo que podem ser informatizados e oferecidos pela rede, e conhecer fatores que influenciam a participação dos cidadãos no governo virtual.

CONTEXTUALIZAÇÃO

Segundo Charbaji e Mikdashi (2003), economia digital, sociedade digital e governo eletrônico combinam-se para formar o que é chamado de mundo digital. Por outro lado, em minha concepção, economia digital e governo eletrônico estão inseridos na sociedade digital ajudando a caracterizá-la, juntamente com diversas outras atividades realizadas com o auxílio ou sob a influência da tecnologia de informação. Busca-se, nesta unidade, compreender a forma como as organizações públicas e o próprio governo, vêm sendo transformados pela adoção de tecnologias de informação, considerando-se as formas digitais de realização de negócios.

INFORMATIZAÇÃO DE SERVIÇOS E DOCUMENTOS GOVERNAMENTAIS

Governos ao redor de todo o mundo estão usando novas tecnologias para prover a população com acesso mais conveniente a informações e serviços, sem que se tenha que perder tempo em deslocamentos e filas (Charbaji; Mikdashi, 2003). Por exemplo, segundo os autores, computadores têm mudado a forma como as forças de segurança interna e o Ministério das Finanças anunciam seus serviços ao público em geral e a grupos empresariais no Líbano. Algo semelhante tem sido observado em diversas áreas de atuação do governo brasileiro, nas três esferas em que atua.

Organizações de todos os tipos, incluindo as públicas e o próprio governo, transformam-se continuamente em decorrência da adoção de tecnologias de informação, não só acelerando as suas atividades, mas aproveitando-se de inúmeras oportunidades de novos negócios, bem como novas formas de fazer negócios. Uma pessoa que trabalhe há trinta anos no Banco do Brasil, por exemplo, acompanhou as transformações das atividades quase totalmente manuais e com uso intensivo de papel, para o trabalho totalmente computadorizado, que nem mesmo requer a presença do cliente nas agências. A forma de administrar as organizações e de lidar com as informações mudou radicalmente, conforme veremos ao longo desta seção.

"E-gov pode ser definido pelo uso de tecnologia para aumentar o acesso e melhorar o fornecimento de serviços do governo para cidadãos, fornecedores e servidores" (Corso, 2003, p. 38). Nesse sentido, nas diversas áreas de atuação do governo que vêm sendo informatizadas, compondo o e-gov, são desenvolvidos sistemas específicos que passam a ser agrupados em portais. A título de exemplo, uma prefeitura poderia ter portais para gestão administrativa, área fiscal e fazendária, educação, saúde, gestão urbana e transporte. No que diz respeito à área de gestão administrativa, destacam-se:

- Correio interno e serviços de e-mail: Em substituição à volumosa papelada que circulava em repartições públicas na forma de memorandos e ofícios, o e-mail constitui uma valiosa alternativa, que permite o fácil arquivamento de cópias na forma digital e o recebimento imediato, tanto pelos clientes internos quanto por parceiros externos e cidadãos. Sistemas de *workflow* também vêm sendo utilizados nesse sentido.
- Emissão de certidões de vida funcional: Todas as certidões emitidas pela prefeitura podem ser expedidas e encaminhadas por meio da internet, existindo hoje ferramentas muito confiáveis de reconhecimento de assinatura digital e, consequentemente, da validade de um documento encaminhado dessa forma.
- Consulta ao Protocolo e Ouvidoria Municipal: É importante que os encaminhamentos e recebimentos de documentos eletrônicos sejam controlados por um sistema de protocolo, em que se faça o acompanhamento das comunicações e ações providenciadas. Isso deve ocorrer também com as denúncias e reclamações recebidas pela ouvidoria municipal, a fim de que as soluções sejam buscadas e o cidadão se sinta atendido em suas demandas.
- Consulta e remessa de contracheques: Todos os colaboradores da prefeitura (ou de uma organização governamental) podem receber o contracheque por e-mail, ou fazer consulta em um *site* ou aplicativo oficial, evitando o consumo de papel e agilizando a busca por esse tipo de informação. No caso do serviço público federal, é possível consultar o contracheque pela internet com mais de dez dias de antecedência em relação ao dia do pagamento.

- Compras eletrônicas: licitação, leilão e pregão – A gestão de compras na área pública é uma das funcionalidades que definem as relações entre governo e fornecedores, através das tecnologias de *e-commerce*, visando diminuir os custos de aquisição de bens, mercadorias e serviços. Uma vez especificadas as características dos itens a serem adquiridos, os fornecedores cadastrados recebem o edital e lançam as suas propostas no sistema, sendo selecionada a que atingir o menor valor dentro do prazo estipulado. Trata-se de um leilão *online*.

Referentes à área fiscal e fazendária, podem ser adotados sistemas que tratem de:

- Atendimento a demandas do TCE, TCU e outras: O governo e as organizações públicas estão sujeitos à fiscalização por tribunais de contas estaduais e da União, devendo apresentar todos os relatórios e comprovações de despesas que lhes forem solicitados, sendo que grande parte pode ser encaminhada por meio da internet.
- Atualização de cadastros e consulta de dados pessoais: A prefeitura possui cadastros com dados pessoais dos contribuintes e dos seus colaboradores. Diversos deles podem ser alterados em função de mudança de endereço, por exemplo. Este módulo permite que os dados sejam consultados e atualizados sem a necessidade de deslocamento até o órgão público, e sem ter que enfrentar filas.
- Consulta de valores lançados e de parcelamentos: Muitas vezes os débitos acumulados são negociados e podem ser parcelados, facilitando o pagamento aos contribuintes que tiveram dificuldades. Esse processo pode ser feito à distância, à semelhança do que muitos bancos têm feito.

- Consulta *online* ao código e legislação municipal: O código e a legislação do município podem ser disponibilizados na internet, facilitando as consultas de todos os interessados.
- Emissão de DAM e pagamento em tempo real: O Documento de Arrecadação Municipal, que normalmente é encontrado impresso, pode assumir a forma digital e ser encaminhado aos contribuintes, que também podem fazer o seu pagamento *online*.
- Extratos de contas do cidadão, de tributos e taxas: Se os valores pagos pelos cidadãos forem devidamente armazenados em uma base de dados histórica, será possível fornecer extratos por meio da internet.
- Solicitação de emissão de certidões: Todas as declarações e certidões expedidas por uma prefeitura para os cidadãos, podem ser encaminhadas por meio da internet, contanto que haja uma forma adequada de comprovar a validade do documento em questão.
- Cobrança eletrônica de tributos municipais e outros débitos: O governo pode encaminhar cobranças, mandar mensagem eletrônica para lembrar o cidadão no dia do vencimento, notificar atrasos quando for percebida essa ocorrência, bem como pode receber os pagamentos, tudo isso sem que seja feito um deslocamento sequer.

Referentes à educação, podem ser feitos módulos que tratem de:

- Matrícula de alunos, boletins de notas e histórico escolar: Grande parte dos serviços oferecidos aos alunos de escolas públicas pode ser informatizada e ainda feita à distância com o uso da internet. As universidades federais, por exemplo, já fazem isso há anos.

- Bibliotecas – cadastro de obras e controle de reservas: Bibliotecas públicas podem reduzir muito as filas de atendimento, se disponibilizarem na rede os serviços de consulta ao acervo, reservas de obras e até renovação dos empréstimos já efetuados.
- Ensino à distância: há muitos anos que o ensino à distância é praticado, mas tradicionalmente era utilizado o correio para o encaminhamento dos materiais aos alunos, e para o recebimento de atividades executadas por eles. Nas últimas décadas disseminou-se largamente a utilização da internet para essa finalidade, sendo possível que turmas de alunos recebessem aulas por videoconferência (o que requeria o uso de equipamentos caros), ou que alunos isoladamente recebessem e devolvessem os materiais e atividades usando os próprios microcomputadores conectados à rede mundial. Os ambientes virtuais de ensino e aprendizagem (Moodle, por exemplo) impulsionaram esse processo.
- Debates eletrônicos e palestras: da mesma forma que ocorre no ensino à distância, debates e palestras podem ser promovidos por videoconferência, podendo ser acessados por computadores ou *smartphones* ligados à rede, com excelente qualidade de imagem. Conversas por escrito (*chats*) também têm sido promovidas na Web.

Referentes à saúde, podem ser utilizados sistemas que tratem de:

- Agendamento de consultas médicas: os hospitais públicos podem ter seu atendimento agilizado se as consultas e marcações de exames forem feitas também pela internet. Certamente não é possível eliminar o atendimento presencial, pois parte dos cidadãos de baixa renda, que recorrem ao atendimento oferecido pelo poder público, não têm acesso a computadores e nem à rede mundial.

- Divulgação de campanhas e avisos de reuniões: tanto a divulgação das campanhas promovidas pela área da saúde do governo, quanto os agendamentos de reuniões internas e com representantes da comunidade, podem ser feitos pela internet.
- Solicitação de serviços de emergência: muitas vezes um posto de saúde não tem condições de atender os casos mais graves dos pacientes que recorrem a ele, tendo que solicitar serviços de emergência ao hospital local, ou até a hospitais de cidades vizinhas. Tal solicitação é mais rápida por meio digital.

Referentes à gestão urbana, podem ser feitos sistemas que tratem de:

- Informações sobre limpeza e dias de coleta de lixo: a fim de evitar que o lixo residencial seja colocado na rua em momentos inadequados, podem ser disponibilizadas as informações sobre a limpeza das ruas e os dias em que os caminhões de coleta convencional e de coleta seletiva de lixo passam em cada bairro, sendo rapidamente acessadas no portal da prefeitura, mesmo que o serviço seja terceirizado.
- Consulta a legislação do plano diretor urbano: o plano diretor urbano, onde são colocadas as diretrizes para o crescimento da cidade, bem como as normas quanto ao que pode ser construído em cada localidade (casas de até dois pavimentos, comércio, edifício de X andares, e outras especificações), é facilmente disponibilizado na rede para consulta pelos cidadãos.

- Concessão de alvarás e certidões: alvarás e certidões expedidos por uma prefeitura para os cidadãos, podem ser encaminhados por meio da internet, contanto que haja uma forma adequada de comprovar a validade do documento em questão.
- Informações sobre o código de postura da cidade: as normas de comportamento de uma cidade, bem como indicações sobre as melhores formas de agir em determinadas situações, são relevantes e devem estar à disposição dos cidadãos. Apenas para ter um exemplo, em Santa Catarina existe a Praia do Pinho, conhecida pela permissão para o nudismo, mas é importante que a prefeitura do município onde ela está localizada, regulamente os comportamentos aceitáveis em cada local, dentro e fora dessa praia.

Referentes ao transporte, podem ser utilizados sistemas que tratem de:

- Consulta a itinerário e informação de legislação municipal: Os transportes coletivos normalmente são estabelecidos com diversos itinerários, e com uma grade de horários de saídas e chegadas dos ônibus em cada um deles. Essas informações, bem como a legislação que regulamenta a atividade, podem fazer parte do portal municipal.
- Informações do transporte escolar municipal e rotas de ônibus: As prefeituras de muitas cidades oferecem transporte escolar para os estudantes de escolas e universidades públicas, sendo que as informações referentes a esse serviço, incluindo os horários e rotas adotados, podem ser disponibilizados na rede.

- Informações e localização no mapa da cidade: Os mapas das cidades, inclusive de metrópoles como São Paulo, são disponibilizados na forma digital, possibilitando uma visualização das suas ruas e até apresentando importantes pontos de referência, tais como parques, hospitais, aeroportos, comércios, hotéis e igrejas.

Inúmeros outros serviços e documentos podem ser oferecidos pelo governo por meio da internet, bastando que surjam as ideias, e que alguém desenvolva as ferramentas com a especificidade requerida. Um outro exemplo bem interessante é o da declaração de imposto de renda, que antigamente era feita e entregue em papel, e que hoje está totalmente informatizada. O arquivo para preenchimento do formulário eletrônico é baixado pela internet, preenchido no computador do contribuinte, e depois encaminhado novamente à Receita Federal pela internet. No início, a estratégia adotada pelo governo para promover o uso dessa mídia, foi fazer primeiro o processamento e a devolução do imposto excedente, daqueles que fizessem a declaração pela rede. Os cuidados com a segurança, entretanto, são primordiais, sendo alguns deles enumerados na seção a seguir.

PARTICIPAÇÃO DO CIDADÃO NO GOVERNO VIRTUAL

Ainda que muitas atividades governamentais estejam sendo informatizadas e disponibilizadas pela internet, não são todos os seus clientes que têm condições ou mesmo vontade de acessá-las, a não ser na forma convencional. Além de não haver computadores e linhas telefônicas ou redes de acesso disponíveis para toda a população, existem outras limitações de ordem subjetiva. Nesse sentido, as intenções de participar no governo eletrônico podem ser visualizadas como consistindo em três componentes:

cognitivo, afetivo e conativo. O componente cognitivo refere-se a conhecimento e a estar informado, sendo que parte da população brasileira não sabe lidar com computadores, e nem tem conhecimento de todas as atividades governamentais oferecidas com a utilização dessa tecnologia. O componente afetivo contempla os sentimentos das pessoas com relação ao governo eletrônico, sendo que muitas delas não acreditam que sejam serviços confiáveis. O componente conativo reflete a tendência de as pessoas participarem no governo eletrônico, o que normalmente decorre dos outros dois componentes (Charbaji; Mikdashi, 2003).

Em estudo feito no Reino Unido, Gilbert, Balestrini e Littleboy (2004) constataram que diversos fatores contribuem para que um cidadão opte por utilizar os serviços governamentais por meio da Internet. Os principais fatores encontrados foram: menor consumo de tempo, menor custo, não necessidade de interação direta com servidores, experiência do cidadão em lidar com um computador, qualidade da informação fornecida, segurança quanto aos recursos financeiros, confiança e apelo visual do *site*. A organização pública ou o setor do governo que deseja ser bem-sucedido na prestação de serviços utilizando a Internet, deve atentar a cada um desses itens e agir para torná-lo o mais favorável possível para o seu cliente.

Segundo Corso (2003, p. 46), "os órgãos públicos que adotarem serviços de e-gov apenas para sofisticar a área de TI não terão economicidade e nem gerarão benefício econômico ou redução de custos operacionais. No entanto, se disponibilizar bons recursos com portais oferecendo serviços de autoatendimento, onde o próprio cidadão realiza todas as atividades a partir de casa ou de quiosques públicos, certamente haverá uma redução significativa nos custos operacionais e os benefícios sociais serão visíveis".

A confiança nos serviços informatizados é um fator de suma

importância. Consumidores continuamente aumentam seu uso do banco eletrônico, conforme adquirem experiência com o sistema e percebem que não ocorrem falhas nem fraudes. Segundo Charbaji e Mikdashi (2003), no Oriente Médio em geral, existe relutância quando se pede para inserir informações sobre seus cartões de crédito na Web. Para eles, a comercialização pela Internet pode ser considerada insegura e representa um grande perigo. A questão da segurança e a aquisição de conhecimento por parte dos clientes, para que se tornem participantes do governo virtual, juntamente com os cuidados de ordem técnica ao estruturar o governo virtual, são os principais responsáveis pelo sucesso ou fracasso dessa forma de oferecer os serviços governamentais, requerendo muita atenção.

Outro fator que teve enorme importância no oferecimento e na aceitação dos serviços governamentais *online*, foi o período de pandemia. Muitos serviços que anteriormente só eram realizados presencialmente, tiveram que ser oferecidos *online*, para evitar a circulação desnecessária de pessoas e especialmente quaisquer aglomerações.

RESUMO

Da mesma forma que as organizações privadas têm sido informatizadas e fazem uso da internet para promover suas atividades, o governo e as organizações públicas vêm sendo transformados por essa tecnologia. Grande parte dos serviços e documentos fornecidos por organizações públicas e pelo próprio governo, vem sendo disponibilizada na Internet, com o devido cuidado para restringir os acessos aos cidadãos certos (cada um acessa somente os dados que lhe são pertinentes). Tais serviços devem ser totalmente confiáveis, para que os cidadãos decidam utilizá-los. Para que sejam bem-sucedidos, devem cuidar para que haja alinhamento entre o oferecimento de produtos e serviços pela Internet, com o restante da infraestrutura organizacional. Não se pode esquecer que há questões comportamentais a serem consideradas, pois nem todos sabem ou querem aderir a serviços informatizados do governo, e nesse sentido a maior preocupação deve ser no sentido de promover a inclusão digital (ensinar a usar a tecnologia de informação) e a confiabilidade dos serviços informatizados.

ATIVIDADES DE APRENDIZAGEM

Após você ter realizado a leitura desta unidade, leia o enunciado com atenção e responda a seguinte questão:

1. De que forma o governo está sendo virtualizado?

Acesse o *site* https://www.gov.br/governodigital/pt-br/estrategia-de-governanca-digital/do-eletronico-ao-digital

e veja quais são as diretrizes propostas pelo governo brasileiro, para o avanço da tecnologia da informação. Descreva com base nesse *site*, as ações que o governo pretende adotar, no sentido de promover a virtualização do próprio governo (aumento das atividades de e-gov).

SAIBA MAIS

A revista Veja do dia 09 de fevereiro de 2005, veiculou uma pequena matéria sobre o lançamento do CPF eletrônico ou e-CPF pela Receita Federal. Navegue pelo *site* e veja como está atualmente esse serviço.

https://www.gov.br/pt-br/servicos/obter-certificacao-digital

Em relação a essa leitura, reflita sobre outros possíveis serviços e facilidades que podem ser oferecidos pelo governo com o uso da informática, a fim de facilitar a vida de cada cidadão, bem como para evitar fraudes.

UNIDADE 15

PLANEJAMENTO DE SISTEMAS DE INFORMAÇÕES

OBJETIVO

Após o estudo desta unidade, você será capaz de reconhecer a importância de planejar a tecnologia de informação e comunicação em uma organização, descrever esse processo, e ainda defender a participação de profissionais de todas as áreas da organização.

CONTEXTUALIZAÇÃO

Um documento que há décadas já era redigido nas grandes organizações que dispunham de um Centro de Processamento de Dados, intitulava-se "Plano Diretor de Informática" (PDI). Alguns estudiosos e até professores universitários afirmam que PDI é coisa do passado, algo que as organizações não elaboram mais. Entretanto, deve-se considerar que o planejamento é necessário nas organizações, que as tecnologias de informação e comunicação estão desempenhando um papel cada dia mais importante nos processos organizacionais e, portanto, é recomendável que se planeje a informática.

O QUE ACONTECE SE NÃO PLANEJAR A INFORMÁTICA?

Plano Diretor de Informática (PDI) pode ser entendido como um conjunto de decisões que norteiam a utilização da informática no futuro de uma organização, em conformidade com o planejamento estratégico dela. Apesar de parecer algo óbvio, que toda organização planeje o uso da tecnologia de informação, essa não é a realidade.

A falta de planejamento para o uso da tecnologia de informação em uma organização pode ocasionar uma série de efeitos indesejáveis, dentre os quais:

- Constantes mudanças de prioridade: na falta de uma sequência estabelecida para o desenvolvimento de sistemas, cada departamento solicita os serviços do pessoal especializado, como se a sua própria demanda fosse a mais importante. Sem saber a quem atender primeiro, é relativamente comum que o pessoal de desenvolvimento deixe um projeto com uma versão provisória em um setor, enquanto atende a outros demandantes, e acabe não retornando para finalizar o serviço iniciado (descontinuidade de projetos);
- Sub ou superdimensionamento de recursos: a falta de planejamento faz com que sejam comprados equipamentos com mais alta capacidade e maior quantidade do que é realmente necessário, desperdiçando recursos e provocando ociosidade, ou em um sentido oposto, compram-se menos equipamentos do que é necessário, ou com pouca capacidade, gerando a necessidade de frequentes atualizações e compras, também desperdiçando recursos e provocando desgastes.
- Mau dimensionamento dos recursos humanos: É mais que notório que a tecnologia altera a forma de trabalhar

e provoca desemprego, isto se for considerada a realidade de uma organização isoladamente; a falta de planejamento faz com que o impacto da informática sobre a estrutura organizacional e a consequente colocação das pessoas seja mal dimensionada, ocasionando excesso de contratações e demissões, ao invés de remanejamentos e treinamentos, aproveitando melhor o conhecimento que já existe sobre as operações da empresa.

- Implantações malsucedidas: Uma consequência natural das constantes mudanças de prioridade e do mau dimensionamento de recursos tecnológicos e humanos, são as implantações malsucedidas, seja pelo fato de projetos não serem terminados, por falta de motivação dos colaboradores, ou mesmo por falta de treinamento.
- Grande rotatividade dos profissionais da área de informática: A alta rotatividade será resultado de desgaste e desmotivação dos profissionais da área, por não verem seu serviço valorizado e agregando valor à organização.
- Não se controla o desenvolvimento nem os benefícios dos sistemas: Se não houve planejamento, não se sabe o ideal a ser atingido, motivo pelo qual não ocorrem controles, nem se acompanham os custos e benefícios alcançados. Infelizmente, esta é a realidade da grande maioria das organizações brasileiras.

POSSÍVEIS CAUSAS PARA A FALTA DE PLANEJAMENTO

Em muitos casos, a alta administração da organização não compreende a função e a importância de um sistema de informações, e desconhece completamente os prazos usuais e os custos de desenvolvimento dele, passando a ter expectativas fora da realidade. Muita gente imagina que informatizar uma pequena empresa, por exemplo, resume-se a adquirir um microcomputador e fazer cópias piratas de um sistema operacional e de um sistema que auxilie nas atividades do escritório (especialmente editor de textos e planilha). Quem tem esse tipo de pensamento a respeito da informática, não deve reconhecer a importância de planejamentos na área.

Outra situação comum é a falta de percepção da necessidade de melhorias nos sistemas administrativos da organização. Neste caso, surge a ideia de que, se está tudo muito bem, não é necessário planejar o futuro.

A falta de planejamento pode ocorrer por uma falha na própria equipe de desenvolvimento de sistemas, se esta utilizar a abordagem de "apagar incêndios", isto é, socorrer o departamento que estiver reclamando mais, ou se tiver a cultura de "redação de manuais e racionalização de formulários", que é muito voltada para o aperfeiçoamento nas aparências, gastando tempo naquilo que é supérfluo, ou ainda se tiver a "mania da computadorização", que corresponde à ideia de que tudo o que está sendo feito manualmente funcionará melhor se for colocado no computador, gerando um trabalho infindável e que não tem retorno mensurável, principalmente se não for devidamente acompanhado de um trabalho de análise de negócios e de processos.

Por fim, o planejamento não é feito um muitíssimas organizações por uma questão cultural. O brasileiro é muito imediatista, e não acredita na eficácia do planejamento. É comum acreditar que o tempo dedicado ao planejamento é desperdiçado.

> Em função da longa convivência com elevados índices de inflação, especialmente na década de 1980 e início da década de 1990, também é comum ao brasileiro afirmar que é impossível fazer planejamento de médio ou longo prazo, porque os valores seriam de predição impossível. No entanto, a criatividade brasileira já providenciou tal solução, por meio da simples adoção de patamares tecnológicos. Nas últimas décadas os computadores têm mantido o valor em dólares estável ou em queda, considerando o modelo "top de linha", o de configuração básica e um ou dois modelos intermediários, seja qual for a sua capacidade de processamento, memória ou dispositivos de armazenagem de dados. Portanto, pode-se prever para os próximos anos quantos computadores de cada modelo (top, básico ou intermediário) serão necessários em função dos tipos de atividades a serem exercidas, e com isso poderão ser encontrados os valores em dólares ou outra moeda estável, a serem investidos.

ESTRUTURA DE UM PDI

O PDI é um documento formal, que deve ser levado a sério não somente na elaboração, mas principalmente na colocação em prática e mensuração dos resultados. Ele deve ser elaborado por uma equipe composta por especialistas da área de informática, e por representantes de todos os departamentos da organização, a fim de que sejam estabelecidas as prioridades em consenso. Dentre os itens que devem fazer parte desse documento, estão:

a. Filosofia da organização e objetivos a serem alcançados pelo planejamento;
b. Projetos dos subsistemas, com as suas prioridades, características, funções, objetivos e cronogramas;

c. Recursos de processamento de dados a serem adotados, incluindo as estratégias de aquisições e utilização, configurações e evolução de equipamentos e sistemas;
d. Recursos humanos, com as quantidades e qualificações dos profissionais requeridos em todo o período planejado (normalmente de 3 a 5 anos);
e. Custos orçados;
f. Benefícios esperados e forma de comparação com os custos.

Se o documento resultante, com todos esses itens bem detalhados, não for utilizado para dirigir as ações dentro da organização, constituirá apenas desperdício de trabalho. Não é raro o caso de organização que faz todo um trabalho de planejamento, e que depois por motivos políticos deixa o documento resultante guardado em uma gaveta, sem que seja dado andamento às ações especificadas.

ETAPAS PARA A ELABORAÇÃO DE UM PDI

O resultado do planejamento da informática é sempre mais importante que a metodologia empregada, e deve-se considerar a diversidade de realidades organizacionais, que leva ao emprego do bom senso acima de tudo. Entretanto, pode-se adotar a seguinte sequência para chegar à concretização do planejamento da área de informática da empresa:

- Fazer um levantamento genérico e definição do projeto: estabelecem-se de início as equipes e respectivos programas de trabalho, os objetivos a serem atingidos no processo de informatização, a filosofia (forma de pensar e agir na organização) que deve nortear os trabalhos, a primeira versão dos objetivos de cada um dos subsistemas, e uma apresentação genérica da empresa (seu mercado, produtos, operações, história e estrutura atual);

- Fazer um levantamento e análise dos sistemas existentes: desta etapa resulta uma relação dos recursos e custos dos sistemas atuais, das necessidades atendidas e não atendidas por eles (principais dificuldades encontradas), e a visão da estrutura dos sistemas existentes com os seus subsistemas;
- Desenvolver o planejamento do sistema corporativo ideal: considerando o planejamento estratégico da organização, deve-se projetar o novo sistema corporativo, considerando os recursos tecnológicos e sistemas existentes, distribuindo os esforços de desenvolvimento e aquisições ao longo do tempo, em conformidade com as possibilidades financeiras e de recursos humanos. Deve-se envolver a organização toda no processo de planejamento, mesmo que em entrevistas e opinando, a fim de conquistar o seu assentimento e cooperação.
- Redigir o documento final: esse documento servirá de base para o acompanhamento dos processos de desenvolvimento, para alcançar a visão sistêmica da informatização, e para que se tenha parâmetros de avaliação dos resultados;
- Acompanhar e avaliar a implementação: esta etapa consiste em colocar em prática aquilo que foi planejado, acompanhando de perto o atingimento dos objetivos, o cumprimento dos prazos e as extrapolações nos custos. Anualmente deve ser revisto todo o planejamento, considerando as novas realidades e o andamento do desenvolvimento e implementação.

Cada ação deve ser estabelecida com prazo e com uma pessoa ou setor responsável, bem como devem ser estipuladas as formas como serão feitos os acompanhamentos, para evitar surpresas desagradáveis em uma reunião anual de revisão de projetos. Se for encontrado algum grande problema logo nos primeiros meses, esse deve ser corrigido o mais rápido possível, para que não haja um grande desvio em relação ao rumo traçado, e para que sejam alcançados os benefícios que se espera do referido sistema de informações.

O período de pandemia (2020 a 2022) foi muito atípico, obrigando a maioria das organizações a refazer o planejamento estratégico, o que forçosamente levou à necessidade de refazer ou pelo menos reavaliar os planejamentos associados à tecnologia de informação e comunicação.

RESUMO

Apesar da cultura brasileira não ser das mais favoráveis à realização de planejamento, é importante que a informática das organizações seja toda planejada, isto é, a aquisição de equipamentos, a realização de instalações, o desenvolvimento de sistemas de informações, a contratação de novos colaboradores e a realização de programas de capacitação do pessoal. São muitos os tipos de problemas que podem decorrer da falta de planejamento, e o recomendável é que o mesmo seja feito a cada 3 a 5 anos, com revisão anual das ações, metas e objetivos, em função do andamento das atividades. A elaboração do PDI deve ser feita por uma equipe interdepartamental, partindo do planejamento estratégico da organização e levantamento genérico de informações, passando depois pelo levantamento e avaliação dos sistemas existentes, desenho do sistema corporativo ideal, redação do documento final e por fim acompanhamento da realização das ações estabelecidas.

ATIVIDADES DE APRENDIZAGEM

Após você ter realizado a leitura desta unidade, leia os enunciados com atenção e responda as questões.

1. Por que é importante planejar a utilização da tecnologia de informação e comunicação nas organizações?
2. Que etapas podem ser adotadas no processo de planejamento?
3. Verifique em alguma organização de médio ou grande porte, se fazem planejamento das TICs, com que regularidade o fazem, e quem participa desse processo.

SAIBA MAIS

Dificilmente se observa um livro que trate especificamente de planejamento de sistemas de informações, mas vários autores tratam desse assunto em um capítulo específico de um livro de informática. Também podem ser encontrados artigos interessantes, que auxiliem na condução da atividade de planejamento. Recomenda-se a leitura das obras dos seguintes autores: Laudon e Laudon (1999), Rezende (2003), Stair e Reynolds (2006), e Turban, Rainer Jr. e Potter (2005). Destas, somente a obra de Rezende (2003) é um artigo na área de planejamento da informática. Em todas as demais, deverá ser localizado o capítulo que trata especificamente desse assunto.

Em relação ao conteúdo apresentado acima, reflita sobre a necessidade de leitura de livros especializados e artigos científicos para se considerar apto a administrar os sistemas de informações de uma organização, em todos os seus aspectos. Pense também sobre as necessidades de mudanças na cultura brasileira, a fim de obter melhores resultados nas atividades desenvolvidas, tanto individualmente quanto em organizações.

UNIDADE 16

PROCESSO DE DESENVOLVIMENTO DE SISTEMAS DE INFORMAÇÕES

OBJETIVO

Após o estudo desta unidade, você será capaz de identificar o papel do usuário para o bom desenvolvimento de um sistema de informações, descrever o método tradicional de desenvolvimento de sistemas de informações, e enumerar os métodos alternativos de desenvolvimento de sistemas.

PARA INÍCIO DE CONVERSA

Muito se fala a respeito da utilização, da importância e dos impactos ocasionados pelos sistemas de informações computadorizados, e outro item de extrema importância para o bom funcionamento dos mesmos é a forma como são desenvolvidos. O processo de desenvolvimento de sistemas de informações passou por algumas fases diferentes, em conformidade com a evolução das tecnologias utilizadas e a importância que se dava aos usuários. Ainda hoje é algo que deve ser administrado para que seja bem-sucedido.

CONSIDERANDO O SER HUMANO NO DESENVOLVIMENTO DE SISTEMAS

A partir da década de 1940, quando foram criados os primeiros computadores, o processo de desenvolvimento de sistemas de informações era muito técnico, pois ainda era necessário lidar com linguagens muito diferentes daquela que falamos e escrevemos (eram linguagens de baixo nível). Por esse motivo, acreditava-se que os técnicos desenvolvedores (analistas de sistemas e programadores) teriam toda a habilidade para concluir o seu trabalho com sucesso. Nesse sentido, o analista visitava o ambiente de trabalho, coletava alguns formulários impressos que eram utilizados nos processos manuais, entrevistavam algumas pessoas, faziam anotações, repassavam depois o resultado da análise para os programadores, e voltavam com um sistema pronto para ser entregue aos futuros usuários.

Em muitos casos o sistema era desenvolvido com perfeição, mas não se conseguia que ele funcionasse bem. Constatou-se que os usuários deveriam ser levados em consideração, em parte porque não compreendiam as telas com que teriam que lidar (talvez não tivessem sido bem treinados em seu uso), ou porque o sistema não correspondia perfeitamente à forma com que se fazia o trabalho anteriormente (afinal, ele deve ter sido racionalizado), ou simplesmente porque o novo usuário resistia à utilização da nova tecnologia. Essa constatação alterou o processo de desenvolvimento, que passou para o seu segundo estágio, em que ainda era considerado técnico, mas com consequências comportamentais. O ser humano que lidaria com o computador passou a ser mais considerado.

O terceiro estágio, muito mais próximo da realidade existente em nossos dias, ainda é emergente. Alavancado pelas linguagens de quarta geração, busca a interação entre analistas, usuários, administradores, especialistas técnicos e outros interessados, buscando sempre o consenso, a diminuição das resistências, reconhecendo os conflitos existentes, apropriando-se dos conhecimentos e dos significados subjetivos, e considerando que existem diferentes interesses humanos e lutas pelo poder. A consideração de todos esses elementos leva à compreensão de que o desenvolvimento de sistemas de informações computadorizados é um processo social, mais do que técnico. Mesmo tendo conhecimento da existência e importância de todos esses fatores, algumas considerações técnicas sobre o processo de desenvolvimento (especialmente as etapas a serem seguidas) devem ser apresentadas, pois as dificuldades técnicas não deixaram de existir, e precisam ser administradas.

MÉTODO TRADICIONAL

Todos os sistemas de informações passam, em maior ou menor grau, pelo método tradicional de desenvolvimento de sistemas, que constitui uma sequência de etapas a serem executadas. Os autores que tratam do assunto enumeram de forma muito parecida os seguintes itens:

a. Novos problemas e/ou oportunidades fazem com que alguém solicite o desenvolvimento de uma solução, isto é, o desenvolvimento de um novo sistema de informações;
b. Especialistas em desenvolvimento de sistemas fazem um levantamento de dados sobre o problema em questão. Todos os formulários utilizados, telas e relatórios do sistema existente, informações que os colaboradores da área em questão necessitam, composição dos bancos de dados em uso, estrutura hierárquica e funções exercidas naquele setor da organização, e toda informação

adicional que possa ser utilizada para desenvolver o novo sistema são levantados nessa etapa;

c. Tendo por base os dados levantados na etapa anterior, realiza-se a análise do sistema de informações existente, que pode já ser computadorizado, estar ainda no papel ou até mesmo ser verbal. Nesta etapa,todos os dados utilizados, atividades executadas,, informações apontadas como necessárias, falhas do sistema atual e a estrutura existente são estudados e racionalizados;
d. Enumeram-se os possíveis projetos de soluções (há quem imagine que sempre exista uma única solução perfeita e nenhuma alternativa). Se existirem várias soluções possíveis, certamente será melhor o resultado, pois as alternativas poderão ser comparadas e serão identificados os seus pontos positivos e negativos;
e. Identificam-se os recursos que seriam necessários em cada uma das soluções, bem como os respectivos processos de desenvolvimento;
f. É feita a avaliação e escolha da melhor solução entre as alternativas identificadas;
g. O novo sistema é desenvolvido e testado;
h. Implementa-se o sistema;
i. O novo sistema é acompanhado e avaliado, sendo feitas eventuais manutenções.

Se desejarmos compreender esse processo de forma mais simples, podemos pensar nas etapas da seguinte forma: Diante de um problema ou oportunidade, analisa-se a situação existente, propõem-se soluções, identificam-se os meios para viabilizar essas soluções, seleciona-se a melhor delas, desenvolve-se o sistema submetendo-o a testes, implementa-se o mesmo e executa-se um procedimento de avaliação e manutenção que garanta o seu perfeito funcionamento.

Não só é possível desenvolver o sistema na própria organização (a partir de um Centro de Processamento de Dados – CPD), como muito se utiliza de procedimentos de compra de sistemas prontos (pacotes), terceirização do desenvolvimento, prototipação (construção de um sistema experimental, rapidamente e com baixo custo) para posterior desenvolvimento do sistema principal, desenvolvimento pelo usuário final, estruturação de "centros de informações" autônomos no desenvolvimento dos próprios aplicativos, ou quaisquer alternativas que se imagine, mas em praticamente todos os casos são seguidas as etapas explicitadas anteriormente (do método tradicional).

MÉTODOS ALTERNATIVOS

Os sistemas de informações diferem uns dos outros em termos de tamanho, função, tecnologia e complexidade. As empresas, por sua vez, diferem entre si em termos de habilidades do seu pessoal de informática, experiência e infraestrutura computacional instalada, cultura organizacional e conhecimentos dos usuários. Não é de se admirar que haja formas diferentes de desenvolver os sistemas. Dentre as alternativas, destacam-se as seguintes:

- <u>Terceirização</u>: Este método consiste na contratação de uma empresa para desenvolver o sistema, ao invés de manter toda uma estrutura própria com essa finalidade. Nesse caso se percebem algumas peculiaridades, tais como a necessidade de identificar e selecionar possíveis desenvolvedores (incluindo a solicitação de propostas e a escolha da empresa a ser contratada para esse serviço), o alto custo de desenvolvimento e manutenção do sistema, as possíveis dificuldades de relacionamento com a empresa contratada, sem falar na relação de dependência que passa a existir entre as organizações. Por esses motivos, o contrato de prestação de serviços de desenvolvimento e manutenção de sistemas deve ser muito bem redigido, e todos os problemas previstos. Recomenda-se que o pagamento seja feito parcelado, conforme a entrega dos módulos do sistema, podendo até ser estipulada multa a ser paga pela empresa contratada em caso de atrasos nos cronogramas, tudo isso previsto no contrato. Também deve-se estipular quem será o detentor dos direitos autorais do novo sistema, e quem terá a posse dos códigos fonte, inclusive em caso de falência da empresa contratada.

- Aquisição de pacotes: Este procedimento requer a avaliação comparativa de diferentes sistemas concorrentes, constituindo uma alternativa de baixo custo e rápida implantação. Entretanto, o sistema pode ter excesso ou falta de recursos, bem como pode apresentar dificuldades quando da necessidade de manutenções, atualizações ou assistência técnica pelo fabricante. Sempre é aconselhável conhecer o produto antes de adquiri-lo, se possível até executando um teste no mesmo. É usual a demonstração do funcionamento pelo fabricante, mas seria interessante buscar o depoimento de quem já fez essa aquisição.
- Prototipação: Trata-se da construção de um sistema experimental, rapidamente e a baixo custo, a fim de mostrar aos futuros usuários a forma de operação, para que possam melhor determinar os requerimentos. Caracteriza um processo interativo de desenvolvimento, em que o desenvolvedor retorna uma ou mais vezes ao usuário, apresentando os refinamentos e implementações feitos desde

a última demonstração. Este processo reduz o tempo de desenvolvimento e a necessidade de manutenções, mas não substitui a análise cuidadosa dos requerimentos, nem a metodologia estruturada de projeto e documentação de sistemas, tampouco podendo ser aplicada em sistemas que exijam cálculos pesados ou que dependam de uma lógica procedural complexa. De igual modo, protótipos desenvolvidos para testes correm o risco de não ser completamente desenvolvidos (algo comum na abordagem do "apagador de incêndios"), gerando sistemas limitados e com pouca ou nenhuma documentação.

- Desenvolvimento pelo usuário final: É cada dia maior o número de empresas que utiliza ferramentas de desenvolvimento de 4ª geração, que possibilitam a criação de aplicativos diretamente pelos usuários, com pouca ou nenhuma assistência de especialistas. Apesar da eficiência computacional dessas ferramentas ser menor que as de linguagens convencionais, o custo decrescente dos equipamentos, aliado ao crescente poder de processamento, está tornando-as técnica e economicamente viáveis. Este método tem como vantagens a melhor determinação dos requerimentos do sistema, o maior envolvimento e satisfação dos usuários, o mais efetivo controle do usuário sobre o desenvolvimento e a diminuição da lista de espera na mesa do analista de sistemas. Por outro lado, este método apresenta dificuldades com o controle organizacional sobre a qualidade de seus aplicativos, bem como sobre a padronização na nomenclatura e formatação dos dados, sem falar nas duplicações e na periodicidade variada de atualizações. Muitos usuários podem também considerar-se proprietários dos sistemas que desenvolveram, bem como das suas informações. Não menos problemática é a falta de documentação desses sistemas.

- Centros de informação (CIs): São concentrações de especialistas em sistemas, equipamentos, bancos de dados e telecomunicações, que assessoram os usuários de setores específicos no desenvolvimento de seus aplicativos. Os CIs passam a responsabilizar-se pela padronização de informações dentro da organização, bem como fazem testes em equipamentos e sistemas, para propor aos usuários as melhores alternativas. A adoção de CIs é comum em organizações que adotem o desenvolvimento descentralizado de sistemas, tanto no caso de desenvolvimento pelo usuário final, quanto em situações em que sejam alocados analistas e programadores aos diferentes departamentos e setores da organização.

Tanto no método tradicional quanto nos alternativos, é necessário verificar, durante a definição do projeto a ser desenvolvido, a sua viabilidade técnica, isto é, se a solução proposta pode ser implementada com os equipamentos, sistemas e conhecimentos técnicos disponíveis (ou ao alcance da organização). Deve-se considerar também a viabilidade econômica, no sentido de mensurar os custos e os benefícios, a fim de verificar se a relação é vantajosa. Não menos importante é a viabilidade operacional, em que se verifica se a proposta é desejável dentro da estrutura gerencial e organizacional existente ou pretendida.

Muitas organizações adotam mais de um método, podendo haver uma equipe para o desenvolvimento de sistemas muito específicos, a aquisição de pacotes prontos comuns como folha de pagamento ou fluxo de caixa, a terceirização em casos de sistemas que requeiram tecnologias diferenciadas, ou outras combinações, conforme as oportunidades.

Todo o processo de desenvolvimento de sistemas de informações, seja qual for o método adotado, precisa ser administrado por alguém que conheça tanto as necessidades organizacionais, quanto o processo de desenvolvimento. Deve ser estabelecida uma ponte entre a administração e a área técnica, buscando solucionar as dificuldades de ambos.

RESUMO

O método tradicional de desenvolvimento de sistemas consiste no seguinte: diante de um problema ou oportunidade, analisa-se a situação existente, propõem-se soluções, identificam-se os meios para viabilizar essas soluções, seleciona-se a melhor delas, desenvolve-se o sistema submetendo-o a testes, implementa-se o mesmo e executa-se um procedimento de avaliação e manutenção que garanta o seu perfeito funcionamento. Como alternativas, podem-se adotar procedimentos de compra de sistemas prontos (pacotes), terceirização do desenvolvimento, prototipação (construção de um sistema experimental, rapidamente e com baixo custo), desenvolvimento pelo usuário final e estruturação de "centros de informações", sendo possível a adoção de mais de uma alternativa simultaneamente. Todo esse processo precisa ser bem administrado.

ATIVIDADES DE APRENDIZAGEM

Após você ter realizado a leitura desta unidade, leia os enunciados com atenção e responda as questões.

1. De que forma se estrutura o processo tradicional de desenvolvimento de sistemas?

2. Quais as alternativas ao processo tradicional?
3. Entreviste o responsável pela área de informática de uma organização de médio ou grande porte, a fim de identificar os métodos de desenvolvimento de sistemas de informações que têm sido adotados pela organização nos últimos anos.

UNIDADE 17

SEGURANÇA E CONFIABILIDADE DAS TICS

OBJETIVO

Após o estudo desta unidade, você será capaz de identificar as principais fragilidades a que os sistemas de informações de uma organização estão sujeitos, e propor soluções para eliminá-las ou pelo menos diminuí-las.

CONTEXTUALIZAÇÃO

Imagine que uma organização desenvolveu um excelente sistema de informações, ou adquiriu um sistema corporativo produzido por outra empresa. Esse sistema já foi implantado, o pessoal já foi treinado para utilizá-lo, toda a estrutura já foi testada e está em pleno funcionamento. Pode-se considerar que esse sistema de informações seja confiável? Ele está seguro? Por quanto tempo podemos contar com o funcionamento dele? O que a empresa pode fazer para mantê-lo confiável por mais tempo? O debate sobre essas questões é o propósito desta unidade, uma vez que a entropia (se não lembra dessa palavra, releia a Unidade 5) é uma característica inerente a todos os sistemas, e não seria diferente ao tratarmos de sistemas de informações computadorizados. É esse o tema tratado a seguir.

POR QUE PENSAR EM SEGURANÇA DE INFORMÁTICA?

Dentre os possíveis riscos que um sistema de informações pode correr, enumeramos alguns a seguir:

- Apagar erradamente um arquivo: Muitíssimas organizações adotam o compartilhamento de equipamentos entre os seus colaboradores, por exemplo, quando uma atividade é realizada por trabalhadores de diferentes turnos, pois não faria sentido deixar equipamentos ociosos. Algo relativamente comum é um arquivo ser apagado porque alguém imaginou que já era ultrapassado, porque era necessário liberar espaço no disco rígido, ou simplesmente por imperícia. A consequência será traduzida em perda de tempo para reinstalar o arquivo, isto se for identificado e se estiver disponível em uma cópia de segurança. Caso contrário, poderá redundar em trabalhos refeitos.
- Processar duas ou mais vezes o mesmo dado: "Será que aqueles dados já foram lançados? O processamento do movimento de ontem já foi feito?" – Além de dúvidas operacionais, às vezes ocorrem interrupções na transmissão de arquivos de dados, sendo necessário reiniciar o processo. Se registros forem recebidos apenas parcialmente por ocasião do primeiro envio e não forem eliminados, sofrerão duplo processamento. Por outro lado, se a organização não tiver as funções muito claramente atribuídas, pode ocorrer falha de comunicação e a dupla execução de algum processamento. Como resultado, haverá informações incorretas para a tomada de decisão.
- Introduzir informações erradas no sistema: Os procedimentos de inserção de dados precisam ser cuidadosamente controlados, pois o computador apenas executa o que lhe ordenam. Se fornecerem dados errados para ele processar, certamente é isso o que ele fará. Quem pode

inserir dados no sistema? Que controles existem para evitar ou corrigir erros de digitação ou quaisquer outros tipos de erros nas entradas desse sistema? Normalmente os dados são introduzidos pelas pessoas que lidam diretamente com clientes, fornecedores e processos de transformação, onde ocorrem os eventos e transações. Aos dirigentes das organizações cabe o papel de observar os resultados e tomar decisões. Os problemas de inserção de dados são resolvidos por um supervisor da área. Por exemplo, observe a frente de caixa de um supermercado.

- Faltar energia elétrica: Por diversas vezes já se ouviu, em algumas repartições em que era finalizado algum relatório na última hora (é bem brasileiro o hábito de deixar algo importante para o último momento possível), gritos aterradores em função de uma queda na energia elétrica. Na pressa de concluir o trabalho, deixa-se de lado o procedimento de gravação e, não havendo baterias (*nobreak*) que assegurem o fornecimento de energia, perdem-se horas e mais horas de precioso trabalho.
- Ocorrer falhas no equipamento: Que tal se o equipamento simplesmente deixar de funcionar? O que ocorre se travar o disco em que estão gravados todos os trabalhos? Algumas empresas passam por apuros em função de falhas nos equipamentos, não tanto pela falta que terão dos mesmos, pois podem ser repostos, mas pela falta de cópias de segurança dos dados organizacionais, que não há como repor facilmente. Todo equipamento está sujeito a deixar de funcionar quando menos se espera.
- Ocorrer enchente: Onde está localizada a sua empresa? Ocorrem enchentes ali por ocasião das chuvas mais fortes? Há equipamentos de informática em algum lugar que possa ser invadido pela água? Tanto computadores

quanto arquivos em papel podem ser danificados se forem atingidos pela água, e nesse sentido a precaução deve levar em conta a extrapolação das consequências da maior chuva de que se tenha notícias, ou a quebra de um encanamento que passe por perto dos equipamentos.

- Ocorrer um incêndio: O papel é certamente um excelente combustível, mas não se deve esquecer que os meios de gravação das informações digitais também são combustíveis, e suportam mal a elevação de temperatura. Mesmo um incêndio de pequenas proporções pode provocar a perda de grandes volumes de dados, graças à compactação proporcionada pela informatização dos processos. Cabe perguntar: É permitido fumar no ambiente de trabalho de sua empresa? Há uma cozinha instalada próximo ao escritório? Foram instalados sensores de fumaça? Existem extintores de incêndio em locais bem visíveis, e estes passam por revisões e manutenções periódicas? São feitas regularmente cópias de segurança de todos os arquivos de dados e sistemas, dentro de um cofre à prova de fogo? Existe em sua empresa uma Comissão Interna de Prevenção de Acidentes (CIPA)? Essas perguntas devem ser feitas para evitar os transtornos de um incêndio.
- Interceptarem os dados: Se a sua empresa faz transmissão de dados entre filiais, ou para clientes e fornecedores, deve considerar a possibilidade de interceptação dos dados por algum concorrente inescrupuloso que pratique a espionagem, ou por *hackers*. Considere o teor das informações transmitidas, no sentido de possível aproveitamento pela concorrência, e pense na possibilidade de adotar a criptografia. Não se deve dar chance a qualquer concorrente, de se apropriar indevidamente de um diferencial competitivo que sua empresa conquistou.

- Ocorrer uma queda na linha de comunicação: As falhas não ocorrem somente nos equipamentos de sua empresa, mas podem atingir a empresa que presta os serviços de internet, utilizados na transmissão de dados. O que você faz se uma transmissão de dados for interrompida por falha nos meios de comunicação? Como ficaria se os bancos não previssem esse tipo de situação em relação aos caixas eletrônicos quando vamos fazer um saque? A queda na linha de comunicação deve ser prevista em cada etapa da transação ou transmissão, a fim de que possa ser abortada ou retomada futuramente a partir do ponto em que parou, sem comprometer a consistência dos dados transmitidos.
- Alguém desfrutar de um acesso não autorizado: Por mais descontraído que seja um ambiente de trabalho, deve ser tratado com a seriedade que merece a fonte de subsistência de uma (ou diversas) família. Não se pode deixar que estranhos tenham acesso facilmente aos computadores utilizados para o trabalho em sua empresa, pois alguém pode estar mal intencionado ou mesmo apagar acidentalmente um arquivo importante. Inúmeros outros problemas podem ocorrer se não for controlado o acesso aos computadores e meios de gravação. De igual modo, deve-se controlar o acesso lógico às informações, principalmente porque é possível acessar remotamente, por meio da internet, o conteúdo de um equipamento.

Em função de todas essas possibilidades de infortúnios que podem atingir uma organização, é fortemente recomendável a elaboração, implantação e contínua revisão de uma política de segurança que seja válida para toda a organização, com regras muito claras e simples, e com estrutura gerencial e material de suporte, apoiada pela alta hierarquia. Todos os colaboradores, incluindo os administradores dos diversos escalões, precisam conhecer esse planejamento e agir em conformidade com ele.

PLANEJAMENTO DA SEGURANÇA

A elaboração da política de segurança não segue um padrão específico que seja válido para todas as organizações. "Não existe política de segurança certa ou errada; não há política de segurança pronta para uso. Cada empresa deve ter uma solução única e adequada para o seu caso, para a sua cultura" (Caruso, Steffen, 1999, p. 24). Entretanto, pode-se pensar em algo simples como uma planilha, se for uma micro ou pequena empresa, em que sejam relacionados os ativos com possibilidade de serem atingidos pelos riscos apresentados anteriormente, as suas vulnerabilidades, os possíveis agressores, o perímetro de proteção, as medidas preventiva, detectiva, corretiva e restauradora, e o plano de contingência.

Planejar significa pensar sobre os eventos futuros, tanto aqueles cuja ocorrência esteja confirmada, quanto os que venham em contraposição a todas as expectativas, estabelecendo a seguir a linha de ação em cada caso. Nesse sentido, o plano de contingência que foi mencionado anteriormente, confunde-se muitas vezes com o plano de recuperação de desastres, mas pode ser muito mais amplo e geral, "constituindo um programa global destinado a manter o ambiente de informações da organização totalmente seguro contra quaisquer ameaças a sua integridade e sobrevivência" (Caruso, Steffen, 1999, p. 30).

Mesmo que a sua empresa tenha planejado toda a segurança para os equipamentos, os sistemas e as informações, não deve deixar de pensar no assunto, pois a cada dia surgem novas possibilidades tecnológicas e, por conseguinte, novas ameaças à estrutura estabelecida e sua segurança. Esta nunca será um produto acabado, pois reflete o ambiente de informações altamente dinâmico que se observa na atualidade.

Acidentes acontecem, e muitas empresas são profundamente afetadas por ocorrências que não haviam sido previstas. O que você fará se as instalações da sua empresa forem destruídas por um terremoto, ou se um avião cair sobre a mesma? Ainda que tal ocorrência se dê em um horário em que ninguém esteja trabalhando (à noite ou no fim de semana, por exemplo), e que haja uma apólice de seguro, que garanta a reconstrução das instalações e reposição de equipamentos e sistemas, quanto tempo passará até que as operações reiniciem e as receitas sejam retomadas? Existem cópias de segurança dos dados e dos sistemas, atualizadas e prontas para serem reinstaladas com rapidez em um equipamento, ainda que alugado e em local provisório, para que se trabalhe enquanto o ambiente original é restabelecido? Pensar antecipadamente pode ajudar muito.

CÓPIAS DE SEGURANÇA

As cópias de segurança, também conhecidas como "*backup*", são essenciais à confiabilidade de um sistema informatizado. Sabe-se que todo equipamento está sujeito a apresentar falhas, e muito já foi comentado sobre as possibilidades de acidentes e outros tipos de infortúnios que paralisem as operações das organizações, uma vez que muitas delas estão baseadas em sistemas informatizados. Para recolocar um sistema em funcionamento, além dos equipamentos é necessário reinstalar os sistemas e os dados. Essa é a finalidade das cópias de segurança.

Apesar de ser algo essencial, no Brasil a prevenção ainda não faz parte da cultura dos trabalhadores, mesmo em itens básicos como a realização de gravações adicionais. Deve-se, portanto, promover na cultura organizacional a importância da realização de cópias de segurança de todos os arquivos de dados. O ideal é que alguém enumere os procedimentos, estabelecendo os horários em que serão feitas as cópias de segurança (no mínimo uma vez por dia), em que meio será feita tal cópia, a forma como será identificada, o local de armazenagem e os procedimentos para a restauração dos dados em caso de necessidade.

Recomenda-se que existam pelo menos duas cópias de segurança de todos os arquivos de dados, pois os meios de gravação também têm uma vida útil variável, podendo apresentar problemas quando menos se espera, inclusive na hora de recuperar os dados que neles estavam gravados. De preferência, utilize dois conjuntos de meios de gravação, alternando o dia em que serão utilizados, e guardando-os em lugares à prova de fogo e fora do alcance da água. Uma terceira cópia de segurança pode ser feita semanalmente, com a finalidade de manter em um local seguro fora das instalações da empresa, de preferência em outro prédio ou mesmo em outra cidade.

Deve haver cópia de segurança também dos arquivos de sistema, mesmo que não sofram alterações com regularidade, a fim de que sejam rapidamente reinstalados em um novo equipamento, se o principal apresentar falha.

Algumas organizações levam tão a sério a cópia de segurança, que mantêm equipamento sobressalente inativo (apenas recebendo os dados atualizados, mas sem executar processamentos), a fim de que seja imediatamente ligado e colocado em operação em caso de falha no equipamento principal. Ainda que o custo desse procedimento seja um tanto elevado, deve-se considerar o benefício de não parar as operações da empresa.

SENHAS E CONTROLES DE ACESSO

Outros procedimentos podem ser considerados tão importantes quanto a realização de cópias de segurança. Dentre eles, está o uso de senhas de acesso aos sistemas organizacionais. O uso de senhas não só restringe o acesso de pessoas estranhas ao ambiente organizacional, como limita o acesso dos próprios funcionários, a fim de evitar transtornos e sabotagens. Por exemplo, somente algumas pessoas específicas devem ter acesso ao sistema de folha de pagamento, tanto para evitar alterações indevidas nos valores a serem pagos, como para que estes não sejam de conhecimento geral, o que poderia ocasionar conflitos.

Recomenda-se que a senha seja de conhecimento individual, que seja mudada periodicamente, de preferência uma vez por mês, evitando repetições das senhas anteriores, e que sejam compostas por letras e números, contanto que não sejam as iniciais do próprio nome e nem a data de nascimento. Sob hipótese alguma a senha deve ser anotada em algum lugar a que outras pessoas tenham acesso. Já tive conhecimento de um indivíduo que deixava a senha anotada em um papel grudado ao próprio teclado, e nesse caso ela não servia para absolutamente nada.

A senha faz parte de um processo que controla o acesso lógico aos sistemas, ficando invisível ao usuário até que o mesmo tenha seu acesso negado. Por outro lado, o controle de acesso físico é exercido sobre algo tangível, facilitando a sua compreensão. Algumas áreas devem ter o acesso garantido somente às pessoas que ali trabalham, às que necessitam fazer contato com elas, e aos seus superiores que atuem diretamente nas funções ali exercidas. As salas em que ficam os computadores de grande porte (*mainframes*), por exemplo, não devem ser visitadas por pessoas estranhas ao setor.

Em consequência direta da evolução tecnológica, existe a tendência de substituição das senhas numéricas ou alfanuméricas, pela leitura de características dos usuários, tais como a imagem da íris, a impressão digital ou outras. A identificação do usuário, em qualquer desses casos, deve estar associada a uma lista de acesso, que é um mecanismo controlado pelo próprio computador, a fim de restringir o acesso dos usuários aos recursos que lhes são pertinentes. Trata-se de uma tabela com o tipo e nome do recurso, associado às identificações de usuários e operações permitidas.

Dentre as operações controladas, um usuário pode ter permissão para fazer a consulta a informações (somente leitura), gravações, alterações, ou exclusões de informações, eliminação de meios físicos de suporte das informações, ou execuções de comandos e sistemas em ambientes informatizados. Os privilégios de acesso, tanto físico quanto lógico, devem estar associados às funções exercidas, e não a fatores políticos ou de outra ordem, sob a pena de comprometer a segurança das informações e dos processos organizacionais.

VÍRUS

Vírus são programas de computador muitíssimo bem elaborados por indivíduos brilhantes que não têm muito o que fazer, ou que são mal-intencionados mesmo. Esses programas não ocupam muito espaço no computador, não se deixam identificar pelo sistema operacional, auto propagam-se e podem vir incorporados a outros aplicativos, assumindo o controle da máquina tão logo sejam executados. Podem vir também na forma de comandos de macro em planilhas e arquivos de textos, e normalmente são transmitidos através da internet, em arquivos anexados a mensagens.

As manifestações produzidas por um vírus são normalmente de apagamentos de arquivos importantes do sistema operacional, que deixa de funcionar corretamente, diminuição do desempenho do computador, e até a formatação do disco rígido (HD), eliminando todos os arquivos ali existentes. Também pode produzir alguns efeitos estranhos ou engraçados na tela, tais como a literal queda de todas as letras que apareciam em um texto, amontoando-se na base da tela.

Já são reconhecidos muitos milhões de vírus, e todos os dias surgem muitos mais, sendo que a única forma de se manter a salvo desse infortúnio é instalar um sistema chamado antivírus no computador. O antivírus faz uma verificação de todos os arquivos existentes no microcomputador, comparando o seu conteúdo e as suas características com os conteúdos e características dos vírus, executando o mesmo procedimento para todos os arquivos novos que chegam pela internet ou que se manda executar a partir de um dispositivo conectado. Para que surta o efeito desejado, entretanto, é necessário que seja mantido constantemente atualizado, o que se dá pelo contato com o fabricante para a remessa de um novo arquivo de cadastro dos vírus conhecidos. Esse procedimento é automatizado, bastando que haja conexão com a Internet.

Recomenda-se que sejam eliminados os arquivos de procedência duvidosa, mesmo que o seu nome seja bastante sugestivo ou curioso, afinal de contas, o que está em risco são os trabalhos armazenados no computador, e que podem ter sido desenvolvidos ao longo de horas, dias, semanas, meses ou até anos, e que correspondem a parte importante do patrimônio da organização.

ATAQUES DE HACKERS

Originalmente, a palavra "*hacker*" designava uma pessoa que fosse extremamente especializada em determinada área, não necessariamente em computação. Atualmente, entretanto, tem sido quase exclusivamente utilizada para referir-se a pessoas que têm conhecimentos mais avançados no uso de um computador, sendo em sua maioria jovens, dedicados aos estudos e com tempo disponível.

Muitas notícias têm apresentado informações sobre *hackers*, sua atuação e até as participações em guerras, mas pouco se fala sobre ações para se defender dos seus ataques. É interessante ressaltar que existem diversos métodos de ataque, que vão recebendo nomes específicos conforme são reconhecidos. Há também classificação de várias categorias de *hackers*, sendo que os provocadores de distúrbios e prejuízos são chamados de "*crackers*", ao passo que os jovens que se especializam em telefonia, que fazem ligações gratuitas, reprogramam centrais telefônicas, instalam escutas e até fornecem informações a indivíduos mal-intencionados, escapando dos rastreamentos e forjando culpados, são intitulados "*phreakers*".

Pode variar muito o que estimula um jovem a provocar danos a uma pessoa ou organização, talvez passando pela sensação de superioridade advinda do conhecimento diferenciado que possui sobre o uso de um computador, uma vez que as operações usuais se tornaram muito simples. Entretanto, os principais ataques noticiados têm finalidades de extorquir as vítimas, influenciar resultados de eleições, ou mesmo provocar danos à infraestrutura do adversário, em uma guerra. Um *hacker* sempre quer ir além em termos técnicos, adquirindo conhecimento de novos comandos e formas de utilizá-los, de modo até mesmo a exercer domínio sobre outros equipamentos, ler as conversas reservadas de outras pessoas, copiar arquivos sigilosos, alterar o conteúdo de *sites* ou provocar outros tipos de perturbações.

A fim de evitar as dores de cabeça que podem ser provocadas por *hackers*, recomenda-se a utilização de um sistema que controla e restringe o acesso ao seu micro ou rede, chamado *firewall*. Todo sistema tem alguma vulnerabilidade, por mais que se tente protegê-lo, mas é sempre recomendável dificultar o máximo possível os acessos dos *hackers* e, naturalmente, defender o seu patrimônio. Também é recomendável a leitura de *sites* e livros que relatem as histórias de ataques e contra-ataques, ou as técnicas para a proteção dos seus sistemas.

MANUTENÇÃO

Tendo em vista que grande parte dos processos organizacionais é realizada com o auxílio de computadores, e que estes podem apresentar falhas, outro cuidado que se recomenda às organizações é a contratação de uma empresa que faça a manutenção preventiva de seus equipamentos, e que esteja sempre pronta a consertar os que quebrarem. Uma alternativa é manter um profissional ou uma equipe bem aparelhada dentro de suas próprias instalações, a fim de resolver esse tipo de problema, devendo nesse sentido fazer uma comparação entre o custo e o possível benefício. A maioria das organizações tem optado por terceirizar esse serviço, a fim de não diversificar demasiadamente as áreas de atuação (investir recursos em atividades meio).

O principal objetivo dos serviços de manutenção dos computadores e dos equipamentos periféricos (impressoras, *scanners*, teclados, telas etc.) é evitar que operações sejam prejudicadas pela falta de um equipamento, ou pelo seu mau funcionamento.

Em todas as organizações, cada dia mais, parece ser válida a seguinte recomendação: "Da mesma forma que uma máquina precisa de constantes ajustes e cuidados de manutenção para funcionar de maneira confiável, a estrutura de segurança também sofre o processo de envelhecimento normal a qualquer estrutura dinâmica e, atualmente, poucas coisas são mais dinâmicas que o ambiente de informações nas organizações modernas" (Caruso,

Steffen, 1999, p. 32). Portanto, mantenhamos atenção redobrada a todos os aspectos listados ao longo deste capítulo, e tantos outros mais que se possa acrescentar, conforme a realidade de cada organização.

RESUMO

Os problemas que podem ocorrer em uma organização são inúmeros, afetando o seu sistema de informações, motivo pelo qual devem ser tomadas precauções. A segurança deve ser planejada, bem como medidas regulares devem ser estabelecidas. Deve-se adquirir o hábito de realizar cópias de segurança diariamente, estabelecer senhas e controles de acesso (tanto físico quanto lógico) aos computadores, manter um antivírus sempre atualizado, instalar um *firewall* e verificar regularmente os tipos de ataques de *hackers* que ocorreram, e devem ser tomadas precauções quanto à manutenção preventiva e corretiva de todos os equipamentos, pois uma parte muito importante do patrimônio da organização fica armazenada neles.

ATIVIDADES DE APRENDIZAGEM

Após você ter realizado a leitura desta unidade, leia os enunciados com atenção e responda as questões.

1. Quais os possíveis riscos que podem afetar um sistema de informações?
2. Para que são utilizadas as senhas?
3. Faça uma pesquisa utilizando a Internet, a fim de listar os antivírus disponíveis, suas características e preços.

SAIBA MAIS

Leia o livro "Contra-ataque: a história da captura do pirata cibernético mais procurado dos Estados Unidos", escrito por Tsutomu Shimomura e John Markoff, a fim de compreender um pouco mais a dificuldade associada aos ataques de *hackers*.

Em relação ao conteúdo apresentado acima, reflita sobre a necessidade de segurança dos sistemas de informações de uma organização.

UNIDADE 18

AUDITORIA DE SISTEMAS DE INFORMAÇÕES

OBJETIVO

Após o estudo desta unidade, você será capaz de conhecer a forma de atuação de um auditor de sistemas de informações, e perceber o que é possível fazer para minimizar a necessidade de auditorias.

CONTEXTUALIZAÇÃO

Quando se busca a qualidade de sistemas de informações, faz-se necessário estabelecer controles e formas de comparação entre os resultados alcançados e os objetivos traçados pela organização para essa área. Nesse sentido, controles são todos os métodos, políticas e procedimentos que asseguram a proteção dos bens da organização, bem como a exatidão e confiabilidade de seus registros, além da manutenção das operações em conformidade com os padrões administrativos.

Diversas mudanças têm surgido na forma de controlar os sistemas de informações, em grande parte devido ao acelerado e ininterrupto processo de evolução tecnológica. Por exemplo, pode-se observar as mudanças que estão ocorrendo na passagem da utilização do papel para os meios magnético e ótico de armazenagem de informações, requerendo novos procedimentos e cuidados. De igual modo, o processamento eletrônico de dados possibilitou a análise de volumes muito maiores de dados, em relação a décadas passadas, levando também a maior grau de complexidade nos processamentos feitos. Com isso, novos tipos de controles devem ser feitos, sendo este o tema tratado a seguir.

ALGUNS CONTROLES RECOMENDÁVEIS

Na unidade anterior já foram mencionados diversos cuidados a serem tomados com os vírus, com os *hackers*, com a armazenagem de dados e informações, com o ambiente em que operam os sistemas informatizados, e muito mais. Há, entretanto, vários outros controles cuja adoção é recomendável, a saber:

- No equipamento: para detectar automaticamente falhas eletrônicas, como ocorre há algumas décadas nos computadores IBM de grande porte, ou mesmo em muitos microcomputadores que detectam o *hardware* que está conectado e seu funcionamento ou não (tecnologia "*plug and play*"). Se tiver dúvidas a esse respeito, experimente desconectar o cabo do teclado de seu micro, para ver se continua funcionando.
- Sobre as entradas no sistema do computador: pode-se adotar a contagem de registros por ocasião do recebimento de arquivos de dados, para certificar-se de que não foram deixados registros sem processar ou com duplo processamento. Sistemas de contabilidade adotavam a totalização de lotes, a fim de evitar omissões de registros ou erros de digitação; a maioria dos sistemas adota os dígitos de controle, que têm a finalidade de verificar mediante um rápido cálculo, se o número digitado está correto, assegurando assim a confiabilidade dos dados inseridos.
- Codificados no programa: para revisões de rotina e evitar erros, pode-se adotar:

1. A aritmética contrária, que toma o resultado de um processamento e faz todos os cálculos no sentido contrário, a fim de verificar se é possível chegar ao dado original;
2. A verificação de validade ou de limite, muito utilizada no controle da inserção de dados, a fim de confirmar a compatibilidade com os padrões adotados (por exemplo, o número correspondente ao mês não pode ser inferior a 01 nem superior a 12);
3. A verificação de sequência, a fim de evitar que dados sejam omitidos ou digitados em uma ordem indevida;
4. A verificação de saldo, pois alguns erros de digitação podem ser evitados ao constatar que os resultados são impossíveis (não pode ser registrada uma venda que resulte em um saldo negativo no estoque).

Controles administrativos sobre:

1. O operador, a fim de evitar procedimentos incorretos, ou a operação do sistema por pessoas não autorizadas;
2. A manipulação de mídias, para garantir a sua integridade, evitando, por exemplo, que mídias magnéticas sejam transportadas ou armazenadas próximo a campos eletromagnéticos;
3. A atribuição de deveres, para certificar-se de que todas as operações essenciais sejam realizadas, e para que sempre exista um responsável pelo bom funcionamento de cada uma das partes do sistema;
4. O desenvolvimento e manutenção dos sistemas, a fim de evitar que sejam feitas alterações não autorizadas em algum módulo do sistema de informações (um exemplo

deste tipo de procedimento ilícito foi a violação do painel eletrônico do Senado em 2001, que redundou na renúncia de dois senadores envolvidos).

Estes e outros controles são alvo da auditoria de sistemas de informações computadorizados, que corresponde a um instrumento da direção da organização, bem como de seus acionistas e do ambiente externo à mesma, que deve opinar de forma independente, validando e avaliando a qualidade dos sistemas informatizados em relação a sua segurança e à eficiência dos processos adotados.

Validar tem o sentido de testar o sistema existente, verificando se é apropriado para atingir os objetivos a que se propõe. Assemelha-se à constatação da sua eficácia. A avaliação, por sua vez, exprime a ideia de um julgamento com a posterior emissão de uma opinião, dando diretrizes para que ele possa ser aperfeiçoado.

ETAPAS DE UMA AUDITORIA

O principal objetivo de um auditor é listar as fraquezas de controle e procurar estimar as probabilidades de ocorrências delas. Nesse sentido, um importante aspecto da auditoria de sistemas de informações é a análise da qualidade dos dados, para que não sejam imprecisos, ambíguos, incompletos, fora de prazo ou inconsistentes. Quando os dados ou as informações são imprecisos, existe apenas uma ideia de valores aproximados, mas nenhuma exatidão. Dados ambíguos seriam aqueles apresentados por dois gerentes ou diretores em uma reunião, que deveriam ser idênticos, mas não o são, por terem sido obtidos de fontes diferentes das quais pelo menos uma não é confiável.

Dados incompletos são observados em relatórios em que existem lacunas não preenchidas, faltando alguns dados ou informações que seriam necessários. A expressão "fora de prazo" refere-se a relatórios, dados ou informações que chegam depois do momento da tomada de decisão, quando eram efetivamente necessários. Por fim, a expressão "inconsistente" refere-se a informações que foram obtidas por meio de um processamento com erro, de modo que o resultado não condiz com os dados de origem.

Para listar as fraquezas e estimar a probabilidade de sua ocorrência, o auditor de sistemas segue as seguintes etapas:

a. Compreensão do ambiente a ser auditado, através do levantamento e documentação dele, o que inclui a documentação dos sistemas existentes, manuais de usuários, documentação relevante sobre os controles de integridade e depoimentos de alguns indivíduos-chave;
b. Análise desse ambiente, com a determinação das situações mais sensíveis, utilizando técnicas de análise de risco;
c. Elaboração de uma massa de testes, definindo o escopo do teste, gerando dados e determinando os resultados a alcançar;
d. Aplicação da massa de testes, simulando em laboratório (um computador à parte) ou em campo (no sistema da empresa), para comprovar a efetividade de processos e resultados;
e. Análise das simulações empreendidas, julgando os resultados alcançados;
f. Emissão de opinião quanto ao ambiente auditado, apresentando recomendações e soluções alternativas;

g. Debates com os profissionais do ambiente auditado, para detalhar a viabilidade das soluções recomendadas, fazendo ajustes ou substituições se necessário;
h. Acompanhamento da implantação da alternativa selecionada;
i. Auditoria do nível de funcionalidade da alternativa de solução implantada;
j. Novas auditorias de sistemas do ambiente empresarial.

Por meio desses procedimentos, o auditor identifica os controles sobre os sistemas de informações existentes, tanto individuais quanto corporativos, e certifica sua efetividade.

A FORMAÇÃO DO AUDITOR DE SISTEMAS DE INFORMAÇÕES

Para que seja possível ao auditor alcançar um bom nível de compreensão da realidade observada em diferentes tipos de organizações, bem como atingir um elevado padrão de objetividade em seus procedimentos, ele deve passar por um processo de formação, tanto em curso superior (que pode ser em Administração, Sistemas de Informações ou Ciências da Computação) quanto em treinamentos que o habilitem tecnicamente nos tópicos relacionados a seguir:

a. Operações;
b. Facilidades físicas;
c. Telecomunicações;
d. Sistemas de controles;
e. Objetivos da segurança de dados;
f. Estrutura organizacional;

g. Administração de Pessoal;
h. Procedimentos manuais;
i. Aplicações individuais.

Em função da rápida e contínua evolução tecnológica, o auditor de sistemas de informações necessita contínuo aprimoramento de seus conhecimentos. Por exemplo, a forma de processar os dados tem passado por transformações substanciais, sendo que aquilo que hoje é processado em lotes, com certa periodicidade, certamente dentro em breve terá processamento *online*, assim que os recursos de *software* e *hardware* possibilitarem. Quando isso ocorrer, provavelmente surgirão novas necessidades de informações, que precisarão ser processadas novamente em lotes, para não tomar muito tempo dos usuários, até que os equipamentos e sistemas evoluam novamente, de modo cíclico.

Esteja atento, pois toda mudança na forma de processamento, gera mudanças na forma de fazer a auditoria de sistemas de informações.

NOVOS DESAFIOS PARA OS AUDITORES

Todas essas mudanças podem ser vistas simplesmente como novos desafios, especialmente para os profissionais que lidam com auditoria de sistemas. Diante de situações novas, podem faltar roteiros de auditoria, pode ocorrer ausência de documentos-fonte (especialmente para sistemas com processamento *online*), assim como "as verificações e saldos, separação de deveres, uma rede de autorizações e aprovações e linhas de responsabilidade tradicionais têm de ser reinterpretadas e reexaminadas à luz do novo ambiente empresarial" (Prince, 1975, p. 377).

Outro grande desafio com que se deparam os administradores e os auditores de sistemas, é a necessidade de trabalhar em um ambiente em que se encontram três perspectivas distintas a respeito do funcionamento do sistema e existência de controles:

a. Planejadores e desenvolvedores de sistemas: desejam que o sistema proporcione informações relevantes e regulares, com mínimo custo e máxima rapidez. Para eles, quanto menos controles houver, melhor, pois o sistema ficará pronto mais rapidamente e terá melhor desempenho;
b. Auditores internos: desejam garantir a validade das informações, com verificações e saldos apropriados, bem como procedimentos corretos para proteção dos recursos, mas ainda priorizando os interesses da organização, no sentido de não gastar mais do que o necessário para obter essa confiabilidade. Eles requerem a execução de controles, evitando exageros;
c. Auditores externos: devem emitir um parecer acerca dos sistemas auditados, em relatórios que levam a sua assinatura, portanto demonstrando publicamente o seu assentimento quanto à validade e eficiência deles. Consequentemente, exigirão mais garantias de controle sobre os fluxos de informação e recursos do que exigiriam os auditores internos, o que envolverá maiores custos em manutenção dos sistemas, e menor desempenho deles (processamentos mais demorados pela existência de controles mais rigorosos).

Cabe salientar que o trabalho de um auditor é muito bem remunerado, e tem a finalidade de buscar a segurança e confiabilidade dos sistemas existentes. Portanto, a fim de evitar desperdícios de recursos da organização, é recomendável que os seus próprios dirigentes e colaboradores iniciem a mobilização no sentido de buscar nível máximo de segurança e confiabilidade, principalmente sobre os aspectos apresentados na unidade anterior, restando, portanto, menos serviço para um auditor externo. É isso o que se faz, por exemplo, nos bancos, que devem apresentar "nível zero" de erro e máxima confiabilidade e segurança em todas as suas operações. Nesse sentido, são adotadas contínuas auditorias internas a fim de assegurar a confiabilidade, o bom desempenho em comparação com a concorrência, e o mínimo custo com auditorias externas determinadas pelo Banco Central.

RESUMO

Um auditor de sistemas de informações deve verificar se um sistema é válido, isto é, se atinge os seus objetivos, e se é eficiente, utilizando da melhor maneira e com a maior confiabilidade possível, os seus recursos. Para tanto, ele toma conhecimento do ambiente a ser auditado, analisa-o buscando as situações em que há maior risco, elabora, aplica e analisa testes, propõe soluções, debate-as com os profissionais que trabalham naquele ambiente, acompanha a implantação e verifica a funcionalidade da solução implantada. Para ser bem-sucedido, ele precisa entender muito de tecnologias de informação e de administração de empresas, sendo essa uma atividade muito bem remunerada.

ATIVIDADES DE APRENDIZAGEM

Após você ter realizado a leitura desta unidade, leia os enunciados com atenção e responda as questões.

1. Quais os procedimentos básicos adotados em uma auditoria?
2. De que forma uma organização pode reduzir os seus gastos com auditorias?
3. Entre em contato (pode ser por e-mail) com o setor de auditoria interna de algum banco (normalmente será localizado na matriz desse banco), a fim de buscar informações sobre a forma com que atuam, as dificuldades encontradas em seu trabalho, e exemplos de resultados positivos alcançados.

SAIBA MAIS

Para buscar maiores informações sobre a atividade descrita nesta unidade, isto é, a auditoria de sistemas de informações, recomenda-se a leitura do livro "Auditoria de computadores", de autoria de Antonio de Loureiro Gil.

Em relação ao conteúdo apresentado acima, reflita sobre a possibilidade de você mesmo atuar como auditor de sistemas de informações, e sobre as qualificações que lhe seriam necessárias para tanto. De que forma você planejaria a sua formação para os próximos anos, se fosse esse o seu objetivo?

UNIDADE 19

ASPECTOS JURÍDICOS DO USO DA INFORMÁTICA

OBJETIVOS DE APRENDIZAGEM

Após o estudo desta unidade, você será capaz de descrever os cuidados que se deve ter para respeitar direitos autorais, refletir sobre produção de sistemas de informações e recolhimento de impostos, e considerar outros itens relevantes sob o aspecto jurídico do uso da tecnologia de informação e comunicação.

CONTEXTUALIZAÇÃO

O uso da tecnologia de informação acarreta impactos diretos e indiretos, tanto sobre as atividades diretamente envolvidas, como sobre os indivíduos que a manuseiam, a organização em que é utilizada, ou a sociedade. Conforme já foi mencionado, trata-se de algo semelhante ao efeito obtido na superfície de um lago, quando lhe é atirada uma pedra: formam-se círculos concêntricos cada vez maiores, conforme se passa o tempo desde o impacto. Dessa forma o uso da tecnologia de informação exerce influência sobre as esferas individual, organizacional, social e política, na medida em que requer regulamentações sobre os novos atos que podem ser praticados com a utilização das ferramentas que surgem a cada dia. Apresentam-se a seguir alguns temas que têm suscitado debates e que requerem especial atenção.

DIREITOS AUTORAIS

A lei nº 9.609/98 conceitua tecnicamente os programas de computador, como a "expressão de um conjunto organizado de instruções em linguagem natural ou codificada, contida em suporte físico de qualquer natureza, de emprego necessário em máquinas automáticas de tratamento de informação, dispositivos, instrumentos ou equipamentos periféricos, baseados em técnica digital ou análoga, para fazê-los funcionar de modo determinado e para fins específicos". O autor de tais programas ou sistemas tem direitos sobre os mesmos, conforme se estabelece no artigo 22 da lei nº 9.610/98, onde se afirma que pertencem ao autor os direitos patrimoniais e morais sobre a obra que criou, estendendo tais direitos aos coautores do trabalho intelectual. Juntamente com os direitos, como é de se esperar, as responsabilidades pelos seus efeitos também se atribuem ao autor, a menos que alguém se aproprie indevidamente do sistema em questão.

Uma característica muito interessante que se apresenta na Lei nº 9.609/98 é o prazo pelo qual se assegura a tutela dos direitos relativos à autoria de programas de computador. Ainda que a tecnologia mude com extrema rapidez, tornando frequentemente obsoletos os sistemas utilizados nos computadores, a lei mantém os direitos relativos ao programa pelo prazo de 50 anos, contados a partir de sua criação.

Para que esse direito fosse assegurado ao criador de um sistema, em face do que dispunha a legislação anterior, todo programa de computador deveria ser cadastrado na Secretaria Especial de Informática e posteriormente no Ministério da Ciência e Tecnologia, como requisito prévio à sua comercialização, a fim de que se procedesse ao exame de similaridade, que condicionava a importação de *software* à apuração da inexistência de programa similar desenvolvido no país, por empresa nacional. Esse procedimento visava proteger a indústria de *software* brasileira.

A comercialização de programas de computador somente era permitida às empresas nacionais, o que configurava a "reserva de mercado". O fechamento do mercado brasileiro ao que havia de mais avançado em ciência e tecnologia ampliou a defasagem entre o Brasil e os países mais desenvolvidos, uma vez que impediu a entrada de tecnologia de última geração e a aplicação de capitais externos que poderiam abrir novos campos de pesquisas e mercados para os profissionais brasileiros. Naquele período, ao invés de se desenvolver tecnologia nacional sob a proteção do estado, pôde-se observar o enriquecimento de empresas que fabricavam e comercializavam equipamentos ultrapassados, sem que houvesse a preocupação de desenvolver tecnologia de ponta, uma vez que o mercado brasileiro era cativo. Essa configuração mudou radicalmente com a legislação mais recente, que permitiu a entrada de equipamentos e sistemas fabricados em outros países, estabelecendo um novo patamar qualitativo.

O autor de um sistema pode autorizar outras pessoas a utilizarem o mesmo, mediante um contrato de licença em que se estabelecem as condições e as finalidades, mediante remuneração, reservando-se, contudo, os direitos autorais. Sob essa configuração o autor recebe remuneração em função da concessão de direitos a inúmeros interessados, nos termos dos contratos firmados com cada um, podendo formar-se redes de distribuição de *software*, inclusive de âmbito internacional, sem comprometer o sigilo da fórmula do programa.

É interessante observar que, ao adquirir a licença de uso de um *software*, é permitida a realização de uma cópia do mesmo com a finalidade de segurança (*backup*), bem como a citação de partes do mesmo para fins didáticos, contanto que se identifique o programa e o titular dos direitos autorais. Tal *software* pode ainda ser incorporado a outro, mantendo-se as suas características essenciais, contanto que somente para uso de quem o adquiriu inicialmente.

Em caso de desenvolvimento de um sistema pelo empregado de uma empresa, no seu horário de trabalho (sendo, portanto, remunerado no exercício de tal atividade), os direitos autorais são da empresa, a menos que haja um contrato estabelecendo o contrário. O mesmo se aplica se o autor do sistema for um bolsista ou estagiário.

A pirataria (cópia ilegal) de *software* é prevista em lei e pode ser punida com multa de até 2.000 vezes o valor de cada cópia ilegal, e seis meses a dois anos de reclusão. Se tiver fins comerciais, tal infração será punida com multa de até 3.000 vezes o valor de cada cópia ilegal, e reclusão de 1 a 4 anos. Tal crime somente procede mediante denúncia, isto é, depende da manifestação do ofendido em ação penal privada. Se o crime envolver a comercialização de *software* pirata, incorrendo em sonegação de impostos, a exigibilidade do tributo ou contribuição social dar-se-á sem que haja a necessidade de qualquer representação, por ferir a ordem pública.

A problemática dos direitos autorais vai muito além daquilo que é estabelecido na legislação, principalmente aqui no Brasil, onde a cultura da cópia pirata está amplamente disseminada. Os autores de tais cópias podem até argumentar que a Microsoft e outras empresas produtoras de *software* já estão suficientemente ricas, mas esse fato não justifica a realização de atos ilegais. Nos últimos anos têm sido lançados inúmeros sistemas totalmente gratuitos, que são distribuídos por meio da internet. Um usuário que tenha interesse em instalar em seu computador apenas o Windows (sistema operacional) e o Office (editor de texto, planilha eletrônica, banco de dados e sistema de apresentação), pode pensar em concorrentes gratuitos como o Linux e o LibreOffice, e com isso permanecer dentro da legalidade sem gastar absolutamente nada.

Não só o autor de um *software* tem os seus direitos assegurados, mas de igual modo os consumidores são protegidos, no sentido do direito de receber notificações sobre falhas encontradas no sistema que comprou, ou manutenção visando o seu bom funcionamento. O comerciante ou produtor de programas de computador deve assegurar aos usuários do mesmo a prestação de serviços complementares relativos ao seu adequado funcionamento, durante a sua validade técnica, mesmo após a retirada de circulação comercial do *software*, a menos que faça uma justa indenização por eventuais prejuízos que sejam causados a terceiros.

Os direitos autorais não são protegidos somente no que diz respeito ao desenvolvimento de novos sistemas de informações. Todas as criações artísticas, culturais e tecnológicas continuam sendo protegidas contra o plágio, mesmo diante do surgimento de novos veículos de transmissão de dados e informações. Todos os procedimentos que anteriormente eram tomados para que se reconhecessem os direitos do criador, devem continuar sendo executados, e o cuidado com as cópias ilegais deve ser redobrado, em vista da facilidade de disseminação pela internet.

IMPOSTOS

Sobre a produção e comercialização de *software* incidem impostos, ainda que tenham ocorrido acalorados debates sobre o assunto. Quando o sistema é produzido para um único usuário, em conformidade com as suas necessidades, caracteriza-se a prestação de serviços, incidindo, portanto, o ISQN (alíquota variando entre 2% e 5%). Por outro lado, quando o sistema é produzido em larga escala, a fim de que seja comercializado como um pacote pronto, caracteriza-se a comercialização de um produto, incidindo, portanto, sobre ele o ICMS (com alíquotas variando entre 17% e 22%, conforme o estado em que se realiza a venda).

O comércio feito por meio da internet (*e-commerce*), seja ele na modalidade varejista ou entre organizações, também envolve o recolhimento de impostos, visto que a internet nada mais é que um meio de comunicação, como o são os catálogos, usados largamente para divulgar produtos, ou o telefone, também muito utilizado para receber pedidos ou "fechar negócios". Toda mercadoria deve ser acompanhada da correspondente nota fiscal, que por sua vez acarreta a obrigatoriedade de recolhimento de ICMS.

OUTRAS CONSIDERAÇÕES

A partir das enormes e rápidas inovações tecnológicas que são presenciadas hoje em dia, o campo do direito também precisou passar por transformações. Por exemplo, é necessário utilizar cada vez mais os recursos informáticos como provas, em lugar do papel. Por outro lado, a relativa facilidade de mudanças nas informações digitais, bem como de editoração de imagens, deve ser considerada para que não se cometam injustiças.

A informática não apenas possibilita a armazenagem de informações que podem ser utilizadas como provas, mas também pode ser o meio pelo qual diversos crimes venham a ser cometidos. "Os crimes de injúria, calúnia, difamação e pornografia infantil estão previstos no Código e no Estatuto da Criança e do Adolescente e nada impede a abertura de processo civil e criminal quando for possível identificar o infrator" (Paesani, 2001, p. 82). Não é necessário que se criem novas leis a esse respeito, exclusivas para as novas aplicações da tecnologia da informação, tais como a internet, visto tratar-se apenas de uma nova mídia na qual circulam as mesmas informações. Não há diferença entre uma calúnia publicada em um jornal, ou na internet.

As repercussões físicas do uso da tecnologia de informação também devem ser consideradas, pois podem dar margem à abertura de processos jurídicos. O uso contínuo de um teclado convencional pode provocar DORT (veja Unidade 12), provocando a necessidade de afastamento do funcionário para tratamento, e em muitos casos até a sua incapacitação para voltar a exercer tais atividades. Essa questão também é matéria de direito, uma vez que alguém precisa se responsabilizar pelo sustento do funcionário e sua devida compensação pelo infortúnio.

Outro ponto em que surgem diariamente novas discussões de cunho legal é a privacidade. Apesar de vultosas somas serem movimentadas a cada ano pelo mercado mundial de correios eletrônicos e redes sociais, ainda não existem medidas técnicas, legais ou éticas que garantam a privacidade. Além da possibilidade de um computador ser vasculhado sem autorização por um *hacker*, diversas organizações acreditam ter o direito de ler as mensagens eletrônicas expedidas e recebidas por seus funcionários. Na verdade, um funcionário que utiliza os computadores da organização, no horário em que é pago para trabalhar, deveria enviar e receber somente comunicações pertinentes ao trabalho. Nos Estados Unidos várias organizações obtiveram ganho de causa quando seus funcionários entraram com ação judicial por terem sua privacidade violada (nas mensagens eletrônicas), o que difere da Alemanha, onde alguns casos já mostraram que há maior tolerância ao uso de correios eletrônicos para fins particulares, mesmo dentro das organizações.

No Brasil as comunicações telefônicas e impressas têm o sigilo protegido por lei, a menos que haja ordem judicial em contrário, a fim de promover investigações. Os recursos informáticos, entretanto, ainda não estão protegidos da mesma forma.

Uma tentativa de preencher essa lacuna se deu por meio da Lei Geral de Proteção de Dados, a LGPD (Lei nº 13.709/2018), criada para proteger os dados de pessoas físicas, tanto no meio físico quanto no meio digital. Entende-se como dado pessoal aquele relacionado a pessoa física, que permite que o indivíduo possa ser imediatamente identificado ou identificável. Por exemplo, o número do CPF, dados cadastrais, data de nascimento, profissão, dados de geolocalização, interesses e hábitos de consumo, endereço IP e muitos outros. Ainda maior cuidado é requerido ao lidar com dados pessoais sensíveis, dentre os quais pode-se citar a origem racial ou étnica, a convicção religiosa, a opinião política, a filiação a sindicato ou a organização de caráter religioso, filosófico ou político, além dos dados referentes à saúde ou à vida sexual, informação genética e biométrica.

Outra preocupação que aumentou com o uso da internet é o *spam*, que corresponde ao envio de grandes quantidades de mensagens, na maioria das vezes com finalidade de promover um produto, serviço ou evento, e que enche as caixas de correspondência eletrônica de inúmeros usuários. Esse problema pode fazer com que indivíduos passem várias horas selecionando entre as mensagens recebidas, aquelas que são de verdadeiro interesse. Se o recebimento for de até algumas dezenas de mensagens diárias, esse processo ainda é viável, mas se forem se avolumando centenas ou milhares de mensagens diárias, o que não é impossível em se tratando da internet, o usuário ficaria impossibilitado de fazer seu serviço, e provavelmente deixaria de receber diversas mensagens importantes, por falta de espaço junto ao provedor.

Até mesmo a censura a alguns conteúdos da internet tem sido alvo de debates, pois muito material pornográfico também vem sendo veiculado na internet, sem que se faça um controle efetivo sobre a idade de quem acessa tal conteúdo. Para exemplificar essa problemática, considere que antigamente os proprietários de bancas de jornais não podiam vender revistas eróticas para crianças (ao menos não deveriam), mas não há quem controle uma criança que utiliza o computador dentro de sua própria casa, visualizando material que está disponível ao público em geral. Alguns *sites* ainda solicitam um cadastro (e principalmente um número de cartão de crédito), a fim de verificar se o cliente tem mais que 18 anos, mas outros oferecem livre acesso. Se fosse aprovada, a censura seria um retrocesso nas conquistas pela liberdade de expressão, motivo pelo qual a solução para o problema mencionado foi encontrada na filtragem de conteúdos, o que pode ser adotado por famílias com crianças.

As implicações jurídicas da utilização da informática absolutamente não se esgotam com estas poucas considerações. Há muito a ser debatido sobre novas práticas possibilitadas pelas novas tecnologias que surgem todos os dias, e é sempre interessante estar atento às decisões dos tribunais sobre os novos conflitos que forem surgindo.

RESUMO

As leis existem para regular a forma como o homem vive em sociedade, e para impedir que abusos sejam cometidos. Nesse sentido, os criadores de todo tipo de obra artística ou cultural, bem como de sistemas de informações, têm seus direitos autorais garantidos por lei. No caso de sistemas de informações, pode-se permitir a utilização do sistema por outras pessoas ou organizações, por meio do estabelecimento de um contrato de licença e pagamento da taxa nele estipulada (normalmente cobra-se o valor por um ano de uso). Os impostos incidentes na comercialização de sistemas de informações também são regulados pela legislação vigente, havendo controvérsias quanto à aplicação de ISQN ou ICMS, considerando-se o *software* como prestação de serviço ou como produto, respectivamente. Muitos crimes também passam a ser cometidos com uso das novas mídias, tais como a Internet, mas normalmente a legislação aplicada continua sendo a mesma, requerendo apenas que a polícia tenha especialistas entre os seus colaboradores, até para que informações na forma digital possam ser aceitas como provas em processos. Também é importante considerar a Lei Geral de Proteção de Dados, que regula todo tipo de utilização de dados de indivíduos por organizações.

ATIVIDADES DE APRENDIZAGEM

Após você ter realizado a leitura desta unidade, leia os enunciados com atenção e responda as questões.

1. Quais as relações entre a informática e a legislação sobre direitos autorais?
2. O que a garantia da privacidade tem a ver com a internet? Em sua opinião, a LGPD já solucionou essa questão?
3. Verifique entre os *softwares* instalados em seu computador, onde estão os contratos de licença de uso, e analise ao menos um deles, apresentando seus comentários quanto a justiças ou injustiças que estejam propostas no mesmo.

UNIDADE 20

TENDÊNCIAS PARA O FUTURO DA TECNOLOGIA DE INFORMAÇÃO E COMUNICAÇÃO

OBJETIVO

Após o estudo desta unidade, você será capaz de identificar possíveis campos de aplicação de novas tecnologias, visualizar com muita antecedência as tecnologias que surgirão no futuro, e compreender o papel que você pode ter nesse contexto.

CONTEXTUALIZAÇÃO

Os lançamentos de novos produtos tecnológicos vêm sucedendo-se freneticamente, encantando e assustando muitas pessoas. Máquinas maravilhosas são capazes de nos colocar em contato com o outro lado do planeta instantaneamente, fazendo com que nos indaguemos: o que mais falta inventarem? Por mais que tentemos antever, parece que a criatividade dos ambientes organizacionais sempre nos supera, e com isso novos produtos quase inimagináveis surgem, à medida que limitações vão sendo superadas. Veremos agora como é possível vislumbrar diversos dos produtos que serão lançados no futuro, e que no momento não se encontram sequer em projeto.

ÁREAS QUE REQUEREM NOVAS TECNOLOGIAS

Explorações espaciais: Uma forte tendência do desenvolvimento tecnológico nos próximos anos será na direção da conquista espacial, principalmente para o reconhecimento e exploração de outros planetas do Sistema Solar, bem como de outras galáxias, tão logo isso se torne possível. Para que esse feito se concretize, é essencial o desenvolvimento de sofisticados sistemas de informações que captem e processem todos os dados acessíveis a partir do monitoramento de equipamentos remotos. Em 1997 a mídia fez grande alarde da chegada à superfície marciana de uma sonda, na realidade um veículo com controle remoto, cuja incumbência era a transmissão de imagens do solo.

Nesse mesmo sentido, em 2001 a NASA pretendia sondar Marte utilizando um avião robô com 5 metros de comprimento e 225 Kg, que seria lançado dentro de uma cápsula espacial de 2,65 metros de diâmetro. Ao entrar na atmosfera a cápsula se abriria e o avião, todo dobrado, seria automaticamente montado. Seu motor deveria ser acionado a 1.000 metros de altitude, a fim de conduzi-lo por 3.400 quilômetros, tudo isso para que quatro câmeras de vídeo, sensores infravermelho e radares enviassem dados à Terra, possibilitando o estudo do meio ambiente marciano.

Outro desafio no desenvolvimento de tecnologia a ser utilizada na direção da exploração espacial, é o Hiper jato, um veículo que deveria atingir 30 km de altitude (estratosfera), e voar a mais de 12.000 km/h. Com isso, sua fuselagem deveria resistir a até 2.000 °C. Quatro protótipos de 3 metros de comprimento foram encomendados há alguns anos, a um custo de 33,4 milhões de dólares.

A tecnologia utilizada na viabilização de tais sondagens e experimentos, bem como a tecnologia necessária ao processamento dos dados resultantes, merecem especial atenção, podendo vir a ser objeto de vultosos investimentos de recursos financeiros e humanos nas próximas décadas, principalmente porque haverá organizações e pessoas dispostas a participar desses projetos. Recentes experimentos foram feitos por grandes empresários como Jeff Bezos e Elon Musk, iniciando uma nova corrida de exploração espacial.

Exploração do planeta Terra: Ao mesmo tempo que o homem procura expandir as suas fronteiras espaço afora, também continua tentando conhecer melhor o planeta em que vive. Nesse sentido, já foi utilizado um supercomputador para avaliar dados das ondas sísmicas de mais de 40 mil terremotos, a fim de estudar a estrutura e até compor uma imagem do manto interno da Terra. À semelhança de furacões e tornados, que foram estudados a fim de prever sua formação e aproximação em tempo de salvar vidas, o conhecimento da estrutura do planeta Terra é necessário para tentar antecipar-se a catástrofes como tsunamis, furacões, inundações, deslizamentos de terra e outros eventos.

Exploração da Microbiologia: Uma tendência da ciência é a exploração mais racional da natureza, preservando os seus recursos e intervindo fortemente para evitar a extinção de espécies, bem como para erradicar doenças e proporcionar o bem-estar humano. Diversos estudos têm sido desenvolvidos sobre o DNA (código genético) de várias espécies, o que requer o uso de equipamentos extremamente sofisticados monitorados por computador, bem como a utilização de sistemas específicos que possibilitem o processamento dos dados encontrados, e a projeção e simulação de novas situações.

Um exemplo de esforço nesse sentido, foi a utilização de mosquitos com o DNA modificado, a fim de erradicar doenças que normalmente seriam transmitidas por eles próprios. Um pesquisador da Universidade da Califórnia está desenvolvendo genes que sejam resistentes ao parasita que provoca a malária, para depois inocular em mosquitos a serem soltos no meio ambiente, torcendo então para que eles cruzem com as espécies silvestres e acabem com a doença.

O código genético humano tem sido estudado em profundidade, a fim de reconhecer propensões a determinadas doenças e buscar a cura de outras, com o propósito de aumentar a expectativa e a qualidade de vida das pessoas.

Computadores, periféricos e software: A evolução dos computadores, periféricos e sistemas é espantosa, sendo muito difícil visualizar os produtos emergentes. Alguns anúncios são feitos esporadicamente, informando sobre os próximos lançamentos, mas somente quando a tecnologia já está praticamente pronta.

Outro exemplo de produtos e serviços emergentes diz respeito à conexão de computadores em uma potente rede mundial, muito mais veloz que a atual Internet; o sonho de Bill Gates está muito mais perto da concretização, do que o cenário traçado por Nicholas Negroponte, visto que o primeiro pensa em utilizar satélites de baixa órbita para criar a superestrada da informação, enquanto o segundo afirma que a transmissão de dados via satélite deveria ser reservada para os pontos de comunicação móvel (pessoas ou computadores que estejam em movimento). Nesse sentido, a Motorola, a Teledesic e a Boeing se uniram em um empreendimento para lançar centenas de satélites que viabilizariam o megaprojeto de Gates intitulado "Internet in the Sky".

Ao mesmo tempo, inúmeros equipamentos têm sido desenvolvidos para alterar as experiências e sensações humanas, por meio de realidade virtual (RV), permite a imersão do usuário no mundo digital, e realidade aumentada (RA), que mistura o virtual com o real, levando à percepção de objetos virtuais no contexto real.

Entretenimento e Turismo: A indústria do entretenimento tem assumido vital importância mundial, juntamente com a do turismo. O papel dos sistemas de informações nessa indústria evolui assustadoramente, principalmente com a conversão dos meios analógicos para digitais. Antigamente havia uma grande preocupação com a pirataria, pois havia a possibilidade de fazerem cópias não autorizadas de discos. Nos últimos anos o esforço tem sido alternativo, com um movimento no sentido de permitir que músicas sejam baixadas diretamente na Internet, mediante valores acessíveis. Aplicativos como o Spotify ganharam notoriedade por conta disso.

A produção de filmes tem constituído uma excelente aplicação da tecnologia de informação, sendo que diversos desenhos animados com longa duração já foram criados sem a utilização de lápis, tintas e pincéis, como se fazia há algumas décadas. Os efeitos especiais em filmes convencionais também estão sendo continuamente aprimorados, adquirindo muita semelhança com a realidade. Ao assistir um filme recém-lançado e outro produzido há vinte ou trinta anos, é fácil perceber a diferença qualitativa.

Do lado do turismo, pode-se imaginar o potencial existente. Hotéis, transatlânticos, companhias aéreas, parques temáticos e muitos outros empreendimentos, necessitam cada dia mais dos recursos da tecnologia de informação a fim de oferecer conforto e o máximo de descontração aos seus clientes.

A Luta pelo Mercado Consumidor de Tecnologia: Aliada a todas essas possibilidades de desenvolvimento e utilização de inovações tecnológicas, está a luta por maior participação no mercado, e sempre que possível o estabelecimento de padrões mundiais ou regionais que privilegiem determinada organização. Produtores de *software* e de *hardware* criam produtos e buscam o maior número possível de consumidores para o mesmo, assim como procuram enfraquecer os possíveis concorrentes. É nesse sentido que empresas como Meta (antigo Facebook), Microsoft e Google (para citar poucos exemplos) vêm adquirindo diversas empresas menores que lançam produtos inovadores.

O comércio eletrônico, que envolve o uso de tecnologia para a troca de informações entre empresas, movimenta volumes cada vez maiores de recursos, apresentando grande necessidade de soluções para as áreas de saúde e seguros, além de uma melhor inserção para as pequenas empresas.

No que diz respeito a prestação de serviços, a tecnologia da informação tem muito a oferecer, principalmente no comércio e em áreas que se utilizem de grandes volumes de informações. Os bancos constituem grandes consumidores desse tipo de tecnologia, com altíssimos investimentos e impressionantes inovações que possibilitem maior segurança. Nesse sentido, bancos ingleses inovaram na substituição do código secreto (senha) dos clientes pela leitura da íris, tecnologia que já era vislumbrada há várias décadas, conforme apresentado em filmes.

Em termos de segurança nos serviços computadorizados oferecidos, é interessante notar a evolução na circulação de documentos com assinatura digital legalmente reconhecidos. Esse fato tornou necessária uma revisão conceitual, quanto a tipos de documentos e respectivas formas de armazenamento, formas que assumem os novos escritórios, leis que regulamentem transações comerciais, direitos autorais, validações e muito mais.

Todas as atividades que requerem a sistematização de informações para a melhor tomada de decisões estão sendo supridas por empresas que lidam com a tecnologia da informação. Por exemplo, candidatos a eleições dispõem de sistemas que ajudam a traçar metas e descobrir o perfil dos seus prováveis eleitores, e as redes sociais têm sido utilizadas como armas estratégicas nessas disputas. Técnicos de futebol e de outros esportes utilizam computadores para analisar as suas jogadas e as dos adversários, monitorando e avaliando as estatísticas de jogos, campeonatos e carreiras dos atletas. Até mesmo as empresas de coleta de lixo urbano já utilizam há algum tempo, sistemas para melhorar os roteiros dos caminhões coletores. As possibilidades tecnológicas parecem não acabar, constituindo oportunidades para quem deseja empreender nessa área.

COMO IDENTIFICAR OS PRODUTOS E SERVIÇOS DO FUTURO

Uma forma bastante simples de identificar produtos e serviços que provavelmente serão lançados no mercado nas próximas décadas, consiste em assistir filmes futuristas, pois neles são apresentadas diversas tecnologias que ainda estão sendo pesquisadas em laboratórios, e que certamente amadurecerão e se tornarão viáveis comercialmente. Foi esse o caso dos leitores da íris com a finalidade de identificação de usuários de computadores, que foram inicialmente apresentados no filme "Runaway – fora de controle", em 1984. O uso de algo parecido com o celular já podia ser vislumbrado nas revistas em quadrinhos de Dick Tracy, na década de 1940. Pode-se imaginar, a partir de diversos filmes, que as viagens espaciais se tornarão muito mais simples, e que diversos deslocamentos talvez possam vir a ser feitos por meio do teletransporte, à semelhança do que ocorria no seriado Jornada nas Estrelas (1966 a 1969).

Mesmo as ideias que parecem ser as mais absurdas hoje em dia, poderão em algum momento se tornar viáveis comercialmente, enriquecendo novos empreendedores. Nesse sentido, outra forma de antever lançamentos tecnológicos, consiste na leitura de publicações da área financeira, pois nelas são divulgadas as fusões e aquisições de organizações, sendo essa uma das principais formas de aquisição de tecnologias para quem visualiza o seu uso futuro e as possibilidades de ganhos.

Por fim, muitas possibilidades tecnológicas são apresentadas por pesquisadores e por grandes empresários, mostrando a visão que têm em relação às próximas décadas, ou mesmo aquilo em que já estão investindo tempo e recursos. Nem sempre são acertadas, mas apresentam boas perspectivas. Dentre eles, pode-se destacar Nicholas Negroponte (pesquisador do MIT) e Bill Gates (grande empresário). Negroponte (1995) descreve sua visão da incorporação de tecnologias a eletrodomésticos e objetos, ampliando suas possibilidades de uso, além da ideia de imagens tridimensionais (holografias) como uma perspectiva para as áreas de comunicação e entretenimento. Bill Gates (Gates; Rinearson; Myhrvold, 1995) também apresenta ideias inovadoras, ao descrever a casa que estava construindo, com recursos de reconhecimento das pessoas que estivessem em seu interior, sofisticados recursos de exibição de telas digitais em conformidade com o gosto delas, e muito mais. Essas ideias já foram apresentadas há décadas, e têm grandes chances de se transformarem em produtos largamente comercializados. Bell e Gemmell (2010) apresentam uma visão bem mais próxima da realidade atual, ao descreverem a tecnologia que vem sendo desenvolvida pela Microsoft, a fim de evitar e até eliminar todo tipo de papel, e, ao mesmo tempo, fazer um registro minucioso de todos os fatos da vida dos indivíduos, fotografando, gravando em áudio e até monitorando os sinais vitais continuamente. Essa descrição leva ao questionamento sobre o comportamento dos seres humanos, como indivíduos e em sociedade. Registrar todos os fatos de minha vida com que finalidade? Para ser vista por quem? Até onde vai a minha privacidade diante de tantas tecnologias monitorando absolutamente tudo? Quais novas mudanças sociais e políticas podem advir das interações proporcionadas pelo uso da Internet?

Uma tecnologia que vem provocando importantes impactos, e que já era anunciada por filmes de ficção, é a inteligência artificial (IA). Ela não somente está acessível aos indivíduos em seus microcomputadores, criando textos e imagens por eles, mas vem sendo incorporada a inúmeros equipamentos e instalações, incluindo carros que nem precisam mais de motoristas.

DUAS PERSPECTIVAS EM RELAÇÃO ÀS TECNOLOGIAS DO FUTURO

De nada aproveita ter a capacidade de antever os lançamentos tecnológicos, se não forem empreendidas ações para aproveitar essa visão. A grande maioria das pessoas tem conhecimento das novas tecnologias somente quando são lançadas comercialmente, tornando-se então meros usuários e consumidores delas. A outra perspectiva está na iniciativa de criar as novas tecnologias, ao invés de esperar por elas. Alguém tem a ideia inovadora, estuda a sua viabilidade de produção e comercialização (processo que em alguns casos pode ser muito caro e demorado), consegue os recursos necessários e lança o produto ou serviço. Se for bem-sucedido, desfrutará do mercado consumidor com exclusividade por um tempo razoável, até que concorrentes produzam algo similar ou substituto.

Há quem diga que o projeto e o lançamento de novos produtos devem ser deixados a cargo de engenheiros, mas, na verdade, qualquer pessoa pode ter uma ideia inovadora e contratar um engenheiro para projetar o novo produto, bem como pode contratar um administrador para fazer todo o estudo de viabilidade comercial, ou uma agência de publicidade para planejar e operacionalizar o seu lançamento. Para ser inovador não é necessário ter todo o conhecimento técnico, mas saber contratar as pessoas com tais habilidades, quando forem efetivamente necessárias.

As duas perspectivas que se apresentam como fechamento desta unidade, são a de enxergar a tecnologia de informação como algo maravilhoso, que se inova a cada dia, e à qual você deve se adaptar (aprender a usar), ou de enxergá-la como uma oportunidade a ser explorada por pessoas empreendedoras, dentre as quais destaca-se você. O futuro apresenta enormes perspectivas para quem souber aproveitá-las.

RESUMO

As perspectivas para o futuro da tecnologia de informação são as mais promissoras possíveis, pois pode ser aplicada a inúmeras áreas de atuação, sendo que há muito para ser explorado, tal como as viagens espaciais, a estrutura terrestre, o entretenimento e a microbiologia. Ideias sobre produtos e serviços inovadores podem ser vislumbradas em filmes de ficção, em revistas da área financeira ou em livros de pesquisadores e de grandes empresários de visão, mas somente terão proveito se quem as vislumbrar agir de forma proativa, trabalhando no desenvolvimento e exploração de tais produtos e serviços, ao invés de esperar que sejam lançados, para então se tornar um mero usuário deles.

ATIVIDADES DE APRENDIZAGEM

Após você ter realizado a leitura desta unidade, leia os enunciados com atenção e responda as questões.

1. Em que áreas você acredita que a tecnologia de informação tem boas perspectivas de ser utilizada futuramente?

2. De que forma você pode antever os lançamentos de produtos e serviços?

Pergunte para amigos, parentes e colegas, quais produtos e serviços eles imaginam que poderão ser lançados dentro de dez a vinte anos, e que hoje não estão nem em projeto. Por mais absurdas que possam ser as ideias, enumere-as e destaque aquelas em que você investiria seu tempo, seus talentos e seus recursos financeiros.

SAIBA MAIS

Leia algumas publicações da área financeira, e procure identificar áreas em que estejam sendo feitos investimentos a fim de projetar novas tecnologias.

Em relação ao conteúdo apresentado acima, reflita sobre a sua própria postura diante da inovação tecnológica.

MÓDULO 3

INDO ALÉM DE TECNOLOGIA, DADOS E INFORMAÇÕES

UNIDADE 21

GESTÃO DO CONHECIMENTO

OBJETIVO

Após a leitura desta unidade, você será capaz de compreender o que é o conhecimento e como ele é criado dentro das organizações, bem como os esforços que podem ser empreendidos para gerar melhores resultados, tanto em nível individual quanto grupal, organizacional e social.

CONTEXTUALIZAÇÃO

Conhecimento sempre foi um diferencial entre indivíduos bem-sucedidos e aqueles que passam trabalho a vida toda. De igual modo, há organizações que se diferenciam ao criarem novos produtos e tecnologias, e aquelas que prestam serviços ou fabricam produtos com baixo valor agregado. O que, afinal de contas, é o conhecimento? Ele pode ser criado em qualquer tipo de organização? Como ocorre esse processo de criação de conhecimentos? Esses questionamentos são a base sobre a qual se construiu esta unidade.

CONCEITO E TIPOS DE CONHECIMENTOS

Para chegar ao conceito de conhecimento, é interessante criar uma distinção em relação às definições de dado e de informação.

Já vimos na Unidade 6, que dado é entendido como o registro referente a todo e qualquer evento, objeto ou pessoa, como o nome completo, endereço, cidade e estado natal, estado civil, grau de instrução, data do nascimento, data de admissão, número de filhos, salário, número de registro e muito mais. Quando esses dados são processados, seja no sentido cumulativo, comparativo ou qualquer outro, torna-se mais relevante para a tomada de decisão, passando a constituir uma informação. Por exemplo, pouco vale dispor de dados constatando que às 17h32 do dia 10/05/2023 foi vendido um pacote de fraldas descartáveis da marca XYZ, para o senhor José da Silva, em um determinado estabelecimento comercial. O acompanhamento das vendas, entretanto, aliado à informação sobre o nível em que se encontram os estoques e o tempo que o fornecedor leva para entregar as mercadorias, torna-se essencial para a tomada de decisão no departamento de compras, e tais informações decorrem dos processamentos de todas as vendas individuais registradas. A informação, por sua vez, dá margem a que um indivíduo crie um novo ponto de vista para interpretar objetos, eventos ou pessoas, lançando luz sobre conexões inesperadas, sendo importante na construção de conhecimentos, uma vez que lhe acrescenta algo ou o reestrutura. Tanto o dado quanto a informação podem ser tratados de uma forma bastante objetiva, até mesmo desvinculados do ser humano, mas quando uma pessoa assimila uma informação, transformando-a a fim de agir, essa informação passa a ser um conhecimento. "A informação é um fluxo de mensagens, enquanto o conhecimento é criado por esse próprio fluxo de informação, ancorado nas crenças e compromissos de seu detentor" (Nonaka; Takeuchi, 1997, p. 64).

O conhecimento tem caráter subjetivo e complexo, correspondendo a "todo o conjunto de aprendizado e habilidades que indivíduos (não máquinas) usam para resolver problemas" (Probst; Raub; Romhardt, 2002, p. VI). Há mais de dois milênios, o filósofo Platão definiu conhecimento como "crença verdadeira justificada". As sociedades ocidentais concentraram-se primordialmente na palavra "verdade", ao passo que os orientais se apegaram mais à ideia de "crença justificada". O racionalismo (defendido por René Descartes) propunha que, para alcançar o conhecimento, seria necessário não aceitar algo como verdadeiro sem reconhecer tal característica por si mesmo (evitar julgamentos precipitados), dividir as dificuldades no maior número de partes possível (análise), iniciar o estudo com os objetos mais simples e fáceis de entender (complexidade progressiva) e fazer enumerações tão completas que se pudesse ter certeza de que nada foi omitido (não superficialidade). John Locke, por sua vez, afirmava que as ideias somente poderiam vir à mente a partir das experiências, tanto sensitivas quanto reflexivas. Observa-se, entretanto, que é atribuído um valor muito grande para a razão, deixando os sentimentos de lado na busca do conhecimento. Os orientais, por outro lado, percebem o conhecimento como algo inerente ao ser humano inteiro, pois é necessário conhecer com a mente e com o corpo. Ao mesmo tempo, o homem é enxergado como parte do ambiente em que está inserido, especialmente como parte da natureza, e não separado dela. Essa característica permite que se faça uso de imagens físicas e concretas dos objetos, a fim de expressar algo que está no pensamento, sendo muitas vezes necessário criar analogias e metáforas, considerando a dificuldade de expressar algo diretamente em palavras. Além da unidade com a natureza, o homem oriental também se considera parte da coletividade, realizando-se como tal, o que difere muito do ocidental, que busca e valoriza primordialmente a realização individual.

"Conhecimento é o conjunto total incluindo cognição e habilidades que os indivíduos utilizam para resolver problemas. Ele inclui tanto a teoria quanto a prática, as regras do dia a dia e as instruções sobre como agir. O conhecimento baseia-se em dados e informações, mas, ao contrário deles, está sempre ligado a pessoas. Ele é construído por indivíduos e representa suas crenças sobre relacionamentos causais" (Probst; Raub; Romhardt, 2002, p. 29).

Pode-se observar algumas características do conhecimento: ao contrário da informação, o conhecimento envolve crenças e compromissos, e está necessariamente ligado à ação; por outro lado, à semelhança da informação, o conhecimento relaciona-se com o significado de algo. Três tendências do conhecimento são a sua impressionante taxa de crescimento, o grau em que se tornou fragmentado e a sua crescente globalização. Por exemplo, "do ponto de vista quantitativo, o conhecimento humano tem crescido exponencialmente. Depois da invenção da prensa de Gutenberg, passaram mais de 300 anos para o volume de informações mundiais dobrar pela primeira vez. Desde então, ele praticamente dobrou a cada cinco anos" (Probst; Raub; Romhardt, 2002, p. 14). A crescente globalização é exemplificada pelo fato de que no início da década de 1970 os Estados Unidos produziam mais de 70% das novas tecnologias do mundo, ao passo que hoje se observam centros de excelência científica e técnica espalhados por todo o planeta, como no caso da Índia, que se tornou um grande centro mundial de produção de *software*.

Cabe, a partir deste momento, refletir sobre a distinção epistemológica que classifica os conhecimentos como tácitos e explícitos. Essa classificação não os considera como entidades totalmente separadas, mas mutuamente complementares, realizando trocas nas atividades criativas dos seres humanos.

Conhecimento explícito é aquele que pode ser articulado sob a forma textual, em expressões matemáticas, manuais, leis e outros, podendo também ser considerado como sinônimo de informação. Esse tipo de conhecimento é transmitido formalmente entre indivíduos com mais facilidade, justamente porque pode ser processado eletronicamente e armazenado em livros e computadores. Em sua maioria, é o que pode ser observado nas organizações ocidentais, ao passo que as organizações japonesas consideram esse tipo de conhecimento como algo comparável à ponta de um iceberg; para eles o conhecimento é basicamente tácito. O conhecimento explícito é primordialmente objetivo, ligado à racionalidade, podendo ser sequencial e expresso sob a forma de teorias.

O conhecimento tácito é difícil de ser articulado sob a forma de linguagem, tendo em vista que é pessoal e incorporado à experiência do indivíduo, envolvendo fatores como as crenças pessoais, a história de vida, o sistema de valores, conclusões, insights, ideais, emoções, imagens, símbolos e outros itens muito subjetivos. Por esse motivo, é difícil administrar a sua transmissão para outras pessoas, mas apesar disso continua sendo uma importante fonte de competitividade das empresas. O conhecimento tácito é subjetivo (necessariamente ligado ao seu detentor), associado à experiência (ao corpo, e não apenas à mente), simultâneo (aqui e agora) e análogo (prática).

Há duas dimensões em que se pode observar o conhecimento tácito, que são a técnica e a cognitiva. A primeira constitui-se das habilidades e capacidades associadas ao "saber fazer", mesmo que o indivíduo não saiba expressá-las. A segunda é composta por modelos mentais, crenças e percepções que um indivíduo considera certos, constituindo sua visão da realidade e do futuro, e influenciando a forma como percebe o mundo.

CRIAÇÃO DE CONHECIMENTOS NA EMPRESA

Uma organização de negócios vai além do mero processamento de dados, informações e conhecimentos, pois também tem a capacidade de criar conhecimentos quando surgem necessidades. Na verdade, o conhecimento é criado por indivíduos, mas estes podem ser apoiados e estimulados intencionalmente pela organização, que proporciona a infraestrutura necessária, os contextos e desafios. Nesse sentido, uma organização consegue ampliar e disseminar os conhecimentos criados por indivíduos, firmando-os como parte da rede de conhecimentos da própria organização.

Tradicionalmente, quando organizações japonesas enfrentam momentos de crise, voltam-se para a criação de novos conhecimentos, como uma forma de romper com o passado que pode estar provocando essa situação adversa, e ingressam em situações com novas oportunidades que talvez nunca tenham sido testadas. Assim, até mesmo a disposição de abandonar os sucessos anteriores pode ser observada, não só em organizações japonesas, sempre que se promove a melhoria contínua de todas as atividades, o desenvolvimento de novas soluções a partir dos próprios sucessos anteriores, e a contínua inovação como um processo organizado e intencional. As ideias para inovações podem surgir de observações ou conversas com clientes, fornecedores, distribuidores, governo, concorrência ou qualquer outra fonte, contanto que exista a intenção de investir na criação de algo novo.

Os conhecimentos e ideias coletados externamente são largamente disseminados dentro da organização, passando a fazer parte da base de conhecimentos da empresa. Esse novo conhecimento passa a ser incorporado aos produtos, tecnologias e serviços oferecidos, sendo então devolvido ao ambiente externo. A utilidade caracterizada pelo uso de novos conhecimentos é o que promove o sucesso das organizações em geral, e uma condição muito importante é a existência do trabalhador do conhecimento, um indivíduo que sabe alocar o conhecimento para uso produtivo.

Segundo Nonaka e Takeuchi (1997, p. XII), criação de conhecimento organizacional é a "capacidade que uma empresa tem de criar conhecimento, disseminá-lo na organização e incorporá-lo a produtos, serviços e sistemas". É a recriação da empresa e dos seus integrantes em um processo de auto renovação.

Cinco condições podem capacitar as organizações na criação do conhecimento. A primeira delas é a intenção, ou seja, o direcionamento que a própria organização estabelecerá para o processo de criação de conhecimento, e que deve se tornar um compromisso de todos os colaboradores, fazendo com que os conhecimentos adquiridos tenham mais valor. A segunda condição é a autonomia, sendo que todos os membros de uma organização devem agir de forma autônoma, ampliando assim a chance de introdução de oportunidades inesperadas e a motivação dos indivíduos. A terceira condição é composta por flutuação e caos criativo, que corresponde à abertura a novas interações entre a organização e o ambiente externo, criando oportunidades de reconsiderar o próprio pensamento e as perspectivas fundamentais, questionando assim a validade das atitudes básicas em relação ao mundo (flutuação). Situações assim podem precipitar um colapso dentro da organização, a partir do qual o novo conhecimento é criado, contanto que haja reflexão sobre as ações empreendidas. A quarta condição é a redundância, que consiste em informações que transcendem as necessidades operacionais imediatas da organização. Trata-se da superposição intencional de informações, fazendo com que um conceito criado por um indivíduo seja compartilhado entre outros que talvez não precisem imediatamente do mesmo, induzindo assim a invasão de fronteiras funcionais e o surgimento de recomendações e trocas de ideias. A quinta condição é a variedade de requisitos, que é alcançada quando todos os colaboradores de uma organização têm o acesso mais rápido possível à mais ampla gama de informações necessárias, passando pelo menor número possível de etapas. Essa condição é muito facilitada pelo uso generalizado de tecnologias de informação e comunicação.

A ESPIRAL DE CRIAÇÃO DO CONHECIMENTO

A interação entre o conhecimento tácito e o conhecimento explícito dentro de uma organização permite o surgimento de uma dinâmica de criação de conhecimento, que constitui um processo em espiral em que a interação ocorre repetidamente. Esse processo se dá em diferentes níveis, que são o individual, o grupal, o organizacional e até o inter organizacional. Essa interação entre conhecimentos também é chamada de conversão, uma vez que transforma os conhecimentos em sua essência. São quatro os tipos de conversão do conhecimento: socialização, externalização, combinação e internalização, conforme se observa na figura 21.1, a seguir.

Figura 21.1: Os modos de conversão do conhecimento.

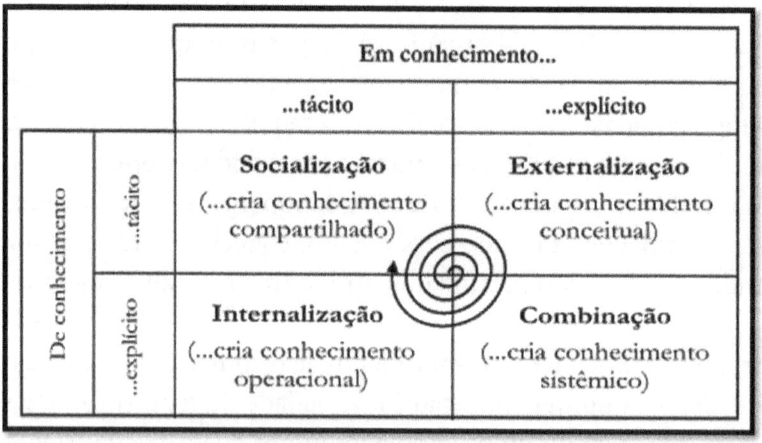

Em conhecimento...
...tácito
...explícito
De conhecimento
...tácito
...explícito
Socialização
(...cria conhecimento compartilhado)
Externalização
(...cria conhecimento conceitual)
Internalização
(...cria conhecimento operacional)
Combinação
(...cria conhecimento sistêmico)

Fonte: Nonaka e Takeuchi (1997, p. 69).

- Socialização: é a atividade em que conhecimentos tácitos de um indivíduo são convertidos diretamente em conhecimentos tácitos de outro indivíduo, ou mesmo de um grupo, sem que seja necessário transformá-los em conhecimentos explícitos. Trata-se de um processo de compartilhamento de experiências, em que modelos mentais e habilidades técnicas também são compartilhados. Para que esse tipo de conversão ocorra, não é necessário o uso da linguagem, conforme se dá na relação entre mestre e aprendiz, onde o aprendizado de uma arte resulta da observação, da imitação e da prática.
- Externalização: é a atividade em que o conhecimento tácito é transformado em conhecimento explícito, o que deve ser muito valorizado pelas organizações, visto que uma ideia não tem valor algum se não for compartilhada com outros indivíduos na empresa, e para que isso ocorra é necessário explicitar o conhecimento. Trata-se de um processo de articulação do conhecimento tácito, convertendo-o em metáforas, analogias, conceitos, hipóteses, modelos, apostilas, livros e outras formas de conhecimento explícito. A construção deste livro, por exemplo, pode ser categorizada em grande medida como externalização, uma vez que foram colocadas por escrito as ideias que haviam sido compiladas e sistematizadas na mente do autor. A externalização é a chave para a criação do conhecimento, uma vez que novos conceitos são formalizados, muitas vezes iniciando com uma metáfora, que leva à construção de uma analogia, que por sua vez permite a elaboração de um modelo.
- Combinação: é a atividade em que conhecimentos explícitos são utilizados para gerar novos conhecimentos explícitos. Nesse tipo de conversão os indivíduos trocam e combinam conhecimentos por meio de documentos,

conversas, reuniões ou mensagens por computador. Essas informações (conhecimentos explícitos) podem ser reconfiguradas por meio de classificações, acréscimos, combinações e categorizações, levando a novos conhecimentos. Essa conversão é muito comum nas escolas e em muitos treinamentos.

- Internalização: é a atividade em que os conhecimentos explícitos são transformados em conhecimentos tácitos, isto é, as habilidades e informações provenientes de outros devem ser assimiladas, sendo modificadas, enriquecidas e traduzidas ajustando-se à identidade e autoimagem do indivíduo e da empresa. "A internalização também pode ocorrer sem que, na verdade, se tenha de 'reexperimentar' as experiências de outras pessoas. Por exemplo, se ler ou ouvir uma história de sucesso faz com que alguns membros da organização sintam o realismo e a essência da história, a experiência que ocorreu no passado pode se transformar em um modelo mental tácito" (Nonaka; Takeuchi, 1997, p. 78).

A espiral de criação do conhecimento inicia-se da seguinte forma: um problema ou oportunidade leva membros da organização a trocarem ideias em busca de uma solução, e com isso compartilham seus modelos mentais e conhecimentos tácitos (socialização), resultando em conhecimentos compartilhados. Na busca por algo que seja comum a todos no grupo, pode surgir uma metáfora e/ou uma analogia significativa, externalizando-se então aquilo que estava oculto em suas mentes (externalização), resultando em conhecimento conceitual. Ao colocar o conhecimento recém-criado em uma 'rede' juntamente com os conhecimentos preexistentes, cristaliza-se um novo produto, serviço ou sistema gerencial (combinação), resultando em conhecimento sistêmico. Quando o novo produto, serviço ou sistema gerencial é operacionalizado, ocorre o 'aprender fazendo' (internalização), resultando em conhecimento operacional. Todo esse processo é direcionado "pela intenção organizacional, que é definida como a aspiração de uma organização às suas metas" (Nonaka; Takeuchi, 1997, p. 83). No entanto, não é muito comum que organizações conceitualizem suas visões sobre o tipo de conhecimento que deve ser desenvolvido, e sobre a forma como o mesmo será operacionalizado.

RESUMO

Você viu nesta unidade o conceito de conhecimento, bem como as distinções entre conhecimentos tácitos e explícitos. Também foi apresentada a caracterização da organização criadora de conhecimentos, que deve ser capaz de abandonar sucessos antigos para gerar ideias novas, a serem disseminadas por toda a organização e incorporadas a produtos e serviços. Para isso existem cinco condições, que são a intenção, a autonomia, a flutuação juntamente com o caos criativo, a redundância e a variedade de requisitos. Tudo isso deve ser utilizado para produzir a espiral de criação do conhecimento, composta por quatro tipos de conversão do conhecimento, que são a socialização, a externalização, a combinação e a internalização.

ATIVIDADES DE APRENDIZAGEM

Após você ter realizado a leitura desta unidade, leia os enunciados com atenção e responda as questões.

1. Apresente exemplos de conhecimentos tácitos e explícitos cuja existência você já observou na organização em que atua.

2. Você consegue identificar um conhecimento que tenha sido desenvolvido recentemente por uma organização, sendo então incorporado a um de seus produtos ou serviços?
3. Cite exemplos de condições capacitadoras da criação do conhecimento, que tenham sido adotadas (conscientemente ou não) na organização em que você atua.
4. Em sua opinião, o que pode ajudar ou dificultar a socialização, a externalização, a combinação e a internalização na organização em que você atua?
5. Que conhecimentos poderiam ser criados ou buscados para melhorar o desempenho de sua organização?

UNIDADE 22

CULTURA ORGANIZACIONAL, ESTILOS GERENCIAIS E A GESTÃO DO CONHECIMENTO

OBJETIVO

Após a leitura desta unidade, você será capaz de identificar aspectos da cultura organizacional e estilos gerenciais que possam ser mais favoráveis à Gestão do Conhecimento organizacional.

CONTEXTUALIZAÇÃO

Nem todas as organizações desenvolvem ou disseminam novos conhecimentos, até porque em muitas delas não há consciência sobre os processos descritos na unidade anterior, ou porque outras características organizacionais talvez não sejam favoráveis. Dentre estas, destacam-se nesta unidade a cultura organizacional e o estilo gerencial. Você verá esses conteúdos nas seções a seguir.

CULTURA ORGANIZACIONAL E GESTÃO DO CONHECIMENTO

Diversos são os autores que apresentam conceitos de cultura organizacional, e dentre eles destaca-se Schein (1982), para quem cultura organizacional é o conjunto de crenças, valores, normas e pressupostos utilizados por um grupo, por serem considerados válidos para garantir a sua sobrevivência.

Fleury (1987) aponta duas linhas de estudo da cultura organizacional, sendo que a primeira entende a cultura como uma variável, como algo que a organização tem, e a segunda entende a cultura como raiz da própria organização, como algo que a organização é. A primeira linha de estudos ainda é dividida entre a definição da cultura como uma variável independente, externa à organização (a cultura da sociedade em que se insere a organização e que é trazida para dentro por seus membros), e a definição da cultura como uma variável interna (as organizações produzem bens, serviços e produtos culturais como lendas, ritos, símbolos).

Os fundadores da organização e, ao longo do tempo, os seus dirigentes, estabelecem uma maneira própria de agir e interagir, ao criarem estruturas internas para responder a interações externas, e ao transacionar com o meio ambiente. "Com isto, criam para a empresa ou organização uma identidade reconhecível, no conjunto geral do ambiente de negócios, e nos mercados, bem como entre as pessoas que compartilham de seus limites internos" (Tavares, 1993, p. 58). Entretanto, uma organização com alta rotatividade de mão de obra dificilmente se transforma numa cultura, pois o grupo precisa de tempo para que, da sua ação conjunta, nas interações internas e externas, seja possível emergir uma realidade socialmente construída.

Vários são os componentes da cultura de uma organização, destacando-se os seguintes:

a. Valores: indicam quais questões são observadas prioritariamente, quais devem ser consideradas com mais seriedade no processo decisório, e que tipo de pessoas são mais respeitadas, o que influencia as possibilidades de subir na hierarquia organizacional. Os valores governam o comportamento das pessoas, mas são difíceis de observar diretamente, sendo necessário entrevistar os membros-chave da organização ou analisar o conteúdo de documentos formais, para identificá-los;

b. Crenças e pressupostos: os pressupostos básicos constituem a essência da cultura, pois são formados pelos valores já "testados por um grupo e percebidos como válidos para a situação, sendo capazes de resolver os problemas de adaptação externa e integração interna" (Ferro, 1991, p. 15). Com o tempo, os valores vão passando para o plano inconsciente, sendo vistos como algo totalmente certo, constituindo então os pressupostos básicos. Os termos Crenças e Pressupostos "têm sido usados quase como sinônimos para expressar aquilo que é tido como Verdade na organização. Tidos como verdade, estes conceitos são naturalizados e, consequentemente, são inquestionáveis" (Freitas, 1991, p. 19);

c. Normas de comportamentos e ações: o sistema normativo é um importante componente da cultura organizacional, "por tratar-se de um conceito que as pessoas de diferentes *backgrounds* e níveis educacionais podem entender e aplicar de forma bem-sucedida" (Freitas, 1991, p. 32). Toda cultura tem maneiras de fazer as coisas, que são expressas sob a forma de normas, estipulando "todo o comportamento que é esperado, aceito ou apoiado pelo grupo, esteja tal comportamento fixado formalmente ou não. Assim, a norma é o comportamento sancionado, através do qual as pessoas são recompensadas ou punidas, confrontadas ou encorajadas, ou postas em ostracismo quando violam as normas" (Freitas, 1991, p. 33);

d. Poder: está relacionado com "a capacidade de realmente controlar as demais pessoas através do exercício da força bruta, da manipulação das recompensas e das punições que têm significado para os outros, ou da manipulação de informações. Poder significa que os outros não têm escolha porque não são suficientemente fortes para se autodeterminar ou não têm acesso aos recursos de que necessitam" (Schein, 1982, p. 19-20);
e. Mitos e tabus: as estórias constituem um importante componente da cultura organizacional, pois são "narrativas baseadas em eventos ocorridos, que informam sobre a organização, reforçam o comportamento existente e enfatizam como este comportamento se ajusta ao ambiente organizacional. Os mitos se referem a estórias consistentes com os valores da organização, porém, não sustentadas pelos fatos" (Freitas, 1991, p. 26). Não menos importantes, os tabus orientam o comportamento através da ênfase naquilo que não é permitido;
f. Ritos, rituais e cerimônias: rituais e cerimônias são quase sinônimos, e têm a capacidade de tornar expressiva a cultura, à medida que comunicam de que maneira as pessoas devem comportar-se na organização, mostrar os padrões de procedimentos, estabelecer limites para diversões, aproximar as pessoas, reduzir os conflitos e guiar o comportamento através da dramatização dos valores básicos;
g. Fundadores e revitalizadores: as normas ou as formas corretas de fazer as coisas, são estabelecidas pelo fundador ou pelo gestor da organização, ao tomar as decisões diante das opções de ação que diariamente são defrontadas. O poder molda culturas organizacionais, em "empresas marcadas pelo fundador ou por algum

dirigente que mesmo sem ser proprietário exerceu importante influência no período de formação da organização" (Fleury; Fischer, 1992, p. 38-39). É ele quem sanciona a contratação e a demissão de colaboradores, em conformidade com os seus valores e pressupostos, moldando dessa forma, pouco a pouco, a cultura da organização;

h. Sagas, heróis e anti-heróis: o herói personifica os valores, tem relação quase direta com a organização (quando é bem-sucedida) e tem a coragem e persistência para fazer o que todos almejam, mas têm medo de tentar. "Das estórias sobre os atos de coragem nascem os heróis, que personificam os valores e provêm modelos de comportamentos para os demais" (Fleury; Fischer, 1992, p. 120). Anti-heróis, por outro lado, são os responsáveis pela confusão, pelas desordens, devendo, portanto, ser derrotados pelo agente da ordem. Os relatos das realizações dos heróis e dos anti-heróis são denominados sagas;

i. Tradição oral: mesmo com toda a riqueza que a cultura organizacional pode conter, em termos de símbolos, gestos e instrumentos, ainda são as palavras os principais meios de desvendá-la;

j. Comunicação verbal: a comunicação é "um dos elementos essenciais no processo de criação, transmissão e cristalização do universo simbólico de uma organização" (Fleury; Fischer, 1992, p. 24). O mapeamento do sistema de comunicações, incluindo os meios, os instrumentos, os veículos, e a relação entre as pessoas que se comunicam, é fundamental para a apreensão da mesma. Dentre os papéis informais que surgem na rede de comunicações, estão os contadores de estórias, padres, confidentes, fofoqueiros, espiões e conspiradores, fazendo a interpretação dos significados das informações para os demais;

k. Comunicação não verbal: esse tipo de comunicação possibilita subsídios para a compreensão da cultura, e é composto pelo ambiente construído da organização, arquitetura, *layout*, vestimentas, padrões de comportamento visíveis, e mesmo documentos públicos, todos facilmente observáveis, mas de difícil interpretação.

A gestão do conhecimento requer a iniciativa dos colaboradores na busca pelo próprio conhecimento, a disposição de aprender e de compartilhar o que sabe, e principalmente a boa interação entre colegas. A cultura organizacional pode promover ou inibir esses fatores, por meio dos valores, das crenças e pressupostos, das normas de comportamentos e ações, das relações de poder, dos mitos, tabus, sagas, rituais e cerimônias, todos eles estabelecidos ou reforçados pelos fundadores ou revitalizadores da organização, e largamente disseminados por meio da comunicação verbal e não verbal. Nesse sentido, é necessário o direcionamento de esforços para que se desenvolva uma cultura organizacional propícia às práticas de gestão do conhecimento. A criação de cargos especificamente relacionados com o conhecimento também pode ter considerável influência no desenvolvimento da cultura de gestão do conhecimento.

"Medidas administrativas com vistas a variáveis culturais podem ajudar os funcionários a usar conhecimento novo. Os indivíduos devem ser estimulados (...). As perguntas devem ser interpretadas não como um sinal de incompetência, mas como uma indicação de boa vontade para aprender e aceitar mudanças" (Probst; Raub; Romhardt, 2002, p. 167-168).

Um bom exemplo a ser considerado é o da 3M, que visualizou a ligação entre a inovação eficiente e a cultura empresarial. "A empresa decidiu basear sua gestão da inovação em uma política de confiança, de abertura e de tolerância a erros, com o objetivo de estimular os funcionários a se sentirem livres para experimentar ideias novas" (Probst; Raub; Romhardt, 2002, p. 45). Os excelentes resultados alcançados em decorrência da cultura organizacional da 3M são bastante conhecidos em todo o mundo.

ESTILO GERENCIAL PROMOTOR DO CONHECIMENTO

O funcionamento de uma organização depende em grande medida da postura de seus dirigentes diante das situações de decisão, de comando e de conflitos, o que caracteriza o seu estilo gerencial. Romani e Dazzi (2002, p. 48) definem estilo gerencial como "uma característica própria e determinada pela personalidade e formação do líder, ou seja, são os tipos de comportamento adotados pelo líder em relação aos seus subordinados, isto é, a maneira como o líder orienta sua conduta". As autoras afirmam que a flexibilidade é muito importante aos líderes, para que variem o estilo gerencial de acordo com as características da organização em que estiverem trabalhando.

Em geral, o estilo gerencial pode variar conforme a caracterização do líder, como se observa nos itens a seguir:

a. <u>Líder autocrático</u>: caracteriza-se como o único a fixar as diretrizes, a forma de executar as tarefas e a composição das equipes, não permitindo a participação dos colaboradores nessas decisões. Ele é dominador e utiliza elogios e críticas pessoais aos subordinados, como forma de estímulo ou repressão;

b. Líder democrático: interage com os colaboradores a fim de definir as diretrizes de trabalho. O grupo determina as providências, as técnicas de trabalho e a divisão de tarefas, sendo apenas acompanhados pelo líder. Seus elogios e críticas são dirigidos aos fatos, e não às pessoas;
c. Líder liberal: não participa nos debates dos colaboradores, deixando que o grupo decida tudo. Por sua ausência, não pode criticar os acontecimentos, e normalmente apenas tece comentários desconexos quando questionado pelo grupo;
d. Líder autoritário rígido: é impositivo, forte e muito controlador, valendo-se de punições e recompensas ocasionais, sem muita comunicação. É normal que os subordinados fiquem insatisfeitos e desconfiados;
e. Líder autoritário benevolente: é dominador e paternalista, interagindo pouco e adotando decisões descentralizadas, contanto que elas sigam suas prescrições e rotinas;
f. Líder participativo deliberativo: o grau de confiança é elevado, com algumas recompensas. Algumas decisões podem ser tomadas pelos níveis hierárquicos mais baixos, sob orientação de um superior;
g. Líder participativo grupal: prevalece a participação do grupo, com muita democracia e total confiança nos subordinados. Todos participam na realização dos objetivos organizacionais.

Um novo estilo gerencial, que favoreça a gestão do conhecimento, caracterizaria o líder como projetista, professor e regente do grupo. Como projetista ele desenha as ideias básicas e valores da organização; como professor, ajuda os colaboradores a adquirirem visões precisas e ricas, enxergando oportunidades de ação com base em técnicas de explicitação de seus modelos mentais; como regente, o líder deve transmitir entusiasmo que, aliado ao seu próprio conhecimento, leva os colaboradores a alcançar a missão organizacional. O líder tem, em grande medida, a responsabilidade de gerenciar os conhecimentos junto com os seus colaboradores. Para tanto, ele deve saber quais conhecimentos são imprescindíveis aos negócios da organização, quais são apenas desejáveis, e quais fazem com que os processos e atividades sejam desenvolvidos com o diferencial qualitativo que proporciona vantagem competitiva. Ele deve viabilizar resultados por meio da criação de um ambiente participativo, e do estímulo à criação e ao compartilhamento de conhecimentos.

RESUMO

Você viu nesta unidade o que é a cultura organizacional, quais os seus componentes, e de que forma organizações inteiras podem ser conduzidas a uma cultura mais favorável à criação e ao compartilhamento de conhecimentos. Você viu também que o estilo gerencial adotado pelos líderes organizacionais deve ser modificado em relação aos padrões usuais, para que influencie o grupo de colaboradores a criar, compartilhar e usar conhecimentos.

ATIVIDADES DE APRENDIZAGEM

Após você ter realizado a leitura desta unidade, leia os enunciados com atenção e responda as questões.

1. Você conhece uma organização que tenha uma cultura organizacional voltada à gestão do conhecimento? O que a caracteriza como tal?
2. Você acredita que em sua organização haja líderes que adotem o estilo gerencial mais propício à gestão do conhecimento? Por quê? O que os caracteriza?

UNIDADE 23

COLOCANDO EM PRÁTICA A GESTÃO DO CONHECIMENTO

OBJETIVO

Após a leitura desta unidade, você será capaz de identificar as práticas de gestão do conhecimento, definir metas de conhecimento, estabelecer atividades para adquirir e desenvolver conhecimentos; gerir o compartilhamento e a distribuição de conhecimentos; e até conduzir equipes no uso e preservação de conhecimentos.

CONTEXTUALIZAÇÃO

Quando se fala em conhecimentos, é comum pensar em algo abstrato, que está na mente dos indivíduos, e que nada se pode fazer para efetivamente administrá-los. Entretanto, há uma série de ações concretas que podem ser empreendidas a fim de alcançar melhores resultados, tanto em nível individual quanto organizacional ou até na sociedade inteira. Você pode efetivamente estabelecer metas de conhecimentos a serem alcançadas, pode planejar formas de adquirir e desenvolver novos conhecimentos, pode compartilhá-los, usá-los e preservá-los de diversas formas. É disso que tratam as seções desta unidade.

DEFINIÇÃO DE METAS DE CONHECIMENTO

Há tempo que o tamanho das instalações de uma organização deixou de ser uma medida confiável de sua importância ou capacidade, seja na indústria, no comércio ou na prestação de serviços. O número de clientes, o número de cidades em que tem filiais instaladas e muitas outras medidas não representam sucesso, o que tem sido demonstrado por diversas organizações gigantescas que estão perdendo competitividade e até deixando de existir.

Algumas obras vêm propondo que sejam adotados novos índices, compostos pelos conhecimentos e habilidades dos colaboradores, relacionamento com os clientes, reputação da organização no mercado, tecnologias adotadas, capacidade de inovação e outros, para representar o sucesso ou fracasso. Assim, é possível observar as relações entre as decisões e tendências estratégicas da empresa e as variáveis escolhidas para definir seu capital intelectual e, consequentemente, o seu sucesso em um mundo que passa por profundas e rápidas mudanças, e que apresenta mercados cada dia mais exigentes.

Nesse contexto, "o conhecimento perde seu valor rapidamente na corrida global para desenvolver competência técnica, por isso ele deve ser incentivado e mantido sistematicamente" (Probst; Raub; Romhardt, 2002, p. 39), não bastando buscá-lo quando necessário. O conhecimento deve ser tratado como uma variável estratégica, e deve ser planejado, organizado, coordenado e controlado, exercendo-se também a função de comando em seu tratamento (as principais funções administrativas).

Para que o conhecimento seja efetivamente considerado o fator básico do sucesso organizacional, todas as decisões estratégicas devem ser tomadas de forma consistente, em conformidade com o desejo de obtenção, desenvolvimento, uso e retenção de conhecimentos, o que pode envolver até mesmo decisões quanto a terceirização, diversificação, *joint ventures* e até abertura ou fechamento de organizações.

O primeiro passo nesse sentido é o planejamento, ou seja, o estabelecimento de decisões quanto ao futuro da organização. Todas as decisões quanto ao futuro devem contemplar também as metas de conhecimento, a fim de que o mesmo possa ser administrado. Tais metas estabelecem as habilidades que devem ser desenvolvidas, os níveis de complexidade com que isso deve ocorrer, as pessoas que devem participar, os projetos que vão utilizar essas habilidades etc.

Quanto ao horizonte de tempo, as metas podem ser estabelecidas em três patamares, que são o permanente, o de longo prazo e o de curto prazo. As metas normativas (permanentes) devem desenvolver uma cultura empresarial de valorização do conhecimento, em que as habilidades e os conhecimentos dos indivíduos são incentivados, compartilhados e desenvolvidos. Com base nessas metas permanentes, passa-se a estabelecer as metas de longo prazo, também conhecidas como metas estratégicas. Estas têm a função de definir o conhecimento essencial da organização e especificar as habilidades que serão necessárias no futuro, em conformidade com a linha de atuação da organização. Por fim, são estabelecidas as metas operacionais, contemplando o curto prazo e preocupando-se com a implementação da gestão do conhecimento; seu objetivo é converter as metas normativas e estratégicas em objetivos concretos a serem alcançados.

As empresas que adotam a gestão do conhecimento devem buscar uma clara visualização dos conhecimentos que lhes são necessários, distinguindo os que possuem e os que não possuem, para então desenvolver uma estratégia baseada em competências, visando a obtenção de vantagens competitivas. "Muito poucas empresas têm, atualmente, um entendimento claro de quais são os ativos de conhecimento importantes para seu sucesso e como esses ativos estão distribuídos em partes diferentes da empresa e entre diferentes funções e funcionários; contudo, sem tal entendimento, a gestão racional dos trabalhadores do conhecimento como um recurso organizacional vital é impossível" (Probst; Raub; Romhardt, 2002, p. 27).

As metas de conhecimento devem ser contempladas durante a elaboração do planejamento estratégico organizacional. Na grande maioria das empresas, tanto no Brasil quanto na maior parte do mundo, o conhecimento organizacional ainda é esquecido durante o estabelecimento de metas, tanto no nível normativo, quanto no estratégico ou operacional. As metas no nível estratégico normalmente relacionam-se com mercados e concorrência, mas não especificam as áreas de conhecimento que precisam ser desenvolvidas. As metas operacionais, por sua vez, são derivadas das metas normativas e estratégicas, e o seu conteúdo de conhecimento em geral também não é contemplado.

O desenvolvimento coerente e consistente de competências depende diretamente do estabelecimento de metas de conhecimento, principalmente nos níveis normativo e estratégico. Esse é o caso da 3M, uma empresa mundialmente conhecida pelos elevados investimentos em pesquisa e desenvolvimento de novos produtos, que tem laboratórios divisionais nas diferentes áreas de negócios para trabalhar no aprimoramento de produtos existentes, mas também tem outros dois níveis mais elevados de pesquisa, um deles dedicando-se à pesquisa pura, e o outro a transformar as descobertas em procedimentos e tecnologias. Os produtos resultantes pertencem às divisões, mas as tecnologias são da empresa inteira, tendo larga disseminação interna. Todo esse investimento tem direcionamentos estratégicos, até mesmo para que sejam instalados os laboratórios nas áreas em que a organização tem interesse em desenvolver pesquisas e adquirir conhecimentos. Esse é um exemplo positivo de que "as metas estratégicas somente podem ser totalmente efetivas se forem (a) inseridas em um contexto adequado da empresa e (b) postas em operação consistentemente" (Probst; Raub; Romhardt, 2002, p. 43). A grande importância que o conhecimento vem adquirindo para a obtenção do sucesso organizacional, faz com que as metas de conhecimento sejam colocadas lado a lado com as metas tradicionais, em todos os níveis em que se faça planejamento dentro das empresas.

As metas normativas de conhecimento não precisam ser formuladas ou reformuladas com regularidade, tendo em vista que se referem à visão geral de política da empresa e aos aspectos de sua cultura empresarial. Nesse sentido, uma organização pode passar décadas sem ter que alterá-las. Tendo estas por base, de períodos em períodos (o número de anos depende da periodicidade do planejamento estratégico organizacional), são estabelecidas as metas estratégicas de conhecimento, pensando nos programas de longo prazo, e tendo como objetivo a realização da visão da empresa. Por fim, mas não menos importantes, são traçadas as metas operacionais de conhecimento, que ajudam a garantir que os programas estabelecidos no nível estratégico sejam implementados nas atividades diárias. O ideal é que as metas de conhecimento nos três níveis se complementem, contribuindo em conjunto para a realização dos objetivos da empresa.

É muito importante observar que "as metas normativas de conhecimento proporcionam aos gestores oportunidades para criar uma cultura empresarial propícia ao conhecimento e para planejar políticas apropriadas" (Probst; Raub; Romhardt, 2002, p. 44), em conformidade com o que foi apresentado na Unidade 22. Nesse sentido, tais metas criam as condições necessárias ao estabelecimento das metas estratégicas e operacionais voltadas ao conhecimento, ajudam a formar uma cultura organizacional que valorize o conhecimento, e ainda impelem a alta administração no sentido de se comprometer e ter convicção na gestão do conhecimento.

As metas normativas podem ser apresentadas por meio da visão e da missão da organização, mas não devem vir sob a forma de um documento para a imprensa e os acionistas, mas como um guia para os colaboradores, que estimule as pessoas a pensarem no conhecimento organizacional sempre que tomarem decisões estratégicas ou operacionais. A proposição, entretanto, deve estar em sintonia com as ações, principalmente no que diz respeito às recompensas. Em especial, o compartilhamento e a distribuição devem ser vislumbrados nas avaliações dos colaboradores, ao calcular suas remunerações e recompensas não financeiras.

As metas estratégicas de conhecimento têm as funções de definir os tipos de técnicas que devem ser adquiridas para uso futuro, revelando em consequência o conhecimento essencial da organização, e permitindo o alinhamento estratégico entre as estruturas organizacionais e os sistemas administrativos. As atividades de identificar, desenvolver, adquirir, compartilhar e distribuir conhecimentos, devem estar sempre totalmente alinhadas com as necessidades de todos os usuários em potencial.

A definição de metas de conhecimento para uma organização pressupõe que sejam estabelecidas também as suas formas de mensuração, para verificar se foram alcançadas ou não. "Se os administradores quiserem apresentar de forma verossímil a ligação entre o conhecimento da empresa e seu sucesso, (...) a gestão do conhecimento deve ser apresentada eficazmente como fonte de crescimento e lucro" (Probst; Raub; Romhardt, 2002, p. 44). Se o conhecimento não for visto como algo diretamente relacionado ao sucesso e lucratividade da organização, dificilmente os dirigentes e colaboradores atuarão em conformidade.

O conhecimento deve ser transformado em ação, a fim de que a gestão do conhecimento seja bem-sucedida, pois o planejamento que não é transformado em prática, não passa de quimera.

AQUISIÇÃO E DESENVOLVIMENTO DE CONHECIMENTOS

Quando se investe pesadamente em treinamento, normalmente significa que a administração reconhece que as habilidades dos colaboradores são essenciais para a formação da base de conhecimento da organização. Esses conhecimentos e habilidades são diferentes das matérias-primas ou dos componentes manufaturados, que os concorrentes podem adquirir no mercado. As competências não podem ser simplesmente compradas. Elas são resultado de um processo que normalmente é longo, de acumulação interna e, portanto, devem ser consideradas como ativos competitivos.

O desenvolvimento de novos conhecimentos e competências pode ser facilitado pelo uso coerente dos recursos existentes na organização. Se a empresa dispõe de uma rede de lojas, ou se tem representantes ou clientes que mantêm contatos frequentes, pode desenvolver uma percepção mais rápida das exigências dos clientes e das mudanças no mercado, obtendo ciclos de inovação mais curtos (lançamento mais rápido de produtos e serviços), diferenciando-se da concorrência e aumentando sua lucratividade e/ou participação no mercado. Esse esforço deve ser dirigido e bem planejado, considerando que "a estratégia se torna uma ferramenta para guiar a empresa para a acumulação sistemática de expertise individual e coletiva e para gestão intencional do conhecimento. Na prática, isso significa concentrar-se em um número limitado de atividades e incentivar cuidadosamente alguns ativos de conhecimento que sejam essenciais para o sucesso da empresa" (Probst; Raub; Romhardt, 2002, p. 51).

Muitos dos conhecimentos desejados por uma organização podem ser obtidos de fontes externas, destacando-se nesse sentido os clientes, fornecedores, parceiros e até concorrentes. Todos eles têm um grande potencial de fornecimento de conhecimentos, o que raramente é utilizado na totalidade. As organizações podem comprar conhecimentos que não conseguem desenvolver por conta própria, ou que demandariam muito tempo e recursos no desenvolvimento. Essa compra pode ocorrer por meio do recrutamento de especialistas, aquisição de outra empresa ou aquisição de um projeto pronto. Exemplos claros dessa prática são observados quando pequenos bancos adquirem caixas de autoatendimento e *softwares* de bancos maiores. Outro exemplo foi a aquisição das usinas nucleares de Angra dos Reis pelo governo brasileiro, tendo incluído na negociação diversas bolsas de doutorado em física nuclear na Alemanha para pesquisadores brasileiros, caracterizando a aquisição direta de conhecimentos na área.

Outra questão importante no que diz respeito ao desenvolvimento de conhecimentos, é a utilização de um contexto prático, especialmente no ambiente de trabalho. Os colaboradores certamente adquirem novos conhecimentos com mais rapidez em um contexto em que possam ser diretamente aplicados. O conteúdo aprendido dessa forma é lembrado com maior facilidade. Atividades de treinamento e desenvolvimento requerem o uso de diversas técnicas que envolvem desenvolvimento e uso simultâneos do conhecimento, especialmente se ocorrer em um contexto de solução de problemas organizacionais.

Os conhecimentos adquiridos e desenvolvidos formam uma base de conhecimentos organizacional, que passa regularmente por mudanças. Essas mudanças, associadas à criação de estruturas coletivas de referências e ao desenvolvimento da competência da organização para ação e resolução de problemas, correspondem à aprendizagem organizacional, que por sua vez constitui um resultado da gestão do conhecimento.

A atividade de "desenvolvimento do conhecimento é um elemento construtivo que complementa a aquisição de conhecimento. Seu foco está na geração de novas habilidades, novos produtos, ideias melhores e processos mais eficientes. O desenvolvimento do conhecimento inclui todos os esforços administrativos conscientemente direcionados para produzir capacidades que ainda não se encontram presentes na organização, ou que ainda não existem dentro nem fora dela" (Probst; Raub; Romhardt, 2002, p. 34). Tradicionalmente essa atividade é desenvolvida a partir de pesquisas de mercado, e pelo departamento de Pesquisa e Desenvolvimento.

O tempo também deve ser considerado ao estabelecer as estratégias baseadas em conhecimento, tanto para sua aquisição ou desenvolvimento, quanto em relação à sua utilização, principalmente em situações competitivas. O conhecimento torna-se obsoleto e perde seu valor em um ritmo crescente, principalmente em função da rapidez proporcionada pelas tecnologias de informação e comunicação. As organizações que deixarem de desenvolver e adquirir conhecimentos novos, rapidamente perderão sua competitividade. As competências técnicas que hoje proporcionam bons resultados, poderão se tornar completamente inúteis dentro de pouco tempo, passando a proporcionar fracassos. As empresas devem manter um equilíbrio entre a manutenção das competências que atualmente são necessárias, e aquelas que devem ser desenvolvidas visando as necessidades futuras, mesmo que forcem a obsolescência das próprias competências atuais.

Exemplos dessas práticas são observados em organizações como a Gillette, que lança novas lâminas e dispositivos que tornam os anteriores ultrapassados, competindo com seus próprios produtos, antes que a concorrência o faça. A Hewlett Packard é outro exemplo de sucesso; atuando em uma indústria muito dinâmica, de alta tecnologia, a HP normalmente substitui seus produtos por outros melhores, muito antes do fim do ciclo de vida deles, mantendo o tempo a seu favor em função de ajustes proativos nas metas de conhecimento.

COMPARTILHAMENTO E DISTRIBUIÇÃO DE CONHECIMENTOS

As atividades de compartilhamento de conhecimentos, requeridas pela espiral de criação do conhecimento apresentada na Unidade 21, requerem a existência de muita confiança. Essa característica se acentua em sociedades onde existe alto nível de desemprego, pois os colaboradores podem ter receio de se tornarem dispensáveis para os processos organizacionais, se permitirem que outros acessem seus conhecimentos. Se o colaborador não confiar na organização em que atua, temendo ser demitido, a ideia de uma cultura de conhecimento não será bem-sucedida. A confiança está entre as mais importantes e necessárias condições para tornar o conhecimento transparente, partilhar, distribuir e utilizar novos conhecimentos.

A interação entre os colaboradores é importantíssima, considerando que "a constante resolução de problemas em grupos melhora a eficiência das atividades correntes e combina os processos organizacionais e as habilidades dos indivíduos na formação de um novo conhecimento organizacional" (Probst; Raub; Romhardt, 2002, p. 28). Nesse sentido, aparatos tecnológicos também podem auxiliar, como no caso de Centros de Informações que disponham de um "mercado de ideias", que é um sistema no qual podem ser inseridos comentários (não pessoais) sobre os tópicos exibidos, que podem ser atividades e processos organizacionais, ideias, produtos ou conhecimentos.

A organização bem-sucedida tem suas atividades baseadas nas capacidades individuais dos trabalhadores do conhecimento, mas diversos projetos e estratégias dependem da combinação eficiente de dois ou mais componentes da base de conhecimento. O potencial de resolução de problemas de uma organização deriva não só dos conhecimentos que foram acumulados nas mentes de seus colaboradores ou em seus repositórios informatizados, mas também das interações que formam os componentes coletivos de sua base de conhecimento.

Nesse sentido, "não é necessário que todos saibam tudo, pelo contrário, o princípio da divisão de trabalho requer uma descrição e um gerenciamento significativos do escopo da distribuição do conhecimento. O passo mais importante é analisar a transição do conhecimento do indivíduo para o grupo ou a organização" (Probst; Raub; Romhardt, 2002, p. 34). Distribuição de conhecimento é a atividade de disponibilizar os conhecimentos que já se encontram na organização, tornando-os acessíveis a todos os colaboradores que poderão precisar deles.

USO E PRESERVAÇÃO DE CONHECIMENTOS

Uma séria limitação observada na maioria das organizações, é o pouco uso de seus recursos intelectuais. Muitas deixam de explorar e desenvolver habilidades específicas dos colaboradores, pouco utilizam suas patentes, ou falham na exploração das vantagens competitivas que podem ser alcançadas com suas capacidades, tais como o domínio de tecnologias de ponta. Por exemplo, o valor de produtos pode ser aumentado mediante incorporação de conhecimentos. Um produto com funções básicas, produzido por uma empresa inovadora, pode passar a se adaptar a novas condições em um ambiente em constante mutação, ou pode coletar e armazenar informações, aplicando-as em benefício dos seus usuários. Essa característica tem sido observada na informatização de muitas funções dos automóveis, oferecendo maior segurança e economia aos seus proprietários.

É considerável a proporção do conhecimento organizacional que fica armazenada nas mentes dos colaboradores. Considerando que o conhecimento agrega valor aos produtos e serviços, as atividades intelectuais dos colaboradores qualificados tornam-se cada dia mais importantes. Nesse sentido, os colaboradores são produtores e donos de ativos não-materiais.

A gestão do conhecimento tem o objetivo de assegurar que o conhecimento de uma organização seja aplicado de forma produtiva, em conformidade com sua missão. Entretanto, "a identificação e a distribuição bem-sucedidas de conhecimento importante não garantem que ele será utilizado nas atividades diárias da empresa. Existem várias barreiras que impedem o uso de conhecimento 'de fora'. Portanto, deve-se tomar providências para garantir que habilidades e ativos de conhecimento valiosos – como patentes ou licenças – sejam totalmente utilizados" (Probst; Raub; Romhardt, 2002, p. 35). De igual modo, a questão cultural de aceitar ideias e competências que não tenham sido desenvolvidas no próprio setor ou departamento, continua sendo um desafio para os líderes que precisam utilizar tais conhecimentos.

Barreiras estruturais e psicológicas, que tornam os colaboradores lentos no uso de conhecimentos externos, devem ser superadas. Rotinas conhecidas que ajudam a realizar tarefas diárias, muitas vezes precisam ser abandonadas. A aplicação de novos conhecimentos significa aceitar a incerteza e a necessidade de enfrentar algo desconhecido. Por exemplo, a relutância em observar as práticas bem-sucedidas de concorrentes é uma barreira psicológica que normalmente é consequência de superestimar as próprias habilidades, ou do medo de perder o status de especialista.

Outro exemplo de barreira ao uso do conhecimento é a cegueira organizacional. Nesse caso, quanto maior o envolvimento com as atividades diárias, realizadas de forma automática, mais difícil será o reconhecimento da importância de novos conhecimentos, ou da troca de ideias com outras pessoas sobre a forma de executá-las.

Barreiras culturais podem inibir o uso de novos conhecimentos. "Muitas vezes existem as regras ocultas do jogo que bloqueiam o uso do conhecimento desconhecido. Se um funcionário solicita e usa conhecimento novo, ele se coloca em uma posição vulnerável. Ele admite uma lacuna em seu conhecimento e sente - quase sempre com fundamento - que isso o põe sob um prisma desfavorável entre seus colegas. (...) Se o conhecimento for procurado em um departamento diferente, o chefe do próprio departamento pode ser desacreditado. Os colegas também podem pensar que eles mesmos poderiam ter respondido a pergunta e isso gera mal-estar" (Probst; Raub; Romhardt, 2002, p. 167). Essa é uma questão muito importante, à qual dificilmente se dá atenção dentro das organizações. Conforme foi apresentado na Unidade 22, a cultura organizacional precisa ser moldada pelos líderes da organização, o que constitui um processo demorado e dificultoso, requerendo perseverança. Não só deve ser desenvolvida no sentido do compartilhamento de conhecimentos, como também no sentido da aceitação de conhecimentos externos. Se a organização não aplicar os conhecimentos, mesmo que os tenha adquirido ou desenvolvido, não alcançará nenhum benefício.

Os conhecimentos devem ser preservados pela organização, visando sua utilização futura e a disponibilização para os colaboradores, onde quer que estejam. Esse cuidado deve ser tanto mais intenso quanto maior for a frequência com que a organização criar seus novos conhecimentos.

Um dos problemas que podem surgir se os conhecimentos não forem sistematicamente externalizados, compartilhados e armazenados, é a perda dos mesmos pela organização, por ocasião da aposentadoria ou demissão de colaboradores-chave, que detenham conhecimentos centrais e praticamente insubstituíveis. Podem surgir lacunas de conhecimento difíceis de preencher. "Há muitos exemplos de empresas que perdem conhecimento quando perdem funcionários que têm conhecimento. A reestruturação, às vezes, envolve demissões em massa, que são feitas sem levar em consideração os efeitos sobre a base de conhecimento da empresa. Os resultados podem ser calamitosos" (Probst; Raub; Romhardt, 2002, p. 26). Daí a necessidade dos gestores da área de Recursos Humanos dedicarem atenção especial ao conhecimento organizacional.

O cuidado na estruturação dos processos de seleção, armazenagem e atualização de conhecimentos é primordial, especialmente se ele tem um elevado valor futuro (potencial). A falta de tal cuidado pode fazer com que uma valiosa competência técnica seja perdida. "A retenção do conhecimento depende do uso eficiente de uma grande variedade de meios de armazenagem da organização" (Probst; Raub; Romhardt, 2002, p. 35), não se limitando a computadores e meios de armazenagem digital. Manuais, instruções, depoimentos gravados e muitas outras mídias podem ser consideradas.

O conhecimento tende a ser mais utilizado se tiver boa qualidade, isto é, se proporcionar benefícios aos seus usuários, havendo uma clara correlação entre o valor do conhecimento e o seu nível de uso. A qualidade do conhecimento está associada ao seu nível de agregação e à forma como é disponibilizado, devendo proporcionar facilidade de acesso e de utilização. O custo de buscar, assimilar e fazer manutenção no conhecimento, deve ser equilibrado com os benefícios de seu uso. "Para garantirem que a base de conhecimento da empresa está sendo bem usada e que continua a se desenvolver, os administradores devem ter uma visão integrada dos dados, das informações e do conhecimento de indivíduos e grupos" (Probst; Raub; Romhardt, 2002, p. 24), colocando em prática a administração sistêmica que foi abordada na Unidade 05.

A base de conhecimento organizacional é usada com mais eficiência se os elementos construtivos da gestão do conhecimento se ligarem diretamente. Com essa finalidade, deve haver um sistema para identificar conhecimentos, que ofereça ao usuário pronto acesso a informações e conhecimentos interessantes. Referências a especialistas também se tornam mais eficientes quando incluem um número de telefone atualizado ou outras formas de fazer contato.

A tecnologia da informação permite que a base de conhecimento organizacional seja padronizada, disponibilizada e acessada com rapidez e facilidade, principalmente porque consiste em ativos de conhecimento individuais e coletivos que a organização utiliza para realizar suas tarefas. A base de conhecimento inclui ainda os dados e as informações utilizados para construir o conhecimento individual e organizacional.

RESUMO

Você viu nesta unidade que há muito trabalho a ser colocado em prática, quando se fala em gestão do conhecimento. Deve-se em primeiro lugar estabelecer as metas de conhecimento, nos níveis normativo, estratégico e operacional. Feito isso, os conhecimentos devem ser adquiridos e/ou desenvolvidos, a fim de alcançar as competências necessárias à organização. Esses conhecimentos devem ser compartilhados e disseminados, o que requer uma cultura organizacional propícia. Por fim, os conhecimentos devem ser utilizados e preservados, sob pena se não alcançar os resultados esperados deles.

ATIVIDADES DE APRENDIZAGEM

Após você ter realizado a leitura desta unidade, leia os enunciados com atenção e responda as questões.

1. Que metas de conhecimento você estabeleceria para a organização em que você trabalha?
2. De que forma pode ser aprimorado o processo de aquisição e desenvolvimento dos conhecimentos identificados?
3. Como se caracteriza a disposição de compartilhar e disseminar conhecimentos em sua organização? A cultura organizacional é favorável?
4. Que ferramentas e atividades são utilizadas para preservar os conhecimentos em sua organização?
5. Que sugestões você faria para que ocorra a gestão do conhecimento em seu ambiente de trabalho?

UNIDADE 24

GESTÃO DO CONHECIMENTO E O PROCESSO DE TOMADA DE DECISÕES

OBJETIVO

Após a leitura desta unidade, você será capaz de compreender o processo de tomada de decisões e as influências que a Gestão do Conhecimento pode exercer sobre ele.

CONTEXTUALIZAÇÃO

Depois de termos aprendido "Informática Básica" nas unidades 01 a 04, "Administração da Tecnologia de Informação e Comunicação" nas unidades 05 a 20, e "Gestão do Conhecimento" nas unidades 21 a 23, vejamos a forma como diversos desses elementos interagem com o processo de tomada de decisão, afinal de contas, todo aprendizado deve levar a melhores decisões e, com isso, a melhores resultados em todos os aspectos de nossas vidas. Vamos começar pela compreensão do que é o processo decisório.

PROCESSO DECISÓRIO

A todo momento o ser humano toma decisões, relacionadas a todos os aspectos de sua vida. Toma decisões quanto a alimentar-se ou não, quanto ao tipo de alimento a ser ingerido, considerando para isso a sua disponibilidade de dinheiro e a existência de tal alimento em sua casa ou no mercado, decide se vai trabalhar ou não, se vai assistir a um determinado programa de televisão, se vai pagar uma conta, se vai confrontar o chefe sobre determinada divergência no trabalho, decide quanto tempo vai dedicar a leituras ou ao estudo para um exame, decide se vai comprar um presente para um amigo ou parente aniversariante, decide se vai declarar seus sentimentos para uma pessoa por quem esteja interessado, decide se vai comprar determinado artigo ou investir o dinheiro em aplicações, decide sobre formas de solucionar um problema organizacional, decide se faz sentido atender determinada solicitação de um cliente, e assim seria possível escrever dezenas ou centenas de páginas, exemplificando as necessidades de decisões que as pessoas confrontam todos os dias.

Essas necessidades de decisões estão se tornando cada dia mais frequentes e importantes, considerando que "o mundo atual, marcado pela velocidade das mudanças, é um mundo em crise. A palavra crise (do grego *krisis*) significa momento de decisão. Tomar decisões durante as crises é muito difícil, devido às incertezas que, quase sempre, estão presentes nesses momentos. Entretanto, dependendo da forma como é administrada, a crise pode ser benéfica, porque traz dentro de si a semente da inovação. Ao criar um impasse, a crise obriga a uma tomada de decisão" (Pereira; Fonseca, 1997, p. 12). Obviamente, mesmo em momentos de crise, um indivíduo pouco determinado ou que não disponha de informações, pode optar por adiar a decisão, o que não deixa de ser também uma decisão. Situações de crise normalmente impulsionam as pessoas a decidirem e agirem, a fim de evitar os possíveis desconfortos ou resultados indesejáveis que possam advir, ou para alcançarem os bons resultados de determinada ação.

O processo de tomada de decisão nem sempre é fácil. "Um dos fatores menos evidentes, que torna difícil a decisão nas ações humanas, é a complexidade do mundo moderno" (Kaufmann, 1975, p. 14). Tal complexidade vem aumentando consideravelmente ao longo dos últimos séculos, especialmente após a invenção da prensa de Gutenberg (veja novamente o item "Conceito e tipos de conhecimentos", na Unidade 21), proporcionando rápida disseminação de conhecimentos, passando por nova alavancagem com a criação dos computadores na década de 1940, e especialmente após a utilização em larga escala da Internet, a partir da década de 1990.

É possível organizar o processo de tomada de decisão, a fim de facilitar ao decisor. Nesse sentido, Herbert Simon propôs há mais de meio século, a divisão da decisão em "três fases principais: descobrir as ocasiões em que deve ser tomada, identificar os possíveis cursos de ação e decidir-se entre um deles" (Simon, 1963, p. 14). As decisões podem ainda ser classificadas como programadas e não-programadas, mas "não são, na verdade, tipos distintos, mas um todo contínuo, com decisões altamente programadas, em uma extremidade, e decisões altamente não-programadas, na outra. É possível encontrar decisões de todos os matizes nesse contínuo" (Simon, 1963, p. 19) e, tanto quanto possível, buscar conhecimentos a fim de torná-las mais programadas.

Decisões programadas são aquelas repetitivas e rotineiras, em que é relativamente fácil criar um processo definido para abordá-las, a fim de que não seja necessário reiniciar todo o processo decisório, cada vez que elas ocorrem. As decisões não-programadas, por sua vez, caracterizam-se por serem novas, não-estruturadas, tendo importantes consequências. Não existe um método prefixado para tratar esse tipo de decisão, "por diversos motivos: porque não foi apresentado antes, porque sua natureza e estrutura exatas são dúbias ou complexas, ou porque é tão importante que merece tratamento específico" (Simon, 1963, p. 19-20).

Muito se engana quem imagina que essa classificação somente é aplicada para o ambiente empresarial. Todas as esferas da vida humana, com as suas respectivas decisões, têm importância e relevância para receber a atenção de pensadores que trabalham com o processo decisório, ou de qualquer área onde as decisões são necessárias. Tal ideia foi expressa por Alberto Guerreiro Ramos, importante sociólogo e professor universitário, rebelando-se contra a força avassaladora do mercado, ao propor "um novo modelo de decisão, que ele chama de 'teoria da delimitação', um alerta para os decisores e formuladores de políticas sociais, no sentido de que o mercado não pode ser o único fator de referência na tomada de decisões do homem contemporâneo porque só atende a um número limitado das necessidades humanas" (Pereira; Fonseca, 1997, p. 23). Estudos científicos têm mostrado que, além de buscar a produtividade das organizações, deve-se pensar também na saúde e no bem-estar dos colaboradores, na responsabilidade social e na sustentabilidade em termos ambientais.

Não se deve, entretanto, superestimar os resultados dos estudos científicos sobre as possibilidades de tomada de decisão. Em geral, tais possibilidades são muito promissoras em relação a problemas modestos, mas normalmente são muito modestas quando relacionadas a grandes e complexos problemas. "Seu maior valor está na melhor compreensão do ambiente e na sua evolução, para a qual eles conduzem. Inevitavelmente, tudo volta a longo prazo a uma necessidade constante: conhecimento aperfeiçoado" (Kaufmann, 1975, p. 201). O ser humano precisa ser continuamente aperfeiçoado no que diz respeito ao acúmulo de conhecimentos necessários à tomada de decisão, e principalmente em relação à sua capacidade de aprender por conta própria, continuamente, especialmente para lidar eficazmente com os paradoxos.

"Paradoxo é uma situação com alternativas múltiplas e consequências opostas" (Pereira; Fonseca, 1997, p. 15), que limita o decisor, ao mesmo tempo que o desafia, o que constitui uma contradição. "Controlar os paradoxos parece ser o maior desafio do nosso tempo e só podemos fazê-lo por meio de decisões sábias. Escolhas certas no momento certo são a única garantia que temos de um futuro sustentável e de mudanças menos dolorosas" (Pereira; Fonseca, 1997, p. 16). Para que as decisões sejam as mais adequadas, é necessário aprender a ampliar o contexto em que os paradoxos estão inseridos, conforme veremos mais adiante, nesta unidade.

Vejamos, nos itens a seguir, algumas relações que podem ser observadas entre as peculiaridades do processo de tomada de decisão, e as unidades estudadas anteriormente.

VISÃO SISTÊMICA E O PROCESSO DECISÓRIO

Conforme vimos na Unidade 05, é importante desenvolver a capacidade de visão sistêmica, isto é, enxergar as relações existentes entre diversos elementos, bem como os seus subsistemas e os sistemas maiores em que estão inseridos. Todo processo decisório deve ser devidamente contextualizado, e nesse sentido "chamamos de contexto aqueles fatores que existem fora do eixo de atenção do decisor, mas que são muito importantes porque dão sentido aos acontecimentos e constituem o 'pano de fundo' das decisões. Para otimizar as decisões, temos que aprender a ampliar o nosso contexto perceptivo" (Pereira; Fonseca, 1997, p. 76), vislumbrando as relações entre o objeto da decisão e outros itens ao seu redor, ou aos quais ele esteja subordinado, ou ainda aqueles que venham a ser influenciados por alguma mudança no mesmo. Não é prudente tomar uma decisão sem antes vislumbrar os impactos que podem ser ocasionados por ela.

Pereira e Fonseca (1997, p. 3) afirmam que "encontramo-nos no meio de uma mudança tão radical que nos obriga a rever todos os nossos parâmetros decisórios, porque os novos paradigmas são sistêmicos, afetam-nos de maneira geral e absoluta, o que implica uma transformação total do nosso modo de ser e de agir". Essas mudanças radicais têm sido percebidas com crescente rapidez e intensidade a partir do início do século XX e, ao que parece, a tendência é de continuar aumentando o ritmo de mudanças e o aumento da complexidade em todos os aspectos da vida do ser humano.

Em meio a esse turbilhão, "no tocante à decisão, o modelo sistêmico organiza e clareia as percepções, possibilitando análises mais consistentes das alternativas, escolhas mais adequadas e avaliações mais objetivas das consequências" (Pereira; Fonseca, 1997, p. 8), fazendo com que haja maior confiança de que, ao tomar uma decisão, os resultados esperados serão alcançados.

Entretanto, a visão sistêmica também ocasiona um importante paradoxo, que se relaciona com a visão global em contraposição à limitada atuação local. "Só podemos interferir nas micro mudanças, só podemos tomar decisões que estão dentro do nosso escopo de atuação. Não podemos, porém, deixar de considerar as alternativas e as consequências dos nossos atos no sistema maior. Talvez seja esta a essência da crise da percepção. Ao perceber o todo, tornamo-nos responsáveis por ele, no sentido de que isto nos obriga a buscar soluções para os problemas globais, mesmo que o nosso poder seja mínimo, e a nossa capacidade, circunscrita a um pequeno território" (Pereira; Fonseca, 1997, p. 32). Com isso, ao assistir a um telejornal, muitas vezes nos angustiamos, pois muitas notícias são apresentadas sobre conflitos, poluição, acidentes, miséria, e acontecimentos diversos ao redor do mundo, fatos que requerem decisões e ações, mas que estão fora do nosso alcance. Sentimo-nos na obrigação de ajudar na busca de soluções, mas, ao mesmo tempo, sentimo-nos impotentes, pois há pessoas tomando decisões nas esferas em que tais ocorrências requerem intervenções, e normalmente não temos como influenciá-las. O que podemos fazer é efetivamente tomar decisões em nossa esfera de influência, que venham a fazer alguma diferença, ainda que pequena, em relação ao que consideramos importante.

TECNOLOGIAS E O PROCESSO DECISÓRIO

A adoção de tecnologias tem influenciado substancialmente o processo de tomada de decisão, uma vez que "a divulgação das comunicações orais e/ou visuais está levando a uma espera bem menor de informação e resposta. O método de trabalho, a divisão de responsabilidades, o preparo de decisões, a supervisão de sua implementação – todas essas atividades estão se acelerando profundamente" (Kaufmann, 1975, p. 21). Nesse sentido, Pereira e Fonseca (1997, p. 20) afirmam que "a informática, a cibernética, a criação quase diária de novos equipamentos eletrônicos têm uma influência inegável sobre o nosso cotidiano, afetam as nossas percepções, mudam nossos hábitos e condicionam nossas decisões". Segundo os autores, passamos a ter uma ampla e complexa visão das consequências, pois a disponibilidade de informações tornou-se quase infinita. Com a informatização, as decisões precisam ser cada dia mais rápidas, apesar de estarem se tornando mais complexas.

A adoção de tecnologias, entretanto, gera outros tipos de discussões e decisões. Por exemplo, Simon (1963, p. 61) argumenta que "dispensa debater se o trabalho foi mais criador e mais agradável antes ou depois da revolução industrial. Questão mais frutífera será saber se os tipos de automação existentes agora nas fábricas e nos escritórios tendem a elevar, ou diminuir, as satisfações do trabalho, ou a enriquecer ou empobrecer as vidas dos indivíduos empregados nesses lugares". Ao adotar uma tecnologia, é necessário decidir não somente sobre o desempenho organizacional, mas sobre o quanto o trabalho humano será enriquecido, empobrecido ou mesmo eliminado (desemprego) e, consequentemente, o quanto será gerado de satisfação ou frustração entre os colaboradores.

Quando se fala em informatização, é importante visualizar também o quanto é possível programar a tomada de decisões. Nesse sentido, as decisões programadas são mais facilmente informatizadas, conforme se observa em questões simples como o momento de compra de matérias primas, em função do estoque atingir um ponto mínimo, ou mesmo em questões de média complexidade, tais como a quantia a ser concedida num empréstimo ao cliente de um banco, considerando diversas informações sobre sua fonte de renda, outros compromissos que já tenha assumido, inadimplências anteriores e outras informações.

As decisões não-programadas, isto é, aquelas que são novas e não-estruturadas, requerem tratamento especial, podendo ainda assim se valer da tecnologia. Muitas variáveis podem ser mapeadas, e até mesmo pode-se utilizar tecnologias como o *Data mining*, para buscar relações difíceis de vislumbrar. Tudo isso, é claro, visa a tomada de decisões mais sábias, que acarretem mais retorno sobre o investimento para as organizações.

A ESPIRAL DE CRIAÇÃO DO CONHECIMENTO E O PROCESSO DECISÓRIO

A proposta de Nonaka e Takeuchi (1997), no sentido de enxergar o processo de criação do conhecimento dentro das organizações como uma espiral em que a externalização, a combinação, a internalização e a socialização se sucedem repetidamente, de modo que o conhecimento seja convertido de tácito em explícito e novamente em tácito, sendo compartilhado com outras pessoas e incorporado aos produtos e serviços, faz muito sentido, especialmente se houver a intencionalidade nessa ação. Uma organização pode decidir incorporar mais tecnologia e/ou mais qualidade aos seus produtos e serviços, assim como um grupo ou um indivíduo pode decidir adquirir mais conhecimentos para executar melhor as suas atividades, e passar a fazer uso dessa espiral de criação do conhecimento.

Por exemplo, se um supermercado decide buscar a fidelização de seus clientes, precisa agir de modo a aumentar a qualidade de seus serviços, percebida pelos clientes. "A conquista da fidelidade do cliente implica a sua motivação constante, decorre das percepções que ele tem do produto e da imagem da empresa" (Pereira; Fonseca, 1997, p. 75). A todo momento, deverá buscar a identificação de insatisfações ou de possíveis melhorias que agradariam aos clientes, e sucessivas rodadas na espiral de criação do conhecimento seriam necessárias para incorporar novos conhecimentos à forma de dispor os produtos, ajustar o espaço físico, estabelecer os preços, fazer promoções, capacitar os colaboradores, adquirir tecnologias para dar suporte aos processos, fazer compras, estabelecer horários de funcionamento, e daí por diante.

Cada etapa da espiral de criação do conhecimento requer decisões no sentido de seguir adiante, ao mesmo tempo que proporciona os conhecimentos necessários para tal. Os resultados práticos em termos de conhecimentos a serem incorporados, também dependem de decisões no sentido de sua adoção, o que, na verdade, iniciou quando se decidiu buscar tais conhecimentos. Trata-se de um processo cíclico de decisão pela busca e pelo compartilhamento de conhecimentos, decidindo-se também pela adoção e incorporação dos conhecimentos adquiridos, a fim de melhorar a qualidade e/ou reduzir os custos dos produtos e serviços.

CULTURA ORGANIZACIONAL, GESTÃO DO CONHECIMENTO E O PROCESSO DECISÓRIO

No que diz respeito à influência exercida pela cultura sobre o processo decisório, há vários aspectos que podem ser salientados, incluindo gênero, grupo, família, formação, adequação às normas vigentes, e diversos outros. Por exemplo, "a decisão, como um atributo lógico, ainda é vista como algo essencialmente masculino. O homem ainda é visto como detentor da cultura, da razão, do poder e do futuro, enquanto a mulher é percebida como mais ligada à natureza, à sensibilidade, ao cotidiano" (Pereira; Fonseca, 1997, p. 58). Por muito tempo, entretanto, a mulher foi vista como responsável pelas decisões relacionadas à esfera doméstica, tais como as compras de alimentos, materiais de limpeza e roupas, decisões relacionadas à saúde dos familiares, e outras. Essas características têm sofrido grandes mudanças, principalmente considerando a crescente participação feminina no mercado de trabalho.

A família é algo que também tem sofrido grandes modificações nas últimas décadas, considerando a frequência com que ocorrem casamentos e divórcios. Ainda assim, "cada família é única, tem suas características próprias, seu modo de ser e de perceber as coisas. A identidade se manifesta no nome, no sangue, no convívio, no 'jeito de ser lá de casa'. A identidade encerra os valores, as normas, as regras de comportamento, os ritos, os mitos, os tabus e os símbolos e por conta disso atua como condicionadora dos comportamentos e decisões" (Pereira; Fonseca, 1997, p. 53). Sempre, por trás da forma de uma pessoa tomar decisões, existe uma história de vida, em que a socialização primária, que ocorreu nos primeiros anos de vida, fortemente influenciada pela família, foi preponderante.

Um importante aspecto cultural é a resistência (ou não) do grupo a mudanças. "Durante a vigência de um paradigma, a maioria das decisões e ações é direcionada para que ele se mantenha. A força conservadora dos paradigmas fundamenta-se na crença da certeza daquilo que está em vigor, o que dificulta ou até mesmo impede a aceitação do novo. O conservadorismo arraigado pode resultar em uma espécie de paralisia ou impotência decisória" (Pereira; Fonseca, 1997, p. 5) ou, pior que isso, pode resultar na decisão deliberada de não aceitar mudanças, de reprimir ideias que sejam diferentes daquilo que já era conhecido e utilizado. "O hábito é a mais geral e a mais difundida das técnicas de tomada de decisões programadas. A memória coletiva dos membros da organização constitui vasta enciclopédia de conhecimentos concretos, de habilidades comuns e de métodos de operação" (Simon, 1963, p. 24), fazendo com que as pessoas não desejem avaliar outras possíveis formas de agir.

Essa é uma tendência natural, considerando que "todos nós temos a tendência de avaliar os comportamentos e as decisões dos outros com base em nossos próprios valores, por isso é comum não aceitarmos as ideias de quem pensa ou age diferente de nós" (Pereira; Fonseca, 1997, p. 8). Nesse sentido, no ambiente empresarial, "em parte, a organização cria hábitos; em parte, ela os obtém pela seleção de novos empregados que já os absorveram em instituições educacionais e de treinamento mantidos pela sociedade" (Simon, 1963, p. 24), e o processo seletivo sempre leva em consideração a adequação do indivíduo à cultura organizacional existente. Esse tipo de decisão nem sempre é totalmente consciente, mas certamente alcança resultados bastante concretos no sentido de manutenção da cultura existente.

ESTILOS GERENCIAIS, GESTÃO DO CONHECIMENTO E O PROCESSO DECISÓRIO

No que diz respeito ao estilo gerencial, cabe salientar que "a escolha de um critério de decisão, seja ele para construir um gráfico de preferência ou uma função de preferência, requer não só uma profunda análise do próprio problema, mas também uma do homem ou do grupo que tem o poder de decisão" (Kaufmann, 1975, p. 52). A decisão quanto a estrutura organizacional, número de pessoas que tomarão as decisões todos os dias, grau de centralização e o quanto se trabalhará em equipes, faz com que um determinado estilo gerencial seja adotado, com maior ou menor propensão à criação e ao compartilhamento de conhecimentos, facilitando ou dificultando em última instância, a capacitação e a liberdade dos indivíduos para tomar decisões em suas atividades diárias, em todos os níveis organizacionais.

Por exemplo, "é muito conhecido o sistema de tomada de decisões nas empresas japonesas: o *ringi* (*rin* = submeter e *gi* = deliberação). Ele consiste em um sistema de decisão compartilhada e consensual, tomada por uma equipe que participa efetivamente de todo o processo decisório" (Pereira; Fonseca, 1997, p. 37). As organizações ocidentais vêm aprendendo algo sobre esse estilo nas últimas décadas, pois tradicionalmente adotavam (e muitas ainda adotam) a total centralização decisória, sem participação dos colaboradores. Hoje em dia, o dinamismo do mercado exige "estruturas flexíveis, algumas vezes superpostas ou redundantes, buscando integrar o todo às partes e vice-versa, tornando-se sobretudo um veículo para o exercício de formas democráticas e participativas do poder" (Pereira; Fonseca, 1997, p. 31), até porque "o homem, em geral, não trabalha bem em relações saturadas de autoridade e dependência, com controle e subordinação, ainda que estas tenham sido as relações humanas predominantes no passado. Trabalha muito melhor quando opera em equipe, na luta contra um ambiente externo, objetivo e compreensível" (Simon, 1963, p. 74). Quanto maior o nível de participação, menores as resistências às decisões tomadas.

Em um sentido mais amplo, hoje em dia, pode-se considerar que as organizações "têm desafios instigantes: contribuir para tornar a nossa sociedade mais aberta, onde a democracia representativa ceda espaço para a democracia participativa, e conseguir melhores índices de qualidade de vida para as pessoas. Nesse contexto, o processo decisório tende a ser mais criativo, baseado em opções múltiplas, fundamentado na análise crítica dos paradigmas vigentes e exercido como prática de liberdade individual" (Pereira; Fonseca, 1997, p. 80). Isso é uma necessidade hoje em dia, considerando que "todas as sociedades podem e devem encontrar meios para eliminar a maioria das injustiças ligadas ao deslocamento de especializações" (Simon, 1963, p. 59) decorrente da adoção de novas tecnologias, bem como devem esforçar-se para minimizar as misérias e os sofrimentos humanos, normalmente decorrentes da ganância e do egoísmo.

A PRÁTICA DE GESTÃO DO CONHECIMENTO E O PROCESSO DECISÓRIO

A questão que deve ser muito bem gerenciada dentro das organizações é justamente a criação contínua de conhecimentos. Nesse sentido, Kaufmann (1975, p. 192) aponta "o problema da educação contínua — como criar numa escala universal esse processo de reajustamento contínuo de conhecimento, informação, e, finalmente, a ação". Esforços devem ser empreendidos no sentido de estabelecer metas de conhecimentos a serem adquiridos em determinados períodos de tempo, sendo que alguns deles podem advir de compras de tecnologias e de *know-how*, compartilhar e distribuir os conhecimentos adquiridos, e por fim preservá-los e colocá-los em uso.

Todos esses procedimentos devem ser deliberadamente buscados pelas organizações, ou seja, são frutos de decisões, sob pena de perda de competitividade diante da concorrência.

RESUMO

Você viu nesta unidade que o processo decisório é inerente a todas as atividades e esferas da vida humana, sendo necessário conhecimento para tomar melhores decisões. Assim, pode haver esforço intencional no sentido da criação e incorporação de conhecimentos a produtos e serviços, utilizando-se da espiral proposta por Nonaka e Takeuchi (1997), deve-se desenvolver uma infraestrutura organizacional adequada, considerando a visão sistêmica, a cultura e os possíveis estilos gerenciais, é possível fazer uso de tecnologias como o *Business Intelligence* para buscar novos conhecimentos com base em grandes aglomerados de dados das operações da organização, e diversas práticas de gestão do conhecimento podem ser utilizadas a fim de estabelecer metas, adquirir, compartilhar, fazer uso e preservar conhecimentos que darão suporte ao processo de tomada de decisão.

ATIVIDADES DE APRENDIZAGEM

Após você ter realizado a leitura desta unidade, leia os enunciados com atenção e responda as questões.

1. De que forma o conhecimento influencia a tomada de decisões no ambiente organizacional?
2. O que a espiral de criação do conhecimento tem a ver com o processo decisório?
3. O que a visão sistêmica tem a ver com decisões mais sábias? De que forma a cultura organizacional e o estilo gerencial podem influenciar também o processo decisório?
4. Que influência a tecnologia tem exercido sobre as decisões nas empresas?
5. O que se pode fazer para que o conhecimento seja efetivamente gerenciado de modo a otimizar as decisões nas organizações?

REFERÊNCIAS

ADAS, Eduardo; GALVÃO, Joni. **Superapresentações:** como vender ideias e conquistar audiências. São Paulo: Panda Books, 2011.

BARBIERI, Carlos. **BI – Business Intelligence**: modelagem e tecnologia. Rio de Janeiro: Axcel books, 2002.

BAWA, Joanna; DUBASH, Manek. **O escritório em casa**: ganhando dinheiro com o seu computador. São Paulo: Summus, 1998.

BELL, C. Gordon; GEMMELL, Jim. **O futuro da memória**: como essa transformação mudará tudo o que conhecemos. Rio de Janeiro: Elsevier, 2010.

BERTALANFY, Ludwig von. Teoria geral dos sistemas: aplicação à psicologia. In **Teoria dos sistemas**. Rio de Janeiro: Fundação Getúlio Vargas, 1976. (Série Ciências Sociais).

BIO, Sérgio Rodrigues. **Sistemas de informação**: um enfoque gerencial. São Paulo: Atlas, 1985.

CARUSO, Carlos A.; STEFFEN, Flávio Deny. **Segurança em informática e de informações**. São Paulo: Editora SENAC São Paulo, 1999.

CASTELLS, Manuel. **A sociedade em rede.** São Paulo: Paz e Terra, 1999.

CAUTELA, Alciney L.; POLLONI, Enrico G. F. **Sistemas de informação na administração de empresas**. São Paulo: Atlas, 1986.

CHARBAJI, Abdulrazzak; MIKDASHI, Tarik. A path analytic study of the attitude toward e-government in Lebanon. **Corporate Governance**, v. 3, n. 1, 2003, p. 76-82.

CIALDINI, Robert B. **As armas da persuasão**. Rio de Janeiro: Sextante, 2012.

CORSO, Ildo. **Implementação de serviços de e-gov em prefeituras municipais, usando provedores de serviços de aplicação**. Florianópolis, SC, 2003. 75 f. Dissertação (mestrado) – Universidade Federal de Santa Catarina, Centro Tecnológico. Programa de Pós-Graduação em Ciência da Computação.

CRUZ, R. M. **Psicodiagnóstico de síndromes dolorosas crônicas relacionadas ao trabalho**. Florianópolis, 2001. Tese (Doutorado em Engenharia de Produção) – Programa de Pós-Graduação em Engenharia de Produção. Universidade Federal de Santa Catarina.

DAVIDOW, William H.; MALONE, Michael S. **A corporação virtual**: estruturação e revitalização da corporação para o século 21. São Paulo: Pioneira, 1993.

DE MASI, Domenico. **O ócio criativo**: entrevista a Maria Serena Palieri. Rio de Janeiro: Sextante, 2000.

FALCÃO SOBRINHO, J. *et al.* Natureza, meio ambiente e a Teoria Geral dos Sistemas: Bases Ambientais, Econômicas e Jurídicas. **HOLOS**, Ano 33, Vol. 08, p. 1-22, 2017.

FERRO, José Roberto. **Decifrando culturas organizacionais**. São Paulo, 1991. p. 371. Tese (Doutorado em Administração de Empresas) – Fundação Getúlio Vargas.

FLEURY, Maria Tereza L. Estórias, mitos, heróis – cultura organizacional e relações do trabalho. **Revista de Administração de Empresas**, Rio de Janeiro, v. 27, n. 4, p. 7-18, out./dez. 1987.

FLEURY, Maria Tereza L. (org.); FISCHER, Rosa Maria (org.). **Cultura e poder nas organizações**. São Paulo: Atlas, 1992.

FRANCO JR., Carlos F. **E-business:** tecnologia da informação e negócios na internet. São Paulo: Atlas, 2001.

FREITAS, Maria Ester de. **Cultura organizacional**: formação, tipologias e impactos. São Paulo: Makron, 1991.

GATES, Bill; RINEARSON, Peter; MYHRVOLD, Nathan. **A estrada do futuro**. São Paulo: Companhia das Letras, 1995.

GIL, Antonio de L. **Auditoria de computadores**. São Paulo: Atlas, 2000.

GILBERT, D.; BALESTRINI, P.; LITTLEBOY, D. Barriers and benefits in the adoption of e-government. **International Journal of Public Sector Management**. v. 17, n. 4/5, p. 286-301, 2004.

GODFREDSEN, Eugene A, DEVEAU, Roger J. Effective management systems: the key to growth and profitability. **Sam Advanced Managemente Journal**, p. 38-43, springer 1991.

GUROVITZ, Helio. O que cerveja tem a ver com fraldas? **Exame**. São Paulo: Editora Abril. 9 de abril de 1997.

HARRISON, Thomas H. **Intranet data warehouse**. São Paulo: Berkeley Brasil, 1998.

HERSCHEL, Richard T.; JONES, Nory E. Knowledge management and business intelligence: the importance of integration. **Journal of Knowledge Management**. Vol. 9, n. 4, 2005, p. 45-55.

IBGE – Instituto Brasileiro de Geografia e Estatística. 2018. Disponível em: <https://educa.ibge.gov.br/jovens/conheca-o-brasil/populacao/21130-domicilios-brasileiros.html#:~:text=Em%202022%2C%20quase%20que%20a,se%20dava%20em%20tempo%20integral> Acesso em: 10 out 2023.

KARSAKLIAN, Eliane. **Cybermarketing**. São Paulo: Atlas, 2001.

KAUFMANN, Arnold. **A ciência da tomada de decisão**: uma introdução à praxiologia. Rio de Janeiro: Zahar, 1975.

KIYOSAKI, Robert T.; LECHTER, Sharon L. **Independência financeira**: o guia do pai rico. Rio de Janeiro: Campus, 2001.

LAUDON, Kenneth C.; LAUDON, Jane Price. **Essentials of management information systems**: transforming *business* and management. New Jersey: Prentice Hall, 1999.

LESCA, Humbert; ALMEIDA, Fernando C. de. Administração Estratégica da Informação. **Revista de Administração da USP**, v. 29, n. 3, jul./set. 1994, p. 66-75.

LÉVY, Pierre. **As tecnologias da inteligência**. Rio de Janeiro: Ed. 34, 1993.

LÉVY, Pierre. **Cibercultura**. São Paulo: Ed. 34, 1999.

LÉVY, Pierre. **O que é o virtual?** São Paulo: Ed. 34, 1996.

MACHADO, Carlos. Como dar o tiro certo na hora de decidir. **Informática Exame**. Março de 1996, p. 48-55.

NEGROPONTE, Nicholas. **A vida digital**. São Paulo: Companhia das Letras, 1995.

NONAKA, Ikujiro; TAKEUCHI, Hirotaka. **Criação de conhecimento na empresa**. Rio de Janeiro: Campus, 1997.

OLIVEIRA, Adelize Generini de. **Data warehouse**: conceitos e soluções. Florianópolis: Advanced Editora, 1998.

PAESANI, Liliana Minardi. **Direito de informática**: comercialização e desenvolvimento internacional do software. São Paulo: Atlas, 2001.

PEREIRA, Maria José Lara de Bretas; FONSECA, João Gabriel Marques. **Faces da decisão**: as mudanças de paradigmas e o poder da decisão. São Paulo: Makron Books, 1997.

PRINCE, Thomas R. **Sistemas de informação**: planejamento, gerência e controle. Rio de Janeiro: Livros Técnicos e Científicos, 1975.

PROBST, Gilbert; RAUB, Steffen; ROMHARDT, Kai. **Gestão do conhecimento**: os elementos construtivos do sucesso. Porto Alegre: Bookman, 2002.

REZENDE, Denis Alcides. Metodologia para projeto de planejamento estratégico de informações alinhado ao planejamento estratégico: a experiência do Senac-PR. **Ci. Inf.**, Brasília, v. 32, n. 3, p. 146-155, set./dez. 2003.

ROMANI, Cláudia; DAZZI, Márcia C. S. Estilo gerencial nas organizações da era do conhecimento. In ANGELONI, Maria Terezinha (organizadora). **Organizações do conhecimento: in**fraestrutura, pessoas e tecnologias. São Paulo: Saraiva, 2002.

SCHEIN, Edgar H. **Psicologia organizacional**. Rio de Janeiro: Campus, 1982.

SCHWARTZ, Evan. **Vencendo com o e-business**. Coleção HSM Management – Essencial para executivos. 2001. 1 fita VHS.

SHIMOMURA, Tsutomu; MARKOFF, John. **Contra-ataque**: a história da captura do pirata cibernético mais procurado dos Estados Unidos. São Paulo: Companhia das Letras, 1996.

SIMON, Herbert A. **A capacidade de decisão e de liderança**. Rio de Janeiro: USAID, 1963.

SORMAN, G. **Os verdadeiros pensadores de nosso tempo**. Rio de Janeiro: Imago, 1989.

STAIR, Ralph M.; REYNOLDS, George W. **Princípios de sistemas de informações**: uma abordagem gerencial. São Paulo: Pioneira Thomson Learning, 2006.

TAVARES, Maria G. P. **Cultura organizacional**: uma abordagem antropológica da mudança. Rio de Janeiro: Qualitymark, 1993.

TURBAN, Efraim; RAINER JR., R. Kelly; POTTER, Richard E. **Administração de tecnologia da informação**: teoria e prática. Rio de Janeiro: Elsevier, 2005.